힐러리 이야기

국립중앙도서관 출판예정도서목록(CIP)

힐러리 이야기 / 지은이: 김재영. — 서울 : 프리뷰, 2015
   p. ; cm

ISBN 978-89-97201-24-2 03340 : ₩15000

정치인[政治人]
전기(인물)[傳記]

340.99-KDC6
320.092-DDC23   CIP2015022692

초판 1쇄 인쇄 | 2015년 8월 28일
초판 1쇄 발행 | 2015년 9월 10일

지은이 | 김재영
펴낸이 | 이기동
편집주간 | 권기숙
마케팅 | 유민호 이동호
주소 | 서울특별시 성동구 아차산로 7길 15-1 효정빌딩 4층
이메일 | previewbooks@naver.com
블로그 | http://blog.naver.com/previewbooks

전화 | 02)3409-4210
팩스 | 02)3409-4201
등록번호 | 제206-93-29887호

교열 | 이민정
편집디자인 | Kewpiedoll Design
인쇄 | 상지사 P&B

ISBN 978-89-97201-24-2 03340

잘못된 책은 구입하신 서점에서 바꿔드립니다.
책값은 뒤표지에 있습니다.

힐러리 이야기

Hillary Rodham Clinton

김재영 지음 | 전 서울신문 워싱턴특파원

도서
출판 프리뷰

　미국 대통령 선거는 미국만의 일이 아니다. 세계가 주목한다. 미국의 절대적 위상이, 최고 통치자를 뽑는 그 분명한 절차와 생생한 과정이 사람들로 하여금 눈길을 떼기 어렵게 만든다. 이렇게 매혹적인 정치 공연은 다시없을 것이다.

　이 대공연을 배경으로 미국의 정치인 힐러리 클린턴이 전 세계인의 눈길을 다시 사로잡고 있다. 미국에서 이처럼 세계적인 관심을 일으킨 여성 정치인은 일찍이 없었다. 여성의 사회적 진출과 역할의 역사가 뛰어난 미국이라 할지라도 힐러리의 부상은 눈부시다.

2014년 11월 중간선거가 끝나자 미국 여성의 연방 상·하원 비중은 18% 대에서 19% 대로 상승했다. 이런 추세라면 2078년에는 남녀 평등이 이뤄진다고 한다. 연방의회와 백악관이 같을 수 없으나 2008년 대선에 이어 2016년 선거에서 최대의 조명을 받으며 미국 최초의 여성 대통령에 도전하는 힐러리는 비범한 인물임에 틀림없다.

그러나 힐러리 클린턴의 도전은 개인적인 차원에 그치지 않는다. 여성 정치인 힐러리의 도전은 1억 6천만 미국 여성 전체에게 실질적인 의미가 있다. 또 미국의 대통령은 미국만의 대통령이 아니다. 힐러리의 성공은 세계 36억 여성 집단에게도 의미가 있을 것이다.

힐러리 클린턴은 개인으로, 여성으로 여러 기록을 세웠다. 최초로 전문 직업을 가진 미국의 퍼스트레이디였고, 퍼스트레이디 출신의 최초 상원의원, 최초 국무장관이란 타이틀을 지니고 있다. 미국의 공화당과 민주당 양대 정당의 대선 지명전을 좌지우지한 첫 여성이었다.

최초 수식어를 훈장처럼 주렁주렁 달고 있는 힐러리이지만 선구자나 개척의 이미지와는 거리가 먼, 여성적인 경로로 이런 명예들을 안았다. 한 남자를 만나고 결혼하고서야 힐러리의 비상한 운명이 비로소 스스로를 깨닫고 도약을 거듭했기 때문이다.

힐러리는 뛰어난 정치가인 빌 클린턴의 아내라는 부수적, 종속적인 위치에서 정치와 맞닥뜨렸다. 그러나 전통적인 내조의 아내가 아니라 그런 기존의 틀을 과감히 깨뜨려 버리는 혁신적 커플로 행동하면서 미국의 대중을 흔들었다. 그것은 미국의 새 시대, 세계의 새 조류와 어울리는 조연 역할의 변화였다. 이 변화는 색다른 뉴스가 되고 논란이 되고 도도한 흐름이 되어 드디어 역사에 기록될 만한 뛰어난 정치가를 키워냈다.

힐러리는 대통령 남편과 백악관을 발판으로 거듭 태어난다. 퍼스트레이디 시절 백악관이 웨스트윙, 힐러리케어, 화이트워터 스캔들, 모니카 르윈스키 추문 등으로 소란스러웠던 것은 힐러리 클린턴의 거듭남을 위한 산고로 보이기도 한다. 남편을 따라 백악관에 입성하지 않으면 힐러리는 동년배의 많은 똑똑한 여성들 중 한 명에 지나지 않았을지 모른다.

아니 클린턴이 없었더라도 힐러리는 지금의 드높은 명망을 누렸을 것이다. 종속적인, 부정적인 상황을 타개하고, 역경에서 기회를 만들어내며 키워가는 재주와 운은 가히 감탄할 만하다. 남편이라는 발판 없이도 결국 발군의 정치가로 뛰어 올라 현재의 명성과 인기를 누리고 있었을 것이라고 추종자들은 강조한다.

이것은 힐러리 클린턴을 둘러싸고 계속되는 논란이다. 논란은 이뿐만이 아니다. 미국 언론과 조야에서는 힐러리에 대한 말이 많다.

정통적이라 할 수 없는 경로로 뛰어든 정치였고, 여성성을 새롭게 해석하고 응용하지 않으면 살아남기 어려운 정치판이었다. 험담을 피하기 어려우리라.

힐러리에게는 대통령을 지냈거나 대통령직을 노리는 그 어떤 미국 정치가들보다 성공한 면이 있다. 미국인들이 집안 식탁에서, 파티장에서, 좋으나 싫으나, 가장 많이 입에 올리는 정치가가 됐다. 사람들에게 날씨나 슈퍼스타 버금가게 거론된다면 정치인으로서는 성공했다고 할 수 있다. 화제와 인물들이 차고 넘치는 미국에서는 더 말할 필요가 없을 것이다.

그런 화제의 정치인인 힐러리의 성공이 얼마나 실하게 벋어나가고 역사의 정원에서 무슨 꽃을 피울지 많은 사람이 궁금해 하지 않을 수 없다. 긴 여정에도 힐러리 클린턴은 긴박한 출발선의 준마처럼 갈기를 곧추세우고 있다. 힐러리가 달려온 길은 다소곳하지도 아기자기하지도 않다.

그 길은 머문 흔적과 움직인 태가 뚜렷해서 오히려 남성적으로, 때로 초인적으로 보인다.

비상의 꿈

Hillary

Rodham

Clinton

1

힘든 세월 버텨낸 이민 3세대

역사의 주인공이 되려면 운명이 받쳐주고 행운이 따라야 한다.

힐러리 클린턴은 백악관을 나와서 쓴 자서전 《살아 있는 역사》

Living History 첫 장에서 20세기 중반 미국에서 태어난 것을 행운이라

고 거듭 말하고 있다. 과거 세대의 미국 여성들이 얻지 못했고, 오늘

날에도 세계의 수많은 여성들이 상상조차 못하는 선택의 자유를 자

신은 누릴 수 있었다는 것이다. 그러나 힐러리가 태어난 집안으로

눈길을 돌리면 언뜻 행운과는 거리가 멀어 보인다.

힐러리의 할아버지는 1870년대 말 영국 남서부 웨일스 지방에서

출생해 어렸을 때 미국으로 이민 왔다. 그러므로 힐러리는 아버지 쪽으로 이민 3세대이다. 이민 1세대로서 미국 땅에 힐러리 가족을 있게 한 할아버지 휴 심슨 로댐은 1965년에 작고했다. 힐러리가 대학에 들어갈 때였으니 집안 역사가 길거나 깊다고 할 수 없다.

힐러리의 할아버지가 미국에 첫 발을 디딘 1880년대는 아일랜드계의 대대적인 이주도 한 세대 이상 지났고, 남동부 유럽인 이민 바람이 한창일 때였다. 영국인으로 뒤늦게 이민 온 할아버지는 펜실베이니아주 동북부 도시 스크랜턴에 정착했다. 당시 스크랜턴은 뉴욕주 및 뉴저지주와 가까운 광공업 도시였다. 숲과 나무가 많았지만 철광과 석탄을 기반으로 세워져 황량한 분위기였다. 로댐가의 윗대 조상들도 석탄 가루 날리는 잉글랜드 북부 뉴캐슬 탄광촌에서 일했다고 한다.

힐러리의 할아버지는 열세 살에 스크랜턴 레이스 공장 직조공으로 들어갔다. 그의 11명 형제자매 대부분도 그 공장에서 일했다. 그는 같은 웨일스 지방의 광부 집안 출신 여자와 결혼해 세 아들을 두었는데, 그 중 둘째인 휴 엘스워쓰 로댐이 힐러리의 아버지다.

완고하고 무뚝뚝한 아내와 달리 온화하고 말씨가 부드러운 힐러리의 할아버지는 공장에 들어간 지 50년 뒤에 공장 감독이 되었다. 1940년대 초였다.

힐러리의 아버지 휴 로댐은 모계로부터 검은 색조가 짙은 머리칼을 물려받았다. 휴 로댐은 성품이 부드럽지 않은 어머니 밑에서 힘들게 자랐다. 1931년 스무 살 때 스크랜턴에서 고등학교를 졸업하자 아버지가 다니는 레이스 공장에 들어갈 생각이었다. 그러나 체격이 건장한 그는 장학생으로 입학한 친구 덕분에 펜실베이니아 주립대학에 들어갔다. 체육교육을 전공하면서 대학 미식축구 대표팀 선수로도 뛰었다.

대학을 졸업하고 체육학 학위를 가지고 스크랜턴으로 돌아왔지만 대공황 때라 결국 아버지와 같은 직조공 일을 해야 했다. 그러나 휴 로댐은 알레게니 산기슭의 스크랜턴에 박혀 있을 생각이 없었다. 부모에게 알리지도 않고 화물열차를 탔다. 그는 대학 생활을 한 아래쪽 필라델피아로 가는 대신 서쪽 평원으로 나갔다.

휴 로댐은 펜실베이니아, 오하이오 및 인디아나주 북쪽 경계선을 잇달아 가로질러 일리노이주 시카고로 가서 일자리를 얻었다. 스크랜턴에서 1천 3백 킬로미터나 떨어진 먼 곳에 와 업체와 사람들을 일일이 찾아가서 커튼 원단을 파는 세일즈맨이 됐다. 남북으로 8백 킬로미터에 달하는 아이오와 디모인에서 미네소타 덜루스까지 중서부 일대를 일주 내내 돌아다니던 휴 로댐은 마침내 시카고에 터를 잡았다. 그리고 아내가 될 여자를 만났다.

도로시 엠마 하웰은 1919년 시카고에서 태어났는데 엄마인 델라 머리는 15세였으며 소방대원이었던 아버지 에드윈 하웰 주니어는 17세였다. 어린 엄마인 델라는 학대에 가까울 정도로 딸을 방치했다. 도로시가 여덟 살, 여동생 이자벨이 세 살 때 하웰 부부는 이혼했고, 두 아이는 기차에 태워져 캘리포니아 앨햄브러에 사는 할머니 집으로 보내졌다. 시카고에서 로스앤젤레스 동쪽의 할머니 집으로 오는 나흘 동안 도로시가 여동생을 돌보았다. 할머니는 아들이 맡긴 두 손녀를 냉대하고 벌을 많이 주었으며 원래 영국 선원이었던 할아버지는 무관심했다. 엄하기만 했던 할머니는 어린 도로시에게 수개월 동안 일하러 나오는 시간 외에는 방 밖으로 나오지 말라고까지 했다고 한다.

　견디다 못한 도로시는 열네 살 때 남의 집에 들어가 숙식을 제공받고 어린 두 아이를 돌봐주며 음식 만드는 일을 했다. 그 집은 화목한 가정이었고 도로시를 고등학교에도 보내주었다. 미래의 힐러리 어머니는 이 가정에서 많은 것을 배우고 느꼈다. 고등학교를 졸업할 무렵 엄마한테서 10년 만에 처음으로 연락이 왔다. 시카고에 와서 함께 살자는 말이었다. 그 즈음 재혼한 엄마 델라는 애들 생각이라곤 애초에 없었으나 상당한 부자인 새 남편이 아이들을 시카고로 데려오자고 서른세 살의 델라를 설득한 것이었다. 대학 학비도 대준다고 말했다. 하지만 도로시가 시카고에 와서 보니 델라는 딸 도로시를 부려먹을 생각뿐이었고, 양부라는 사람이 보내주겠다고 약속한 학교는 비서전문학교였다.

열여덟 살의 도로시는 어머니, 새아버지와 함께 사는 대신 혼자 살 곳과 일자리를 구했다. 도로시는 말단 사무직으로 생계를 꾸려갔다. 그녀는 타이피스트로 일하려고 어느 직물회사를 찾아갔다가 순회 판매원인 휴 로댐과 눈이 마주쳤다. 휴는 도로시보다 여덟 살이 많았다. 두 사람은 5년 가까이 연애를 하다 일본이 진주만을 폭격한 직후인 1942년 초에 결혼, 시카고 시내 사우스사이드의 미시간호 인근에 신혼살림을 차렸다.

휴 로댐은 해군에 입대했지만 무릎 상태가 좋지 않아 해외 파병에서 면제돼 시카고 북쪽 해군기지에 배치돼 하사관 교관으로 전쟁터에 나갈 신병들을 훈련시켰다. 2차 세계대전 종전 후에 휴 로댐은 커튼 원단을 만드는 작은 회사를 차려 자기 사업을 시작했다.

1947년 10월 26일에 딸 힐러리 다이앤 로댐이 태어났다.

2

완고하고 사업수완이 뛰어난 아버지

결혼 5년만의 첫 아이였다. 휴 로댐의 사업은 잘 풀려나갔다.

힐러리는 자서전에서 아버지를 소규모 사업가라고 했는데 실제로는 사업감각이 뛰어나 상당한 성공을 거두었다. 장식용 휘장이나 차양, 레이스 커튼 등을 만들어 호텔과 극장, 항공사 등에 납품했다. 사업 초기에는 힐러리의 엄마 도로시가 경리를 맡기도 했다.

힐러리가 세 살이 되자 아버지는 마침내 방 한 칸짜리 아파트를 떠나 영국 조지 왕조 풍을 모방하여 지은 주택을 사서 이사했다. 시카고 교외 파크리지의 위즈너가 235번지에 위치한 이 집은 당시 시가

3만 5천 달러였으며 전액을 현금으로 지불했다.

직조공 이민자의 세 아들 중 힐러리의 아버지 휴 로댐이 경제적으로 가장 성공했다. 친근한 고향 땅을 박차고 외지로 뛰쳐나간 도전 정신의 결실이라 할 수 있다. 휴 로댐은 자랄 때 형 윌러드나 동생 러셀보다 뒤쳐진 아이였다고 한다. 부모뿐만 아니라 자기 자신도 그렇게 생각했다. 힐러리의 큰삼촌인 윌러드는 스크랜턴 시청에 소속된 토목기사로 한 번도 집을 떠나 산 적이 없고 결혼도 하지 않았다. 그는 어머니가 1952년 세상을 뜬 뒤로는 아버지를 돌보았는데, 13년 뒤 아버지가 86세로 세상을 떠나자 5주 뒤에 자신도 세상을 등지고 말았다.

막내동생인 러셀은 부모가 가장 사랑하는 아들이었다. 공부도 잘하고 운동도 잘했다. 의대에 들어갔고 세일즈맨이었던 휴가 학비를 보태기도 했다. 러셀은 군의관으로 육군에 복무했으며 결혼하여 딸 하나를 두었고 스크랜턴으로 돌아와 병원을 개업했다. 그런데 1948년 초 러셀은 심한 우울증 환자가 됐다. 한번은 휴 로댐이 집에서 자살을 기도한 동생을 운 좋게 살려내 시카고로 데려왔다. 러셀이 시카고로 왔을 때 힐러리는 생후 여덟 달이나 아홉 달밖에 안 된 젖먹이였다. 나중에 시내의 낡은 아파트로 이사한 러셀은 힐러리의 집에 자주 들렀다.

힐러리는 아버지보다 피부가 희고 금발에 가까운 미남인 러셀 삼촌을 잘 기억하고 있다. 러셀은 의사 직을 포기하고 술집 바텐더 등으로 일했으나 알코올중독과 우울증에서 헤어나지 못하다 1962년에 담뱃불로 인한 화재로 목숨을 잃고 말았다. 힐러리 클린턴은 자서전에서 삼촌이 항우울제를 복용했더라면 도움이 되었을지 모른다며 '그때 항우울제가 있었다면 얼마나 좋았을까.'라고 말하고 있다. 우울증은 힐러리 집안에서 러셀 삼촌만의 슬픈 에피소드일까?

힐러리의 아버지 휴 로댐은 우울증까지는 아니더라도 성격이 원만하지 못한 것만은 틀림없어 보인다. 힐러리는 어머니가 부모에게 버림받다시피 한 환경에서 자랐다는 사실을 다 큰 뒤 어머니와 이야기를 나누다 알게 됐다. 힐러리는 어렸을 때부터 아버지의 원만하지 않은 성격 때문에 편치 못했다. 아버지는 손에 들어오는 돈은 좀처럼 내놓지 않은 구두쇠였다. 힐러리나 세 살, 일곱 살 어린 휴 주니어, 토니 등 두 남동생이 치약 뚜껑 닫는 것을 잊어버리기라도 하면 아버지는 치약을 욕실 창문 밖으로 내던지며 소리를 질렀다. 아이들은 눈이 펑펑 쏟아질 때도 바깥에 나가 집 앞 덤불 속에서 치약을 찾아야 했다.

이웃집 아이들은 유행에 따라 새 옷을 사 입곤 했지만 로댐가의 아이들은 그러지 못했다. 아이들은 용돈도 받지 못한 채 집안의 허드

렛일을 해야 했다. 옆집 아이들이 정기적으로 용돈을 받는다고 슬쩍 말하기라도 하면 아버지는 "공짜로 입고 먹는 애들에게 돈까지 주라니." 하고 타박을 놓았다.

아버지는 자기주장이 확실하고 고집이 셌다. 자기 말이 옳으니 가족들은 무조건 따라야 된다는 식이었다. 그 앞에서 다른 견해를 펴기란 여간 어렵지 않았다. 부모의 결혼생활은 그리 무난하지 않았다. 부부는 저녁식사 도중 종종 다투었고, 아버지는 어머니를 무시하는 말을 내뱉었다.

아버지는 성공한 세일즈맨답게 언변이 뛰어났다. 힐러리는 아버지가 체격에 어울리게 우렁찬 목소리에 웃음도 호탕했다고 말한다. 그러나 아버지는 가까운 사람들을 편안하게 놔두지 않고, 화를 폭발시켜 집안을 긴장 속에 몰아넣곤 했다. 힐러리는 퍼스트레이디에서 상원의원이 된 후 쓴 자서전를 통해 아버지가 다소 거칠고 자식들에게 엄격했으며 완고했다고만 말하고 있다.

그러나 힐러리 부모의 원만하지 않은 관계와 복잡한 사연은 이 집안에 서린 이민자의 기(氣)를 꺾지 못했고, 딸 힐러리가 든든한 기둥과 들보의 집에서 자라는 것을 막지 못했다.

3

부유한 누에고치

2차 세계대전 종전 2년 뒤에 태어나고 자란 힐러리는 행복한 어린 시절을 보냈다. 힐러리는 자서전에서 "쾌적한 고치 같은 이런 환경이 환상이었다는 것은 인정하지만, 나는 모든 아이가 그런 환경에서 자라기를 바란다."고 했다. 따스한 보호막 속에서 지낸 어린 시절이었다.

세 살 때인 1950년에 아버지의 사업이 잘 되어 이사 간 시카고 북서부 교외 파크리지는 가로수가 늘어선 거리, 넓은 인도, 쾌적한 주택에 좋은 공립학교와 공원을 갖춘 곳이었다. 백인 중산층이 모인 거주지여서 여자들은 집에 남아 아이들을 키우고 남자들은 30킬로미터 쯤 떨어진 시카고 시내로 출근했다.

모퉁이에 있는 2층짜리 큰 갈색 벽돌집은 일광욕을 할 수 있는 테라스가 있고 울타리에 둘러싸인 뒷마당이 있었다. 이웃 아이들이 뒷마당에 와서 놀거나 정원에 있는 벚나무에서 몰래 버찌를 따먹곤 했다. 단풍나무와 느릅나무가 우거지고 뜰에는 푸른 잔디가 깔려 있었다.

전쟁이 끝난 뒤 인구가 폭발적으로 늘어나서 어디에나 아이들이 우글거렸다. 힐러리 집 블록에만 아이들이 47명이나 되었다. 이 모두 미국 베이비부머들이다. 베이비붐이 시작된 1946년에는 전년보다 70만 명 더 많은 347만 명이 태어났고, 힐러리가 출생한 1947년에는 무려 390만 명에 달했다. 훗날 베이비부머 정치가는 이 사회 진출 경쟁자들이 커다란 정치적 자산이 된다는 것을 알게 된다.

힐러리는 자서전에서 어린 시절을 여간 흐뭇한 시선으로 회고해마지 않는다. 바로 옆집 윌리엄스 네는 겨울이면 뒷마당에 물을 부어 스케이트장을 만들었다. 아이들은 방과 후나 주말에 몇 시간씩 스케이트를 타거나 아이스하키를 했다. 길 건너 캘러헌 네가 차고에 농구대를 설치하자 사방에서 아이들이 모여들어 갖가지 놀이를 즐겼다. 거의 날마다 하수구 뚜껑을 베이스로 삼아 소프트볼과 킥볼 시합이 벌어졌다. 힐러리는 숨바꼭질을 변형한 놀이를 가장 좋아했다.

파크리지의 아이들은 힝클리공원으로 떼 지어 몰려가 여름에는 시원한 풀장에서 헤엄을 치고 겨울에는 야외 링크에서 스케이트를 탔다. 데스플레인스강에서도 겨울에 얼음을 신나게 지치고 놀았다. 아이들은 마을 주변 어디든 직접 걸어가거나 자전거를 타고 갔다. 여름날 해질녘에 DDT를 안개처럼 뿌려대며 천천히 달리는 시청 트럭 꽁무니를 졸졸 따라다니기도 했다.

힐러리 집안의 세 남매는 해마다 여름에는 할아버지가 1921년 포코노산맥에 마련한 오두막 산장에서 8월의 대부분을 보냈다. 스크랜턴에서 북서쪽으로 35킬로미터 쯤 떨어진 산장에서는 위놀라호수가 보였다. 아이들은 앞 서스퀘하나강에서 물고기를 잡고 보트를 탔다. 할아버지는 카드게임을, 아버지는 총 쏘는 법을 가르쳐주었다.

파크리지에는 흑인도 동양인도 심지어 유대인도 한 명 없었다. 유진 필드 초등학교, 랠프 왈도 에머슨 중학교는 모두 백인 학생뿐이었고, 힐러리가 11학년까지 다닌 메인 이스트 고등학교는 미국 전역을 통틀어 백인 학생만 다니는 가장 큰 학교였다. 힐러리가 사는 주위 세계는 안전하고 안정되어 보였다. 주변에 있는 아이들 가운데 이혼한 부모를 둔 아이는 하나도 없었고, 고등학교에 들어갈 때까지 나이 들어서가 아닌 다른 이유로 죽은 사람은 보지 못했다.

힐러리는 처음부터 학교에 쉽게 적응했고 좋아했다.

힐러리 로댐은 선생님과 또래들이 포진해 있는 사회에서 주변으로 밀려나지 않고 중심으로 난 길을 어렵게 않게 알아내는 아이 중 한 명이었다. 1953년 가을에 입학한 초등학교에서 힐러리는 거의 언제나 전 과목 A를 받았다. 공부 잘하고 말 잘 들어 선생님들이 편애할 수밖에 없는 학생이었으나 초등학교 내내 남자애들처럼 노는 말괄량이로 여겨졌다. 힐러리는 우등생 성적보다 말괄량이 경력을 훨씬 후하게 평가한다.

교실 밖에 나가 남자애들과 축구, 야구를 하면서 자연스럽게 이기고 지는 것을 배웠다. 대부분의 여자애들이 경험하지 못한 것이라고 정치가 힐러리는 뒤에 여러 번 말한다. 남자애들도 함부로 대하지 못하게 하는 말괄량이 행동거지 덕분인지 힐러리는 5학년 때 미리 뽑는 다음해 안전순찰대의 공동대장에 선출됐다. 순찰대장은 학교의 거물이었고, 이때 힐러리는 선거를 통해 뽑힌 지위에 대해 사람들이 보이는 반응을 통해 정치적인 첫 깨달음을 얻었다. 어른들도 선출직 어린이를 달리 보았다.

1962년 가을 5천 명에 가까운 백인 아이들과 함께 고등학교에 입학한 첫날 힐러리는 덩치도 더 크고 더 성숙해 보이는 학생들에게 눌려 찌그러질까봐 벽을 싸안듯 하고 교실을 간신히 빠져나와야 했다. 2학년 때 학생들 간에 사방에서 패싸움이 벌어졌고 학교 당국은 여러 학생 집단의 대표들을 뽑아 위원회를 구성했다. 교장 선생님은 힐러리에게 위원회 참여를 요청했다. 힐러리는 알지도 못하고 예전 같으면 당연히 피했을 폭주족이나 불량배 타입의 아이들을 만나 대화하게 됐다. 이 일로 텔레비전에 처음으로 출연하기도 했지만 힐러리는 다원주의와 상호이해에 관해 귀중한 경험을 했다고 말한다. 힐러리는 학생회 임원 선거에 출마해 2학년인 주니어 클래스 부회장으로 뽑혔다.

2학년을 마치자 1964년 가을 수천 명에 달하는 힐러리의 베이비부머 동급생들은 둘로 나눠져 절반은 신설된 메인 사우스 고등학교의 12학년, 시니어로 옮겼다. 도시에 가까워 다양한 인종과 문화가 뒤섞인 새 학교로 오게 된 힐러리는 학생회장 선거에 출마했다. 여러 명의 남학생과 맞붙어 떨어졌으나 당선자는 힐러리에게 조직위원장을 맡아달라고 요청했다.

제1회 졸업생이 된 힐러리는 고등학교 졸업 앨범에 나오는 거의 모든 특별활동에 참여했다. 힐러리 로댐은 혼자 있는 것을 싫어하지는 않지만 택할 수 있으면 여럿이 모이는 무리 사회로 달려갔다. 무리와 모임 안에서 힐러리는 흙 위에 떨어지는 물방울처럼 자연스럽게 속으로 스며들 길을 감지할 수 있었다. 그리고 물에 젖은 흙은 그

전과는 다르다는 것을 알았다.

어려서부터 힐러리는 걸스카우트 단원으로 독립기념일 행진, 식품 기부운동, 쿠키 판매 등 인증배지나 표창을 받을 수 있는 활동에 열심히 참가했다. 동네 아이들을 모아 게임, 스포츠 이벤트 및 뒷마당 축제를 조직해 즐겁게 놀면서 자선 푼돈 모금을 했다. 열두 살 때 동네 모의 올림픽대회를 열었고, 모금한 돈을 기부하는 사진이 지역신문에 났다.

스포츠광인 아버지와 남동생들에게 둘러싸여 자란 힐러리는 자연스럽게 스포츠팬이 되었다. 스스로 운동신경이 둔한 편이라고 말하지만 고등학교 때 줄곧 여학생 소프트볼 여름철 리그에서 선수로 뛰었다.

스포츠 못지않게 정치에 관심이 많았다. 중학교 2학년이 시작된 1960년 가을 대통령선거에서 민주당의 존 F. 케네디가 당선돼 아버지를 경악시켰다. 힐러리는 아버지의 불평을 듣고 이태 전부터 단짝이 된 벳시 존슨과 함께 시카고 리처드 데일리 시장실에다 개표 집계방식에 항의하는 전화를 걸었다. 며칠 뒤 공화당에서 부정투표를 밝혀내기 위해 선거인 명부와 주소를 대조해 줄 자원봉사를 모집하자 부모들 몰래 벳시와 버스를 타고 시내 호텔로 가서 사우스사이드의 가난한 동네를 혼자 돌며 일일이 대조하는 일을 했다.

유복한 파크리지는 공화당원 일색이었고 힐러리의 아버지는 열렬한 지지자였다. 중학교 3학년 때 역사 교사인 폴 칼슨 선생님 또한 지극히 보수적인 공화당원으로 힐러리에게 배리 골드워터 상원의원의 책을 읽어보라고 권했다. 중학생인 힐러리는 미국의 보수주의 운동에 관해 기말 리포트를 써서 '개인의 중요성을 잊지 말라고 항상 가르친 부모님께' 바쳤다. 고등학교에서 힐러리는 활동적인 공화당 청년회 회원이었으며 고2 후반, 고3 전반 때인 1964년 대통령 선거 당시 골드워터 공화당 대통령 후보의 선거운동원으로서 캠페인 구호가 새겨진 카우보이 모자, 카우걸 옷을 입고 다녔다.

힐러리는 토론하는 것을 좋아했다. 세계평화며 야구경기며 무엇이든 마음에 떠오르는 주제를 놓고 남자 소꿉친구인 리키 리케츠를 날마다 억지로 토론에 끌어들이곤 했다. 열두 살 무렵 힐러리는 많은 사안에 대해 스스로 깨친 바가 많았다. 이 독자적인 생각 속에는 교회의 가르침이 두껍게 포개져 있었다.

힐러리의 아버지는 자식이 태어날 때마다 스크랜턴까지 차를 몰고 가 어릴 때 다닌 감리교회에서 세례를 받게 했다. 감리교는 아버지의 고조대(代) 조상이 잉글랜드 뉴캐슬과 사우스웨일스에서 창시자인 존 웨슬리의 설교를 직접 듣고 국교인 성공회를 버리고 개종했다는 종파였다. 힐러리는 파크리지의 제일연합감리교회에서 많은 시간을 보냈으며 6학년 때 리케츠 등과 함께 정식 입교했다. 존 웨슬리와 감리교는 타인 및 사회에 대한 선과 봉사를 강조했다. 힐러리는 정치적 위상이 최고로 높아져 있을 때, 현재의 자신을 있게 한 책 단한 권을 들어달라는 서평지 질문에 '예상되는 답변이어서 미안하긴하지만, 성경'이라고 말했다. 힐러리가 밝힌 독서의 전반적인 내용에서 이것 말고는 종교적인 색채를 전혀 찾을 수 없었다.

힐러리가 중3으로 올라가기 직전 감리교회에 새로 부임한 젊은 목사 도널드 존스는 힐러리의 생각과 삶에 많은 영향을 끼쳤다. 힐러리는 존스 목사가 일요일, 목요일 밤에 여는 청년회 모임에 꼬박꼬박 참석했다. 존스 목사는 진보적인 문학, 예술 교육과 함께 청소년들을 데리고 시카고 시내의 흑인 교회와 히스패닉 교회를 찾아가 교류했다. 백인에게 버스 좌석 양보를 거부한 로자 팍스 등 남부의 흑인 민권운동을 어렴풋이 알고 있던 힐러리는 존스 목사의 가르침으로 많은 것을 알게 됐다. 1962년 마틴 루터 킹 목사가 시카고에 왔을 때 힐러리는 가서 연설을 들었다. 만 열다섯이 되기 전이었다.

같은 교회에 다니던 폴 칼슨 교사는 곧 존스 목사의 언행을 문제 삼아 비판에 나섰고, 숱한 대립 끝에 존스 목사는 2년 만에 교회를 떠나 신학대학 교수로 옮겨갔다. 힐러리는 존스 목사와 정기적으로 서신을 교환하며 수십 년 동안 교유를 계속했다. 존스 목사가 떠나면서 십대 중반인 힐러리의 자유주의, 진보주의 계몽과 편력은 끝나는 듯했다. 대통령선거가 있던 1964년 정치과목의 제럴드 베이커 선생님은 모의 후보 토론회를 열었다. 그때 선생님은 자타가 공인한 공화당 '골드워터 걸'인 힐러리에게 민주당 후보인 존슨 대통령 역을 맡기고, 민주당 지지자인 다른 학생에게 골드워터 역을 시켰다.

힐러리는 민주당 강령과 백악관 성명 등을 읽고 처음으로 아버지가 뱀 보듯 싫어하는 이 당의 민권, 의료보험, 빈곤대책 및 외교정책을 섭렵했다. 선생님의 역할 배정에 화를 냈던 힐러리는 토론회에서 배역을 넘어서는 열정을 쏟아냈다.

대통령선거가 한창이었으나 코앞의 문제는 대학 진학이었다. 내셔널 아너 소사이어티 학생, 내셔널 메리트 스칼라 장학금 최종후보에까지 오른 우등생이었지만 아이비리그는 아직 여학생에게 문이 좁았다. 아이비리그라면 모를까 힐러리는 대학을 가기 위해 살고 있는 중서부 지방을 떠나고 싶은 생각 따윈 없었다.

자녀교육 면에서 다 같이 깨인 부모 덕분에 힐러리는 여자라는 이유로 선택할 수 있는 길이 제한되어 있다고 한 번도 생각하지 않았다. 그러나 힐러리의 세계는 좁았다. 또래보다 신문을 열심히 읽었지만 성경 말씀처럼 여기고 있는 보수적인 시카고트리뷴 대신 뉴욕타임스를 읽어 보라는 어느 선생님의 말에 '동부 기득권층의 앞잡이 신문'이라고 쏘아붙였던 힐러리였다.

두 명의 젊은 여선생님이 동부 보스턴 인근의 여자대학들을 나와 정치를 가르치고 있었고 힐러리는 이들에게 조언을 구했다. 뉴욕타임스를 권하던 선생님도 그 중 한 명이었는데 힐러리는 이들의 말을 듣고 동부와 여자대학에 끌렸다. 힐러리는 동북부 7대 명문 여대 중 하나인 보스턴의 웰즐리 여대를 지원해 합격했다.

1965년 여름 힐러리는 아버지, 어머니와 함께 1천 6백 킬로미터 떨어진 웰즐리를 향해 출발했다. 생일까지 따지는 미국식 나이로 2개월이 덜 차 아직 만 17세였다.

십대 이후 점점 사이가 멀어진 아버지였다. 독선적이고 인색하고 정서적인 안정감이 부족한 아버지였다. 댄스 레슨도, 운전면허도 필요 없다고 하고 학교 행사에 필요한 드레스를 사려면 어머니와 함께 며칠을 설득해야 했다. 그러나 책임감 강한 아버지였다.

정부나 남의 도움, 간섭 없이 개인 스스로 일어나서 원하는 바를 밀고 가도록 국가 틀이 잡혀야 한다는 아버지의 공화당 신념이 힐러리를 사로잡고 있었다. 미국의 광활한 땅에 잠재된 기회와 번영은 개인의 독립적, 자주적 정신 및 원칙으로 극대화되어야 한다. 사회적 기구는 필요하지만 정부는 최소일수록 좋을 것이다.

머릿속 이념은 그랬지만 클수록 어머니와 가까워질 수밖에 없었다. 약자에 대한 배려, 사회 정의에 관심이 많은 어머니는 정부 개입을 통한 사회문제 해결에 적극적인 민주당을 지지했으나 이를 입 밖에 내지 못했다.

어머니는 도널드 존스 목사와 성향이 비슷했다. 그러나 힐러리는 아직 어머니의 삶을 잘 몰랐다. 남들의 성취에 박수나 치지 말고 자기 삶의 주연이 되라고 결연한 표정으로 말하곤 하는 어머니였지만 어머니의 잘 모르는 세계 속으로 빨려 들고 싶지 않았다. 힐러리는 어서 빨리 이런 혼란스러움에서 헤어나고 싶었다.

아버지의 차는 동쪽으로, 동쪽으로 내달렸다.

4

웰즐리의 스타

부모님이 집으로 돌아가고 혼자 남게 된 힐러리는 외롭고 엉뚱한 곳에 잘못 온 것 같은 기분이 들었다. 중·고등학교를 사립 기숙학교에서 다녔거나 해외에서 거주했거나 평가시험 점수가 높아 1학년 과정을 건너뛴 학생들이 상당수였다. 수강신청을 한 과목들이 알고 보니 가장 어렵고 골치 아픈 것들이었다. 수학과 지질학 강의에 질려 의사나 과학자가 되겠다는 뜻을 다시는 품을 수 없었다.

힐러리는 자신을 부드럽게 감싸고 있던 고치의 껍질이 깨지는 아픔을 처음으로 느꼈다. 대학에 오기 전에 좌절감이란 것을 모르지는 않았다. 심한 근시로 아홉 살 때부터 두꺼운 안경을 써야 했고 여자가 발목이 굵다고 놀리는 소리도 들었고, 뻣뻣한 머리칼이 잘 말리지를 않아 운 적도 한두 번이 아니었다. 그러나 중서부의 열여덟 살내기에게 동부의 첫 가을이 선사한 열패감은 유가 다른 것이었다.

입학한 지 한 달 뒤 힐러리는 집에 전화를 걸어 자기는 웰즐리에 다닐 만큼 똑똑하지 못한 것 같다고 말했다. 아버지는 집으로 돌아오라고 했고, 어머니는 중간에 포기하는 사람이 되는 걸 바라지 않는다고 말했다.

예전에 어머니는 툭하면 거칠게 떠미는 앞집 여자애를 피해 힐러리가 집안으로 도망쳐 오자 앞을 가로막고 도로 나가라고 했다. 네살 때였다. 힐러리는 서서히 자신감을 되찾았다. 자신의 능력에 대한 회의는 더 이상 밀려날 수 없다는 절박감 앞에서 사라졌다.

힐러리는 1965년 가을부터 1969년 봄까지 웰즐리 4년을 매우 알차게 보냈다. 억지 노력으로 일구어진 깔깔하고 졸자란 알곡들이 아니었다. 탐스러운 결실에는 천부의 자연스러운 광채마저 서려 있었다. 고치를 깨고 탈피해서 날아 오른 것은 나비류(類)가 아니라 새였고, 그것도 맹금(猛禽)에 가까운 것이었다. 스무 살의 힐러리는 수십년 역사의 웰즐리에서도 드문 인물이었다.

힐러리는 웰즐리를 좋아했다. 힐러리가 웰즐리를 택한 데에는 사진으로 본 이 학교의 아름다운 캠퍼스가 큰 몫을 했는데, 기대가 보답을 받았다. 총 학생 수가 2천명인 웰즐리의 캠퍼스는 60만 평이 넘었다. 특히 기숙사가 마음에 들었고 기숙사 생활이 즐거웠다. 거기서 평생의 여자 친구들을 사귀었다. 대학의 비싼 학비는 이제 사업을 접으려 하는 아버지의 신중한 자산운용에서 나왔다.

고딕 양식의 웅장한 기숙사 스톤 데이비스는 아버지 학비가 세워준 청춘의 아담한 성(城)이었으며 귀족적인 여자 사랑방이었다. 훗날 힐러리가 레즈비언이라는 루머를 낳게 한 온상이었다. 정적들의 루머는 근거가 없지만 루머의 실질적인 근원지인 웰즐리 기숙사는 아늑한 공간이었다.

여자대학에 온 것을 힐러리는 잘했다고 몇 번이나 고개를 끄덕였다. 여학생뿐이어서 학업에 대한 집중도가 높아졌으며, 남학생이 있었으면 차례가 돌아오지 못했을 과외활동 리더 자리가 쉽게 보장되었다.

여학생들이 모든 학생활동을 꾸려갔을 뿐만 아니라 한결 더 마음놓고 위험스런 선택과 실수를 무릅쓸 수 있었다. 심지어 여럿이 보는 데서 실패하는 것도 두려워하지 않았다. 힐러리와 친구들은 남학생이 없는 주중에 잡념 없이 열심히 공부했다. 그리고 주말이면 열심히 데이트를 했다. 데이트 상대는 친구 소개나 친목 미팅에서 만난 하버드를 비롯한 아이비리그의 남학생들이 대부분이었다. 웰즐리는 보스턴 도심에서 서쪽으로 25킬로미터 떨어져 있었다.

힐러리는 아버지를 닮아 음치에 가까웠으나 댄스를 좋아했고 잘 췄다. 힐러리는 부모한테 소개할 만큼 진지하게 사귄 남자 친구가 두 명 있었다고 자서전에서 말하는데 그게 다였다. 고등학교 시절 힐러리와 동급생들은 남녀가 함께 어울려 몰려다니곤 했으나 정식으로 사귀는 경우는 드물었다. 성적인 경험까지 할 정도의 사이는 더욱 드물었다.

힐러리는 웰즐리에서 이성에게 관심도 많았고 경험도 많았다. 힐러리가 진지하게 사귄 첫 남자 친구 조프 실즈는 시카고 출신의 하버드 학생이었다. 잘 생겼고 주 대표 미식축구 선수를 지낸 그와 2년 이상 거의 주말마다 함께 보냈다. 힐러리는 다시 조지타운대의 데이비드 루퍼트와 3년 간 교제했다.

열아홉 살 이후 힐러리 곁에는 거의 항상 남자 친구가 있었고 육체 관계 때 피임을 했다고 이 남자들은 말했다. 1972년부터 완전히 자유롭게 구입할 수 있게 되는 피임약은 이 무렵 젊은이들이 구하기가 많이 수월해졌다.

힐러리는 남자 교제 못지않게 정치에 활동적이었다. 정치학을 전공으로 택했고 입학 얼마 후 대학의 공화당 청년회에 들어가 1학년 말 회장에 선출됐다. 동시에 감리교회의 진보적 월간지는 물론 뉴욕 타임스를 열독하기 시작했다.

교수들의 가르침을 받으며 세계에 대한 인식을 넓히고 자신의 선입관을 점검했다. 이제 정치적 신념이 공화당과 일치하지 않는다는 것을 깨달을 수밖에 없었다.

노예해방 백년이 지났지만 남부에서 투표도 할 수 없는 등 흑인의 실질적 권리는 준(準)노예상태인 만큼 이를 어떻게든 타파해야 한다는 민권운동, 그리고 인류 사상 최초로 남성과의 실체적인 평등을 거론하는 여성권리 운동은 힐러리를 민주당으로 몰고 갔다.

베트남 전쟁과 반전운동이 미국을 뒤흔들기 시작했다. 세계 헤게모니를 노리는 국가가 내적인 문제에만 골몰해서는 안 된다는 듯 먼 아시아의 전쟁이 침략군처럼 미국인의 일상 속으로 쳐들어왔다. 가히 혁명의 1960년대였다.

조용하고 안전한 여학교였던 웰즐리에도 바깥의 소란과 요동이 전해졌다. 여학생들은 징집되거나 징병 회피를 택한 남자 친구들을 통해 베트남전과 연결됐다. 2차 세계대전은 미국에 용의 날개를 주었으나 베트남전에서 미국의 흰머리 독수리는 진창에 빠져 헛 날갯짓만 해대고 있었다.

힐러리는 전쟁에 관해 끊임없이 토론했지만 직접적인 행동에는 참여하지 않았다. 힐러리의 정치성은 무리와 모임에 들어가고 흙 속에 스며드는 물처럼 주변 사람들을 사귀는 것이었다.

동기 여학생들은 힐러리가 천성적으로 따뜻하고 유머감각과 함께 확실한 일처리 능력을 가지고 있다고 판단했다. 사회 문제에 관심이 많고 자기 생각이 뚜렷하며 열심히 공부하고 즐길 줄 아는 리더였다. 물론 힐러리의 활달함을 정치적인 인맥 쌓기를 위한 의도적인 행동으로 보는 학생들도 있었다.

힐러리는 남자 친구 말고도 도널드 존스 목사와 긴 편지를 주고받았으며 스톤 데이비스 3층 넓은 방에서 바로 앞의 워번호수를 내려다보곤 했다. 워번호수는 캠퍼스의 낯익은 심연이었다. 힐러리는 우울할 때, 성경책에서도 위로 받지 못할 때, 호수를 바라보았다. 웰즐리에 지원서를 내도록 한 호수 아니었던가. 빠져들 듯 바라보노라면 호수는 자신의 인생이 예비하고 있을 최고의 절정과 저 밑의 추락도 결국은 비슷할 것이라고 힐러리에게 속삭이곤 했다.

힐러리는 1968년 초 3학년 후반기에 학생회장으로 뽑혔다. 어떤 사안이건 입장이 분명하고 이를 명확하고 박식하게 표현할 줄 아는 능력이 돋보였다.

이 해는 미국 역사가 요동치는 한 해였다. 3월 31일 민주당 내에서 도전을 받은 린든 존슨 대통령이 후보 경선에서 사퇴한다고 발표했다. 4월 4일 마틴 루터 킹 목사가 멤피스에서 암살당했다. 워싱턴 등지에서 폭동이 일어났다. 유럽 과격파 학생들의 도시 점령에 자극받은 미국 대학생들이 몇몇 대학에서 학교 건물을 점령했다. 6월 5일 민주당 경선 승리가 확실시되던 로버트 케네디 상원의원이 로스앤젤레스에서 암살됐다.

킹 목사 암살 직후 흑인 학생을 포함한 많은 웰즐리 학생들이 더 많은 흑인 교수 채용과 흑인 학생 선발 및 지역 흑인 사회의 개선을 위한 대학의 영향력 행사 등을 요구하며 단식 투쟁을 시작하겠다고 위협했다. 학생회장인 힐러리는 학생, 교수진 및 학교 당국 사이의 중재자로 나서 타협점을 찾아냈다.

그 해 1968년에 힐러리는 여러 행정서식 란에 민주당원이라고 기재했다. 이어 대통령 예비선거에서 반전을 기치로 존슨 대통령에게 도전한 민주당 유진 매카시 상원의원의 선거운동을 도왔다. 연초 금요일과 토요일에 친구들과 뉴햄프셔 맨체스터로 달려가 선거구를 돌아다녔다. 6월에는 전 해에 결정된 워싱턴 연수 프로그램에 따라 공화당 하원의원 실에서 9주간 인턴 생활을 시작했다. 다른 30명과 함께 멜빈 레어드, 찰스 구들 의원 등을 위해 전화 응대, 메시지 전달 등의 일을 했다. 후에 닉슨 대통령 밑에서 국방장관을 역임한 레어드 의원은 힐러리를 눈여겨봤다고 한다.

힐러리는 인턴 과정이 끝나자마자 플로리다주 마이애미의 공화당 전당대회에 자원봉사자로 참가할 기회를 얻었다. 리처드 닉슨 후보가 아닌 열세의 온건파 넬슨 록펠러 뉴욕 주지사를 돕기 위해서였다. 닉슨이 후보로 지명됐고, 공화당 내 보수 강경파의 득세가 시작됐다. 이것은 40년이 지난 지금까지도 미국 정치와 사회를 뒤흔들고 있는 지진이다.

집으로 돌아 온 힐러리는 8월 시카고에서 열리는 민주당 전당대회도 참여하게 됐다. 허버트 험프리 부통령의 지명이 확실했지만 수만 명의 반전 시위자들이 몰려왔고 경찰은 유례없는 폭력 진압을 펼쳤다. 가을 졸업반이 된 힐러리는 온건한 학내 반전 성토대회를 열었다. 이어 앨런 섹터 교수의 지도로 당시의 과격한 지역사회 조직자인 사울 앨린스키에 관한 논문을 썼다. 외부에서만 체제를 변화시킬 수 있다고 믿는 앨린스키는 힐러리에게 졸업 후 자기와 함께 일하자고 제의했다.

그러나 힐러리는 내부에서도 체제를 변화시킬 수 있다는 믿음 아래 로스쿨 입학시험을 치르고 여러 학교에 원서를 냈다. 하버드대와 예일대에서 입학허가를 받았고 예일대로 가기로 결정했다.

웰즐리에는 졸업생이 졸업연설을 하는 전통이 없었다. 그러나 1969년 봄 수많은 대학의 학생 시위자들이 졸업식에서 학생들이 말할 수 있는 권리를 요구했다. 웰즐리도 이에 영향을 받아 학생들과 학교 당국 간에 줄다리기가 있었다. 마침내 연사로 힐러리가 선정됐다. 동기들이 힐러리 방에 들러 여러 가지 제안과 이야기를 해 주었다.

5월 31일 열린 졸업식 때 먼저 에드워드 브룩 상원의원이 연설에 나섰다. 매사추세츠주의 브룩 의원은 최초의 아프리카계 연방 상원의원이었다. 힐러리는 1966년 선거 때 공화당인 그의 선거운동을 도왔다.

이어 단상에 오른 힐러리는 몇 밤을 새며 준비한 연설문을 읽는 대신 브룩 의원의 연설에 대한 비판이 담긴 즉석연설로 말문을 열었다. 브룩 의원은 공화당에서 드물게 진보 성향이 뚜렷했으나 이날 연설은 실망스러웠다.

"저는 브룩 상원의원께서 말씀하신 몇 가지 부분에 대해 반대합니다. 문제 제기에 대한 공감이나 동정심만으로는 우리에게 아무런 도움이 되지 않습니다. 우리의 지도자들은 너무나 오랫동안 정치를 가능성을 모색하는 기술로만 사용했던 것이 아닌가 생각합니다. 이제 불가능해 보이는 일을 가능한 것으로 바꾸는 데 정치가 역할을 해야 한다고 생각합니다."

그리고 나서 힐러리는 준비한 연설을 이어갔다. "교육은 전인(全人)이 될 수 있는 용기를 부여하고 존재의 완전한 시(詩) 속에 서로 관계하며 살도록 허락해야 한다."고 말했다. 연설이 끝나자 7분 동안 열렬한 기립박수가 터졌다.

하루도 안 돼 신문 인터뷰와 텔레비전 출연 요청이 빗발쳤으며 타임의 라이프 지가 힐러리 사진을 큼직하게 붙인 특집을 냈다. 그런 일이 있기 전 졸업식 당일 오후 힐러리는 워번 호에서 마지막으로 헤엄을 쳤다. 이번에는 보트 창고 옆의 작은 모래밭으로 가지 않고 수영 금지구역인 스톤 데이비스 근처에서 바로 물속으로 들어갔다. 호수 한복판으로 헤엄쳐 나가면서 힐러리는 아무런 생각도 떠오르지 않았다.

그러나 차가운 호수 물이 몸에 처음으로 와 닿을 때 힐러리는 브룩 상원의원의 연설을 비판해야겠다는 생각이 번개같이 떠오르던 순간이 기억났다. 대스타가 갑자기 쓰러져 대타로 무대로 오르는 신인 생각이 났다.

수영을 끝내고 나오자 호숫가에 개켜 놓았던 청바지와 티셔츠, 그 위에 올려놓은 커다란 안경이 사라지고 없었다. 시력 약한 눈은 흐릿하기만 하고, 난감한 상황이었다. 그러나 힐러리는 어느 때보다 차분해졌다. 헤엄을 치는 사이 만성적인 열기 같은 것이 드디어 떨어져 나가 새로 태어난 기분이었다.

태연하고 늠름하게 힐러리는 옷을 찾으러 나섰다.

아칸소의 둥지

Hillary

Rodham
·
Clinton

1

예일대 로스쿨

예일대 로스쿨은 웰즐리에서 남서쪽으로 2백 킬로미터 떨어진 뉴 헤이븐에 있다. 코네티컷주에서 두 번째로 큰 도시로 대서양에 면해 있고 비스듬히 내려가면 곧바로 뉴욕이다. 시 한가운데에 위치한 예일대는 수십 동의 뉴 고딕 건물과 함께 거리가 아름답다. 힐러리는 이제 대학 외관에 감동할 나이는 아니었다. 만 22세였고 세계의 변혁을 생각하는, 미국 최고의 로스쿨 신입생이었다.

예나 지금이나 하버드대와 함께 수백 개의 로스쿨 중에서 선두를 다투는 예일대 로스쿨의 1969년 가을 입학생은 모두 235명이고, 그

중 여학생은 27명이었다. 1960년대 들어 발동이 걸린 여권신장에 힘입어 대학 입학생 가운데 여학생 비율이 40%에 근접했으나 로스쿨 여학생 비율은 낮았다. 그나마 힐러리 때 크게 늘어났다.

미국 여대생 사이에 교사자격증 대신 로스쿨 입학 열기가 바이러스처럼 퍼진 결과였다. 그보다 미국의 대학들은 시대 바이러스의 가장 민감하고 건장한 감염자로서 격통의 몸부림을 치며 1970년대를 맞아들이고 있었다. 힐러리가 입학한 후 얼마 지나지 않아 예일대 로스쿨 중앙 뜰에 반체제와 반문화의 천막촌이 들어섰다. 몇 주 뒤에 해체되었지만 상황이 끝난 것은 아니었다.

1970년 봄 수백만 명의 대학생들이 수업을 무시하고 베트남전 반전운동에 나섰다. 이태 전 대통령선거 캠페인의 전쟁 종결 공약은 사라지고 참전 미군 수와 전사자가 급증했다. 전국의 대학가에 시위와 폭력의 소용돌이가 몰아쳤다. 4월에 예일대가 전국 시위의 초점이 됐다. 캘리포니아에서 결성된 급진 흑인해방조직 블랙팬더의 지도자와 일곱 명의 당원들이 살인죄로 뉴헤이븐 연방법원에서 재판을 받게 된 것이다. 흑표범이란 뜻의 블랙팬더가 FBI와 검찰이 놓은 덫에 걸렸다고 확신한 수천 명의 시위대가 뉴헤이븐으로 몰려들었다. 예일대 캠퍼스 안팎에서 시위가 벌어졌다.

메이데이에 1만 5천 명의 시위자들이 예일대 중앙 뜰에 집결했다.

전날 밤 확전을 발표한 닉슨 대통령을 성토하는 집회와 시위는 예상과 달리 평화롭게 마무리됐다. 그러나 5월 4일 오하이오주 켄트 주립대학에서 주 방위군이 시위 학생 네 명을 사살했다.

학생의 주검 옆에 무릎을 꿇고 울부짖는 여학생의 사진은 미국인들의 가슴을 찢어 놓았다. 전국적으로 하루 1백여 건의 학생 시위가 발생했고 5백여 대학이 휴교에 들어갔다. 힐러리는 켄트대 사진을 보고 울면서 로스쿨 스털링 학관 밖으로 뛰쳐나갔다. 이 흑백사진은 한 시대의 정점, 다른 시대의 시작을 알리는 신호탄이었다.

힐러리에게 앞에 난 길이 보다 분명해졌다. 5백 킬로미터 떨어진 수도 워싱턴에서 열린 여성유권자연맹 창립 15주년 기념대회에 참석해 연설했다. 대학 졸업식 연설이 알려지면서 연사로 초빙된 것이다. 웰즐리의 연설은 일회성 뉴스로 사라지지 않았다.

예일대 입학 동기들도 힐러리에 대해 알고 있었다. 메이데이 궐기대회 무렵 열린 시위지도자 회합에서 나팔 청바지에 작업복 셔츠를 입은 힐러리는 능숙한 중재력을 발휘했다. 로스쿨 학생들이 모여 3백여 개의 다른 학교와 함께 동맹휴학에 들어갈 것인지를 논의하고 투표를 실시한 집회에서 힐러리는 사회를 보았다.

여성유권자연맹과는 인연이 깊었다. 연맹은 미국 젊은이들이 정부와 정치에 좀 더 적극적으로 참여할 수 있는 방안을 논의하기 위해 전국의 대표적인 활동가들을 콜로라도주 포트콜린스 주립대학에 초청했다. 투표권 연령 하향을 촉구한 이 모임에서 힐러리는 로버트 케네디 상원의원 밑에서 일했던 하버드 로스쿨 출신의 피터 에들먼과 알게 됐다. 흑인 변호사이자 민권운동가인 조던 버넌도 만났다. 만난 그날로 힐러리의 친구가 된 버넌은 힐러리 가문의 손꼽히는 지인이 된다.

피터 에들먼의 아내인 매리언 라이트 에들먼이 스물두 살의 힐러리에게 눈과 길을 열어주었다. 워싱턴 회의에서 기조연설을 한 매리언 라이트는 예일 로스쿨을 졸업하고 인종차별이 심한 미시시피주 최초의 흑인 변호사가 된 여성이었다. 미시시피 전역을 돌아다니며 남부의 민권을 향상시키기 위해 동분서주했다.

힐러리는 콜로라도에서 피터 에들먼으로부터 매리언의 빈곤추방 운동 조직 계획을 들었고, 몇 달 뒤 매리언이 예일대로 강연을 하러 오자 여름 동안 일자리를 달라고 부탁했다. 매리언이 보수는 줄 수 없다고 말하자 힐러리는 법학도 인권연구위원회에서 보조금을 받아 매리언의 워싱턴 조사 프로젝트에 참여했다.

워싱턴에서 매리언은 상원 청문회를 위해 떠돌이 농업 노동자들의 생활 및 노동조건을 조사하고 있었다. 힐러리는 이 계절노동자 자녀들의 교육과 건강 상태를 알아보는 일을 했다. 주로 남부 지역을 조사했는데 일손이 필요할 때만 머무는 계절노동자 자녀들은 학교 교육은 물론 기본적인 위생설비도 갖춰지지 않은 환경에 방치되어 있었다. 대기업에 속한 농장도 많았으나 문제가 처음 제기된 10년 전보다 나아진 것이 별로 없었다.

힐러리는 참석한 상원 청문회의 맞은편 자리에서 예일대 동기생들을 보았다. 로펌에 일시 채용돼 기업 고객을 위해 나온 그들은 고객들의 손상된 이미지를 복구하는 방법을 배우고 있다고 힐러리에게 말했다. 농업 노동자들의 처우를 개선하는 것이 가장 좋은 방법일 거라고 힐러리는 대꾸했다.

힐러리는 가을에 학교로 돌아와 아동에 관한 법률을 집중 공부하기로 결심했다. 가족법 등 법학 외에 예일 아동연구소에서 1년 동안 임상치료 과정을 참관했으며 예일 뉴헤이븐 종합병원에서 의료진과 수시로 상담했다. 동시에 다른 학생들과 함께 연방지원 법률보조 지역사무소에서 일했다.

아동학대가 새롭게 인식되던 때였다. 방치되고 학대받는 상황에서 아이들이 자신의 변호인을 갖는 것이 얼마나 중요한지를 젊은 무료 변호사로부터 배웠다. 전부터 힐러리는 아동이 어느 정도까지는 부모와 별개의 권리를 갖는다는 법 해석 추세에 주목했다. 파크리지 같은 환경에서는 생각할 수 없는 보호받지 못한 아이들과 자주 접하게 되자 아동의 헌법적, 시민권적 권리를 주장하기에 이르렀다.

힐러리가 처음 쓴 학술논문으로 1974년에 〈하버드 교육 리뷰〉에 실린 '법의 보호를 받는 아이들'은 부모의 결정이 아이에게 회복할 수 없는 결과를 초래할 가능성이 있을 때 법관과 사회가 직면하는 어려운 상황을 논하고 있다. 일반적이고 추상적인 아동 권익을 넘어선 수준이었다. 구체적이고 행동적인 접근이었다.

가족법 분야에서 높은 평가를 받은 이 논문은 1992년 대통령선거 때 매릴린 퀘일과 팻 뷰캐넌 등 많은 공화당 인사들이 힐러리를 '반가족주의자'로 공격하는 무기로 사용됐다. 이는 힐러리와 보수 공화당 간에 끈질기게 계속될 드잡이의 서곡이다. 비틀고 꼬아서 의심의 매운 연기를 피워내는 우익의 재주가 잘 드러난다. 동시에 힐러리의 내부에 있는 불같이 돌진하는 성질도 같이 드러난다. 힐러리의 '아동 시민' 개념에 관한 공화당 해석에 따르면 아이들은 쓰레기를 밖에 내다버리라고 시키는 부모를 고소할 수 있었다.

수많은 성공한 변호사를 배출한 예일 로스쿨에서 힐러리는 아동이나 가정 문제에 가장 큰 관심을 기울였다. 아무도 이런 분야를 좋아하지 않았고 힐러리처럼 매달리지 않았다. 많은 롤 모델 가운데 앞길 창창한 예비 변호사 힐러리가 선택한 영웅은 가난하고 힘없고 차별받는 약자를 위해 젊음과 일생을 바치는 흑인 여성 변호사 매리언

라이트 에들먼이었다. 힘없는 아동과 사심 없는 매리언에 대한 끌림
은 힐러리 내부에서 불타고 있는 마그마 중 가장 먼저 분출되었다.
그런데 이 이상주의의 창백한 땅거죽 밑에서 이름 모를 거대한 광석
들이 빨갛게 용융되고 있었다.

　힐러리는 저 아래서 새 마그마들이 분출할 틈새를 찾아 용틀임하
는 것을 조금씩 감지했다. 여덟 살 많은 매리언 라이트와 함께 일을
하고 있으면 마음이 간결해지고 편안한 것만은 틀림없지만 언제나
그렇지는 않았다. 그러나 제 지향과 야망의 본색을 파악하기에는 스
물세 살은 너무 젊었다. 많은 시간과 세월이 흘러야 원시적인 지각
이 물러나고 본연의 속이 드러나리라. 극적으로 누군가를 만난다면
모를까.

　1971년 봄 주말을 같이 보내는 남자 친구가 있던 힐러리 로댐 앞
에 빌 클린턴이란 남자가 나타났다.

2

아칸소에서 온 미래

1970년 가을에 입학한 빌 클린턴은 6백여 명이 들락거리는 예일 로스쿨에서 그냥 지나치기 힘든 인물이었다. 워싱턴의 조지타운대를 거쳐 2년 동안 로즈장학생으로 영국 옥스퍼드에서 지내고 온 그였지만 전혀 영국 신사를 연상시키지 않았다. 적갈색 턱수염과 긴 고수머리에 잘 생긴 얼굴이 가려져 있었다.

힐러리는 어느 날 학생 휴게실에서 바이킹 같은 학생이 신나게 떠들어대고 있고 그 앞에서 여러 명이 얼이 빠져 있는 것을 보았다.

"…그뿐인 줄 알아? 우린 세계에서 제일 큰 수박도 키워!" 힐러리는 같이 있던 남학생한테 물어보았다. "쟤 누구니?" "빌 클린턴. 아 칸소 출신인데, 아칸소 얘기밖에 안 해." 힐러리와 빌 클린턴은 캠퍼 스 여기저기서 마주치곤 했지만, 제대로 만난 것은 입학 이듬해 어 느 봄날 저녁 릴리언 골드먼 법학도서관에서였다. 힐러리는 도서관 에서 공부를 하고 있었고, 클린턴은 바깥 복도에서 한 학생과 이야 기를 나누고 있었다. 힐러리는 클린턴이 계속 자기 쪽을 쳐다보는 것을 알아차렸다. 그게 너무 지나쳤다. 그래서 힐러리는 책상에서 일어나 그에게 다가가서 말했다.

"네가 계속 나를 그렇게 쳐다보겠다면 나도 계속 같이 쳐다볼 거 야. 우리 통성명하는 게 낫겠다. 나는 힐러리 로댐이야." 클린턴은 너무 놀라서 자기 이름도 생각나지 않았다고 뒤에 말했다. 흥미롭게 도, 힐러리는 다른 남자들과는 달리 자신을 두려워하지 않는 클린턴 이 좋았다고 한다.

그 후 5월 중순 종강일에 두 사람은 동시에 강의실을 나오고 있었 다. 클린턴이 어디로 갈 거냐고 물었다. 힐러리가 다음 학년 강의 신 청하러 교무과에 가는 길이라고 하자 클린턴도 거기에 가는 길이라 고 말했다. 나란히 걸으며 클린턴은 힐러리의 꽃무늬 스커트가 예쁘 다고 칭찬했다. 어머니가 만들어준 거라고 하자 클린턴은 가족과 고 향에 대해 물었다. 결국 클린턴은 힐러리와 함께 시간을 보내고 싶어서 말을 건 것이라고 털어놓았다. 힐러리는 웃을 수밖에 없었다.

두 사람은 오랫동안 같이 걸으며 이야기했다. 첫 데이트였다. 클린턴은 키가 190센티에 가까워 힐러리보다 20센티는 더 컸다. 힐러리는 그날 밤 기숙사에서 룸메이트와 하는 종강 파티에 클린턴을 초대했다. 알고 보니 클린턴은 힐러리보다 한 살 많았으나 로스쿨에 1년 늦게 들어왔다.

다음 날 힐러리는 남자 친구와 함께 시외에서 주말을 보냈다. 일요일 밤 힐러리가 심한 독감에 걸려 기숙사로 돌아오자 전화를 걸었던 클린턴은 기침소리를 들었다. 30분 뒤 클린턴은 닭고기 수프와 오렌지 주스를 들고 방문을 노크했다. 방에 들어 온 그는 아프리카 정치에서부터 컨트리 음악에 이르기까지 온갖 것을 이야기했다. 간단한 한 마디 말이 전혀 다른 방향의 이야기로 이어지고 또 이어지는데 그렇게 연결해가는 독특한 재능과 소재에 대한 폭넓은 지식은 놀라운 것이었다.

힐러리는 생각과 낱말들을 씨줄과 날줄로 엮어 짠 뒤 그 모든 것을 음악처럼 들리게 하는 빌 클린턴의 재주에 경탄했다. 앞으로 클린턴의 이 재주는 많은 사람들을 매료시키게 되지만 힐러리만큼 질리지 않고 감탄하는 사람은 없었다. 클린턴이 생각을 펼치는 방식 못지않게 힐러리는 클린턴의 생김새에 반했다. 특히 손 모양이 매력적이었다. 손목이 가늘고, 손가락은 피아니스트와 외과의사처럼 길고 섬세했다.

얼마 후 두 사람은 떨어질 수 없는 사이가 되었다. 그리고 힐러리와 클린턴은 로스쿨을 졸업하고 난 이후에 대해 자주 이야기를 나누었다. 힐러리는 결정을 내리지 못한 상태였다. 아동 보호와 민권에 관심이 많았지만 아직 특정한 길을 찾지 못했다. 클린턴은 고향 아칸소로 돌아가 선거로 뽑는 공직에 출마한다는 확실한 계획을 가지고 있었다.

힐러리가 여름 동안 캘리포니아주 오클랜드에 있는 작은 로펌 트뢰해프트 워커 번스타인에서 인턴으로 일하게 되자 클린턴은 사전에 약속한 대통령선거 캠페인 참여를 뒤로 미루고 캘리포니아로 동행했다. 두 사람은 버클리 캠퍼스 인근의 조그만 아파트에서 함께 살았다. 힐러리는 좌파 색채가 진한 로펌에서 자료 조사와 변론 취지서 및 제소장 작성으로 시간을 보냈고, 클린턴은 그 사이 주변 지역을 탐험하듯 쏘다녔다.

여름이 끝나자 두 사람은 뉴헤이븐 에지우드가 21번지 1층에 세를 들었다. 월세는 75달러였고 벽난로가 딸린 거실과 침실 하나, 서재 겸 식당으로 쓰는 작은 방, 욕실과 부엌을 갖췄다. 학자금 대출을 받았지만 로스쿨 학비를 감당할 수 없어 둘 다 일을 해야 했다. 그래도

시간을 내어 정치에 참여했다. 클린턴은 자비로 뉴헤이븐에 민주당 조지 맥거번 상원의원의 대통령 선거운동 사무소를 냈다.

크리스마스가 지난 뒤 클린턴은 힐러리 가족과 지내기 위해 아칸소주 핫스프링스 집에서 시카고 파크리지까지 1100킬로미터를 차를 몰고 갔다. 힐러리의 아버지는 전에 딸의 남자친구들이 집에 왔을 때 거리낌 없이 비판했었다. 엘비스 프레슬리처럼 살쩍을 기른 남부 침례교 민주당원에게 골수 공화당원인 아버지가 무슨 말을 할지 힐러리는 걱정이었다. 빌 클린턴은 어렵지 않게 힐러리 아버지의 마음을 사는 데 성공했다.

1972년 늦은 봄 힐러리는 입학 동기생들과 졸업하는 대신 클린턴과 함께 학교에 남기로 하고 예일 아동연구소에서 공부했다. 여름방학에 다시 워싱턴으로 가 매리언 밑에서 일했다. 클린턴은 맥거번 선거운동 본부에서 자원봉사 아닌 상근직을 맡았다. 맥거번 의원을 후보로 지명한 마이애미 민주당 전당대회 후 선거대책본부장 게리 하트는 클린턴에게 텍사스의 댈러스에 가서 작가 테일러 브랜치와 함께 선거운동을 지휘하라고 말했다. 힐러리도 당 전략가 앤 웩슬러를 통해 텍사스주의 민주당 유권자 등록운동 책임자로 8월 오스틴에 내려왔다.

유권자 본인이 등록해야 투표할 수 있으므로 선거권을 새로 얻은

18세에서 20세까지 젊은이들의 등록을 유도했다. 현지 조직책의 도움을 받아 멕시코 접경지역을 돌아다니며 흑인과 히스패닉계 유권자들도 상대했다. 그러나 민주당 지도자 가운데 가장 진보적인 맥거번 후보는 닉슨 대통령에게 큰 차로 밀리고 있었다. 선거 전망이 비관적인 상황에서 일은 힘들었다. 클린턴이 드물게 찾아왔다.

텍사스주 출신으로 민주당 여성 정치 조직가인 벳치 라이트가 선거운동에 동참했고 힐러리와 친해졌다. 투표일 30일 전의 유권자 등록기간이 끝나자 벳치는 힐러리에게 마지막 한 달 동안 오스틴 아래 샌안토니오에서 선거운동을 같이 하자고 했다. 벳치는 10년 뒤 클린턴가의 정치적 측근이 된다. 힐러리는 또 거기서 맥거번 상원의원의 입법보좌관인 사라 어먼과 만나 함께 일했다. 나이가 열다섯 살 많고 뉴욕 유대계에다 아이비리그 출신인 사라와 힐러리는 죽이 잘 맞고 서로를 높게 평가했다.

닉슨 대통령이 완승했다. 맥거번 의원의 참패는 이상주의에 대한 기피를 낳았다. 닉슨 진영은 초반부터 우세한데도 투표 5개월 전 6월 17일 워터게이트 빌딩에 있는 민주당 선거대책본부에 몰래 침입했다.

11월 선거 후 클린턴과 힐러리는 등록만 해놓고 출석하지 않은 학교로 돌아가야 했지만 멕시코 태평양 연안의 호수 마을에서 휴가를 보냈다. 두 사람은 맥거번의 패배를 자세히 분석했다. 선거운동 기술과 특히 텔레비전의 위력에 대해 배울 점이 많다는 사실을 깨달았다. 그러나 가장 중요한 점은 민주당 좌파 정책과 인물이 가지는 한계였다.

1973년 늦은 봄 두 사람은 로스쿨을 함께 마쳤다. 힐러리는 우등으로 졸업했다. 그러나 대학 때와는 여러모로 달랐다. 졸업식에 참석하지 않고 둘은 영국에 갔다. 클린턴은 로즈장학생 시절에 자주 갔던 곳을 힐러리와 함께 다시 보고 싶었다. 가난한 학생 신분이라 할인 운임으로 비행기를 탔고 싼 여관이나 친구네 소파에서 잤다.

런던, 스톤헨지, 웨일스, 그리고 솔즈베리에서 링컨과 더럼을 거쳐 요크까지 갔다. 힐러리는 웨일스의 푸른 언덕에 경탄했으나 선조에 대한 감정은 떠오르지 않았다. 서부 잉글랜드 최북단 컴브리아 있는 에너데일 호수에 이르렀다.

해질녘 호숫가에서 클린턴은 힐러리에게 청혼했다. 힐러리 로댐은 빌 클린턴의 구혼을 거절했다.

3

첫 번째 프로포즈

힐러리는 2년 동안 사귄 빌 클린턴을 사랑했다. 그러나 사랑은 쉽게 빠질 수 있지만 결혼은 쉽게 해서는 안 되는 것이라고 스물여섯의 힐러리는 생각했다. 인생은 아름다웠고, 미래는 아름다워야 했다.

클린턴과 같이 있으면 좋았지만 그와의 결혼으로 미래가 더 아름다워지리라는 확신이 들지 않았다. 삶을 더 혼란스럽게 만들 수 있다는 생각을 했다. 클린턴은 아름다운 미래로 이어지기에는 너무 무거운 현재 같은 것이었다. 시간을 달라는 뜻으로 "아니, 지금은 안 돼."라고 말했다. 클린턴은 끈기 있게 몇 번이고 구혼을 되풀이했고 그때마다 힐러리는 거절했다.

스물일곱이 되는 클린턴은 고교 졸업 후 떠났던 고향 아칸소로 돌아갔다. 뉴헤이븐의 아동연구소에 눌러 있던 힐러리는 6월 아칸소의 주도 리틀록을 찾았다. 공항에 클린턴이 마중 나왔다. 주 의회 의사당과 주지사 관저 앞을 천천히 지났다. 차를 남서부로 돌려 매그놀리아 나무 우거진 아칸소강 계곡을 거쳐 우아치타산맥으로 들어갔다. 아름다운 길을 골라가며 클린턴은 전망 좋은 곳에 차를 세우곤 했다. 리틀록에서 150킬로미터 떨어진 핫스프링스에 도착했다.

클린턴의 어머니 버지니아 캐시디 블라이스 클린턴 드와이어는 좀 더 아래인 호프에서 자라나 아칸소 바로 밑의 루이지애나주에서 간호학교를 다녔다. 거기서 첫 남편인 윌리엄 제퍼슨 블라이스를 만났다. 전쟁이 끝난 뒤 그들은 시카고로 이주하여 사우스사이드에서 살았다. 빌을 임신한 버지니아는 호프의 친정으로 돌아가 출산을 기다렸다. 1946년 5월 스물여덟 살의 세일즈맨이었던 버지니아의 남편 블라이스는 아내를 보러 차를 몰고 호프로 오다가 바로 위 미주리주에서 교통사고를 당해 사망했다. 1946년 8월 19일 빌이 태어났을 때 버지니아는 스물세 살이었다.

버지니아는 뉴올리언스로 가서 간호사 고급 과정을 밟았다. 아들을 친정 부모에게 맡겼고 학위를 따자 호프로 돌아와 마침 전문 간호사로 일했다. 이후 1950년에 자동차 판매상인 로저 클린턴과 재혼했고 3년 뒤 핫스프링스로 이사했다. 클린턴의 의붓아버지가 된 로저 클린턴은 술고래였고 성격이 난폭했다. 빌 클린턴은 열다섯 살 때 마침내 의붓아버지가 어머니를 때리는 것을 막을 수 있었다. 빌은 또한 자기보다 열 살 아래인 동생 로저를 보살피려고 애썼다. 의붓아버지는 암으로 오랫동안 투병하다가 1967년에 세상을 떠났다. 어머니 버지니아는 다시 미용사인 제프 드와이어와 재혼했다.

버지니아는 아들을 보러 뉴헤이븐에 들렀다 힐러리와 처음 만났다. 당시 힐러리는 화장도 하지 않았고 대부분의 시간을 청바지와 작업복 셔츠 차림으로 지냈다. 밖에 나갈 때도 샌들에 머리는 길게 늘어뜨리고 두꺼운 안경을 썼다. 버지니아는 무슨 일이 있어도 아침 일찍 일어나 속눈썹을 붙이고 빨간 립스틱을 바른 뒤 뽐내듯이 밖에 나왔다. 버지니아는 힐러리의 스타일에 당황했고 사고방식도 북부 양키 식이라고 탐탁지 않아 했다.

그러나 이제 클린턴이라는 한 남자를 사랑하고 있다는 공통점을 인식하며 두 여자는 서로를 인정하게 됐다. 힐러리는 아칸소의 클린턴을 떠나 보스턴의 케임브리지로 갔다. 매리언 라이트 에들먼이 새로 설립한 아동보호기금에서 일했다. 여름이 끝나자 클린턴은 오자르크산맥 서쪽 끝에 있는 페이엣빌의 아칸소대학 로스쿨 교수로 강단에 섰다.

힐러리는 낡은 주택의 꼭대기 층을 빌려 처음으로 혼자 살았다. 어린이와 청소년에게 영향을 주는 문제를 다루며 여행을 많이 해야 하는 기금 일을 좋아했다. 남부에도 갔고 매사추세츠 뉴베드퍼드에서 통계자료 확인을 위해 가가호호를 방문했다. 가슴 아픈 상황과 아이들을 많이 보았다. 눈이 보이지 않거나 귀가 들리지 않는 등의 신체 장애 때문에 학교에 가지 못하는 아이도 있었고 부모가 일하러 나간 동안 동생을 돌보느라 학교에 가지 못하는 아이도 있었다.

힐러리는 리틀록에 갔을 때 아칸소주에서, 그리고 워싱턴 DC에서 각각 변호사 시험을 보았다. 아칸소 시험에는 합격했지만 워싱턴에서는 떨어졌다고 11월 통보받았다. 생애 첫 좌절이었다. 817명의 응시자 가운데 551명이 합격했는데 그들 중 대부분이 예일보다 못한 로스쿨 출신이었다. 힐러리는 이후 여러 번의 기회가 있었지만 다시는 변호사 시험에 응시하지 않았다. 힐러리는 30년 뒤 상원의원 때 낸 자서전에서 한 줄로 언급하기 전까지 이를 비밀로 했다. 워싱턴 변호사 시험 낙방은 힐러리에게 대단한 수치심을 안겨준 데 그치지 않고, 이후 힐러리의 진로에 큰 영향을 미쳤다.

추수감사절에 클린턴이 만나러 왔을 때 힐러리는 어느 때보다 행복했다. 페이엣빌과 캠브리지는 2천 킬로미터가 넘는 거리였다. 둘은 보스턴을 돌며 미래에 대해 이야기를 나눴다. 클린턴은 페이엣빌 도심에서 10여 킬로미터 떨어진 시골에 예쁜 집을 빌려놨다고 말했다. 아칸소 출신의 유명한 건축가 페이 존스의 작품이란 것이다.

클린턴은 또 아칸소주에서 유일한 공화당 하원의원에 맞설 민주당 후보를 찾으려고 애쓰는 중이라고 말했다. 그러나 주 북서부에서 인기 있는 4선의 현역의원에게 맞설 사람을 찾기는 어려웠다. 힐러리는 빌이 직접 선거전에 뛰어들 생각이란 것을 알았다.

1974년 새해를 앞두고 힐러리는 아칸소로 내려갔다. 클린턴은 이미 하원의원 선거에 출마할 결심을 굳히고 있었다. 공화당이 워터게이트 사건으로 상처를 입어 해볼 만한 싸움이라는 판단이었다. 11월 중간선거에서 스물여덟 살의 빌 클린턴이 연방 하원의원에 당선될 수 있을까?

만약 당선된다면…힐러리는 빌의 옆얼굴을 슬그머니 바라보며 생각했다. 자신은 그간 경멸해 온 변호사 시험공부를 본격적으로 해서 워싱턴이든 뉴욕이든 합격하고, 때맞춰 빌이 당선돼 워싱턴으로 상경한다면…. 빌이 세 얻은 나무와 유리로 된 집은 예뻤다. 오자르크 산줄기를 타고 동쪽 미시시피강으로 흘러가는 화이트강이 멀리 바라다 보였다. 아칸소주의 별칭이 '천연의 주'라는 것을 상기시켰다. 그러나 아칸소는 워싱턴이나 뉴욕에서 1500, 2000킬로미터 떨어진 낙

후된 오지가 아닌가. 힐러리는 아칸소에서 빠져 나가고 싶었다.

1월 어느 날 페이엣빌 교외의 클린턴 셋집 부엌에서 둘이 커피를 마시고 있을 때 존 도어 변호사가 전화를 걸어왔다. 이미 연방하원의 법사위원회는 재선 취임 얼마 안 되는 닉슨 대통령 탄핵조사에 나섰으며 책임자로 존 도어를 선정했다.

그 전해 봄 예일 로스쿨 모의재판 행사 때 고향 위스콘신에서 로펌을 열고 있던 존 도어가 판사 역으로 초빙됐다. 빌과 힐러리는 과목 이수에 필요한 모의재판을 학생으로서 관리할 책임을 맡고 있었다. 존 도어는 공화당원이었지만 민주당 케네디와 존슨 정부의 법무부 민권국 총 책임자로서 말 그대로 몸을 던져 남부의 인종차별 관행과 맞선 인물이었다.

대통령 탄핵 조사단을 조직하고 있던 도어는 이날 전화로 빌 클린턴에게 조사단에 들어와 줄 것을 요청했다. 로버트 케네디 장관 시절 민권국에서 함께 일한 변호사에게 젊은 변호사 몇 명을 추천해 달라고 부탁했더니 클린턴을 1순위로 거명했다는 것이다. 그 명단에는 클린턴의 예일대 동급생 세 사람이 함께 올라와 있었다. 힐러리는 자신의 이름도 거기에 들어 있었다고 자서전에서 말했다. 클린턴은 도어에게 하원의원 출마 결심을 전하면서 다른 사람들은 가능할 것이라고 말했다. 힐러리에게도 전화하겠다던 도어는 얼마 후 자리를 제의했다.

　존 도어의 전화는 워싱턴 낙방으로 침울했던 힐러리를 일거에 일으켜 세웠다. 힐러리는 매리언의 축하를 받으며 짐을 꾸려 보스턴에서 워싱턴에 있는 사라 어먼의 아파트로 이사했다. 탄핵 조사에 참여한 44명의 변호사는 국회의사당 건너편에 있는 낡은 콩그레셔널 호텔에 바리케이드를 치고 일주일 7일 연속 일했다. 도어 휘하의 노련한 변호사들이 각 부문을 지휘했다. 그 중 한 사람은 뉴욕 출신의 경험 많고 전투적인 버너드 너스밤이었다.

　조사단에 참여한 변호사들은 대부분 로스쿨을 갓 졸업해 의욕이 넘치는 신참들로 임시 사무실에서 하루 24시간을 기꺼이 일하고자 했다. 여성 변호사는 힐러리까지 세 명이었다. 힐러리는 헌법 조사팀에서 나중에 공화당 출신 매사추세츠 주지사가 된 빌 웰드와 함께 일했다. 텍사스대의 행정학 교수인 대그마르 해밀턴이 영국의 탄핵사건 사례를 조사하고, 힐러리가 미국의 탄핵사건 사례 조사를 맡았다. 또 힐러리는 캘리포니아 출신으로 경력이 뛰어난 팀장 조 우즈와 함께 하원 법사위에 제출할 절차상의 원칙 초안을 만들었다. 도어 및 우즈와 같이 법사위의 공개회의에 참석해 도어가 절차를 설명하는 동안 배석자로 앉았다. 절차에 대한 작업이 끝나자 힐러리는 대통령 탄핵의 법적 근거를 조사하는 부서로 옮겨갔다.

1974년 7월 19일 도어는 대통령의 혐의를 구체적으로 명시한 탄핵 항목을 제출했다. 하원 법사위는 권력남용·사법방해·국회모독 세 가지를 승인했다. 8월 5일 백악관은 1972년 6월 23일 녹음한 테이프를 공개했다. 흔히 '결정적 증거'라고 부르는 이 테이프에는 닉슨이 재선위원회의 불법자금 유용을 은폐하는 것을 승인하는 내용이 고스란히 담겨 있었다.

닉슨은 8월 9일에 대통령직을 사임했다. 미국은 심각한 후유증을 남길 하원의 표결과 상원의 탄핵 심판을 피할 수 있었다.

힐러리는 하루아침에 실직자가 되었다.

4

아칸소로 가다

　힐러리는 아칸소로 가기로 했다. 아칸소에는 11월 선거를 앞두고 열심히 유세를 펼치고 있는 클린턴이 있었다. 또 거기에는 아칸소대 로스쿨이 있었다.

　몇 달 전 봄에 힐러리는 존 도어에게 사정해 주말 휴가를 얻어 페이엣빌로 클린턴을 만나러 갔다. 그때 클린턴과 함께 참석한 디너파티에서 로스쿨의 와일리 데이비스 학장을 비롯한 클린턴의 동료 교수들을 만났다. 힐러리가 떠날 때 쯤 데이비스 학장은 대학 강단에 서고 싶으면 언제든지 알려달라고 말했다.

닉슨 사임 직후 힐러리는 학장에게 전화를 걸어 그 제의가 아직도 유효하냐고 물었다. 데이비스 학장은 그렇다고 대답했다. 힐러리가 결심을 털어놓자 사라 어먼이 말했다. "미쳤어? 도대체 무엇 때문에 미래를 내던지려고 해?"

하원 법사위 탄핵조사단에서 일한 경력이면 이름 없는 아칸소 로스쿨 조교수보다 더 장래성 있는 자리를 구하는 것이 어렵지 않을 터였다. 자리를 알아보다 보면 분명 부각될 워싱턴 시험 낙방 사실도 묻인될 것이다. 사라 어먼의 말대로 힐러리는 지금 미국의 젊은 변호사 중 단연 최고의 자리에 올라와 있는지도 모른다. 때를 놓치지 않고 누구나 알아보는 명함을 활용하는 것이 백번 타당해 보였다.

힐러리는 그러고 싶지 않았다. 머리 대신 가슴이 시키는 대로 하고 싶었다. 클린턴과 함께 있고 싶었다. 빌 클린턴의 존재 그 자체가 매우 소중하게 다가왔다. 클린턴을 만난 적이 있는 사라 어먼은 클린턴보다는 힐러리가 더 정치적으로 성공하리라고 생각하는 여러 여성 중의 한 명이었다. 사라는 아칸소까지 태워다 주겠다고 나섰다. 가는 동안 사라는 몇 마일 지날 때마다 무슨 짓을 하는지 알기나 하냐고 다그쳐 물었다. 그때마다 힐러리는 똑같은 대답을 되풀이했다.

"아니요. 그렇지만 어쨌든 갈 거예요."

힐러리는 8월 무더운 날 아칸소주에 도착했고, 그날 저녁 클린턴이 밴터빌의 꽤 많은 군중 앞에서 선거 유세 하는 것을 보았다. 옆에 있던 사라 어먼은 힐러리가 아칸소로 달려 온 이유를 알 것 같았다.

바로 이튿날 카운티 변호사협회가 홀리데이 인에서 개최한 법대 신임 교수 환영회에 참석했다. 힐러리는 형법과 법정 변론을 가르치고 법률구조 상담소와 교도소 프로젝트를 담당하게 됐다. 그 다음날부터 수업이 시작되었다. 만 스물일곱이 채 안된 힐러리보다 나이가 많은 학생도 여럿 있었다.

새 학기가 시작되자마자 버지니아의 새 남편 제프 드와이어가 심장마비로 갑자기 사망했다. 세 번째로 과부가 된 버지니아와 클린턴의 동생 로저는 슬픔에 빠졌다. 로저는 의붓아버지 제프에게 정이 많았다. 힐러리는 유복자에 두 번째 의붓아버지 상을 당하는 클린턴을 보면서 누구하고나 잘 어울리며 즐길 줄 아는 그의 성격이 새삼스럽게 마음에 와 닿았다.

클린턴은 힘든 어린 시절을 보냈다. 행실과 마음이 비뚤어질 소지가 많았다. 그러나 꽁하거나 빈정대는 법이 없었다. 화를 불같이 내지만 그때뿐, 언제나 낙천적이고 남과 어울리는 것을 참말 좋아했다. 그의 기질과 활력에 사람들이 끌려오는 것이었다.

배경 없이 맨손으로 정치 무대에 나서려는 사람에겐 너무나 좋은 자산이었다. 너무 좋고 너무 잘 어울려서 염려스러울 정도였다.

힐러리는 골짜기 도시 페이엣빌에 빨리 적응했다. 사람들은 친절하고 인정 많았으며 생활은 느긋하고 여유로웠다. 자연은 아름다웠다. 클린턴이 시내에 있을 때면 친구들과 함께 바비큐를 먹으면서 저녁을 보내고 동료 교수의 집에서 배구를 하면서 주말을 보냈다. 힐러리는 다이앤 블레어와 가장 친한 친구가 되었다. 아홉 살 많은 다이앤은 워싱턴에서 첫 남편을 따라 페이엣빌로 옮겨와 정치학을 가르치고 있었다. 현안인 남녀평등 헌법 수정안의 찬성파 대표로서 아칸소주 의회에서 탁월한 토론자 역을 해냈다. 힐러리와 다이앤은 정기적으로 만나 학생회관에서 점심을 먹고 오자르크 구릉지대가 내다보이는 창가에 앉아 수다를 떨었다.

9월 미국 노동절 무렵부터 클린턴의 선거운동이 기세를 얻기 시작했다. 앞서 힐러리의 아버지와 남동생 토니도 몇 주 동안 아칸소에 와서 포스터를 붙이고 전화를 받는 등 선거운동을 도왔다. 힐러리는 공화당원들이 인신공격을 퍼붓고 치사한 수법을 쓴다고 판단했다. 선거운동에서 거짓말과 교묘한 조작의 효과를 처음으로 가까이서 보았다. 선거운동에 늦게 참여한 힐러리는 적극적으로 관여하려다 참모진들과 마찰을 빚었다. 막판 한 이익단체의 자금 제의를 힐러리가 도덕적으로 옳지 않다며 거절하도록 하자 참모진들은 이를 두고두고 원망했다.

투표일 밤 개표에서 클린턴은 6천 표 차이로 졌다. 총 투표수는 17만 표였고 48% 대 52%였다. 밤에 "깜둥이를 사랑하는 빨갱이 호모 빌 클린턴이 떨어져서 고소해 죽겠다."라는 전화를 받기도 했다. 클린턴이 호프의 외가에서 살 때 외조부모는 잡화점을 했고 인종차별이 상존한 남부의 상황에서 흑인들을 차별 없이 받아들였다. 클린턴은 이웃 흑인들과 허물없이 지냈고 커서도 마찬가지였다.

클린턴은 승리하지 못했지만 단번에 눈에 띄는 지지율을 기록했다. 연방 수도 워싱턴에 가지 않더라도 아칸소에서 할 것이 많아 보였다. 1975년 5월 말에 로스쿨 첫 학년이 끝났다. 힐러리는 시카고와 대서양 연안 북동부로 돌아가 일자리를 제의한 사람들과 친구들을 만나보기로 했다. 힐러리는 수주일 동안 여행했다.

클린턴은 아칸소에 눌러 있으려는 것 같았다. 아칸소로 되돌아가야 할까 아니면 무슨 수를 써서라도 거기서 빠져나올까. 클린턴이 구혼한 지 2년은 더 지났고 힐러리는 이제 스물여덟이었다. 빌 클린턴과의 결혼을 왜 주저할까?

결혼은 어쨌든 말려드는 것이라고 하지만 클린턴과의 결혼은 여울의 귀여운 소용돌이에 말려드는 그런 류는 아니리라. 말로만 듣던 허리케인 급에 빠져드는 것이 될지 모른다. 어려서 부모가 이혼했던 어머니의 성장기를 생각하면 일생 내내 지속될 확신이 서지 않는 결혼은 아예 생각을 말아야 한다.

클린턴은 능력과 재주가 뛰어나고 야망도 강했다. 그런데 드러난 성격은 매력적이지만 정상적이지 않은 성장과정이 속에다 괴상한 병집을 내버린 건 아닌지 의심이 생기곤 했다. 사계절의 자연처럼 역동적이고 본능적이고 변덕스러운 클린턴의 영향권 안에서 힐러리 자신의 무엇을 지탱하고 유지할 수 있을까.

특히 클린턴은 여자를 너무 밝혔다. 힐러리는 맥거번 선거운동 때도 그렇고, 지난해 하원 선거 때 자신이 없는 새 빌이 여러 여자와 무슨 일이 있었다는 걸 눈치 챘다. 또 아칸소는 그 얼마나 후미지고 뒤떨어진 곳인가? 페이엣빌 양쪽으로 펼쳐진 오자르크산맥은 동쪽으로 미주리 남부와 아칸소 북부, 서쪽으로 오클라호마 동부에 걸친 거대한 구릉지대를 형성한다. 로키산맥과 애팔레치아산맥 사이의 대평원에 유일하게 우뚝 솟은 산지 고원이 바로 아칸소 상부를 가로막고 있는 것이다.

최고 해발이 7백여 미터에 지나지 않지만 힐러리를 찾아온 친구들은 질식할 것 같다고들 했다. 페이엣빌에서 느낀 여유는 유배지의 격리에 마비됐다는 신호가 아닐까? 아칸소는 고작 미국에서 제일 큰 수박이니 쌀 최대 생산지이니 하고 자랑하면서 일인당 주민소득과 교육 수준이 전국 49위에 머물러 있다. 인구는 2백만이 조금 넘고 주도 리틀록은 댈러스, 뉴올리언스, 애틀랜타 및 세인트루이스 등 남부 대도시와 비교하면 무명에 가깝다.

그래도 클린턴의 눈은 리틀록으로 향하고 있었다. 오자르크 고원과 그 남쪽 우아치타산맥의 양 구릉지대 사이 아칸소강을 따라 동남진하면 나오는 리틀록은 미시시피강 델타의 끄트머리로 동쪽과 남쪽이 훤히 뚫려 있다.

그런데, 빌 클린턴만큼 멋지고 전도유망한 남자가 주변에 있는가? 클린턴처럼 아칸소 땅덩어리만 한 정치적 자산을 가진 젊은이가 있는가 하고 힐러리는 자문했다. 그간 클린턴과 무수한 대화를 나눴다. 그가 어떤 생각을 하고 있는지도 알게 됐지만 힐러리 자신의 본연의 속을 분명하게 알게 됐다. 뜨거운 불기를 같이 쐬며 힐러리 내면에서 마그마로 빨갛게 녹아들고 있는 야망의 광석들에게 일일이 이름을 붙이지 않았던가. 야망의 이름들을 아는 것으로 끝낼 수는 없다. 앞으로 클린턴이 커다랗게 도움이 될 것이다.

첫 구혼할 무렵 클린턴의 현재는 힐러리의 미래를 무겁게 만들 것 같았다. 2년이 지난 지금 힐러리의 현재는 클린턴의 미래에 매달리려고 한다. 그 새 변한 것이 있다면 나이, 그리고 선거의 현실성과 정치의 장래성이었다.

힐러리는 아칸소와 빌 클린턴에게 돌아가기로 결정했다.

5

주지사의 아내가 되다

1975년 10월 11일에 힐러리는 클린턴과 결혼식을 올렸다.

클린턴은 힐러리가 지나가는 말로 예쁘다고 칭찬한 적이 있는 대학 근처 붉은 벽돌집을 장만해 놓고 공항에서 돌아오던 길에 다시 청혼했다. 힐러리는 "예스"라고 대답했다. 사귄 지 4년 반이 흘러갔다.

집 거실에서 감리교회 목사의 주례로 결혼식을 올렸다. 결혼식에는 가족들 외에 웰즐리 기숙사 친구인 조해나 브랜슨, 파크리지 고등학교 동창인 벳시 존슨 이블링 부부 등이 참석했다. 힐러리는 전날 밤 어머니와 쇼핑하다 눈에 띈 빅토리아풍의 드레스를 입었다.

결혼식이 끝난 뒤 변호사 친구인 앤 헨리 부부가 자기네 집 뒷마당에서 피로연 파티를 열어 주었다. 예일과 옥스퍼드, 웰즐리, 조지타운 출신 및 핫스프링스에서 온 2백여 명의 하객들이 모여들었다. 타이슨 푸드의 돈 타이슨 등 아칸소의 여러 사업가들도 참석했다.

힐러리는 피로연에 모인 하객들 앞에서 성을 클린턴으로 바꾸지 않고 결혼 전의 힐러리 로댐이란 이름을 그대로 유지할 것이라고 공표했다. 시어머니 버지니아는 울었고, 클린턴의 예전 선거운동 참모들은 장래 선거에 나쁜 영향을 줄 것이라고 내다봤다.

클린턴이 최초로 이긴 선거는 결혼 3개월 후 출마를 선언했던 1976년 11월의 주 검찰총장 선거였다. 민주당 예비선거에서 크게 이겼으나 공화당이 후보를 내지 않아 맥 빠진 승리였다. 그해 대통령 선거에서 지미 카터 후보와 제럴드 포드 대통령이 맞붙었다. 같은 남부의 카터 조지아 주지사는 2년 전 보좌관 두 명을 페이엣빌로 보내 클린턴의 하원 선거운동을 도와준 적이 있었다. 클린턴 부부는 검찰총장 당선이 확실했기 때문에 7월 뉴욕 민주당 전당대회에 참가하여 후보로 지명된 카터의 참모들과 선거전략을 의논했다.

그 후 보름 동안 유럽에서 멋진 휴가를 보내면서 바스크 지방의 도시 게르니카를 순례했다. 도널드 존스 목사가 감리교회 청년회에서 피카소의 복제화를 보여주었을 때 힐러리는 배경 현장을 한번 찾아가고 싶었다.

귀국 후 클린턴은 카터 선거운동 아칸소주 책임자, 힐러리는 인디 애나주 2인자인 현지 조정자 역할을 맡았다. 힐러리는 모든 카운티에 선거운동 사무소를 차리고 일선에서 발로 뛰어줄 현지 주민을 찾아야 했다. 현지 당원한테 멱살까지 잡히기도 했다. 인디애나에서 카터가 졌지만 46%의 지지율을 얻어냈다.

카터는 2% 포인트 앞선 50% 득표율로 대통령에 당선됐고, 클린턴은 임기 2년인 아칸소주 법무장관인 검찰총장이 됐다. 클린턴 부부는 결혼식을 올린 집을 떠나 주도 리틀록으로 이사해야 했다. 부부는 의사당에서 그리 멀지 않은 힐크레스트에 30평짜리 집을 샀다. 힐러리는 3백여 킬로미터를 통근할 수 없어 대학 강단을 포기했다. 그리고 그때까지 꺼렸던 로펌 행을 진지하게 고려하기 시작했다.

다급한 의뢰인을 위해 법률지식을 활용하는 경험도 중요하고 검찰총장의 연봉이 2만 6천 달러인 상황에서 경제적으로 도움이 될 거라고 생각했다. 로스쿨 조교수로 힐러리는 1만 8천 달러를 받았다.

로펌 로즈는 아칸소주에서 가장 유명한 법무법인이고, 미시시피강 서쪽에서 가장 오래된 법률회사로 알려졌다. 힐러리는 아칸소 로스쿨의 법률구조 상담소를 운영하는 동안 로즈의 파트너인 빈스 포스터를 알게 되었다. 1976년 선거가 끝난 뒤 포스터와 로즈의 또 다른 파트너인 허버트 룰이 힐러리에게 일자리를 제의하러 왔다. 예일대 졸업생인 룰은 주 검찰총장과 결혼한 변호사를 로펌이 고용해도 좋다는 미국변호사협회의 승인을 받아서 공익과 사익 간의 이해충돌을 피하기 위한 조치를 이미 취해놓았다고 설명했다. 파트너들이 투표를 통해 힐러리를 채용하는 데 찬성했다.

힐러리가 주로 함께 일한 변호사는 빈센트 포스터와 웹스터 허벨이었다. 빈센트 포스터는 든든하고 예의바르고 날카롭지만 겸손했다. 힐러리의 최고 친구가 됐다. 웹스터 허벨은 덩치가 크고 호감이 가는 사람이었다. 아칸소대 미식축구부 스타였고 골프광이어서 클린턴이 아주 좋아했다. 또 이야기꾼이고 풍부한 경험을 가지고 있었다. 나중에 리틀록 시장과 아칸소주 고등법원장도 지냈다.

1977년에 뉴욕의 여론조사 전문가 겸 선거 전략가인 딕 모리스와 컨설팅 계약을 맺었다. 뒤에 클린턴 부부의 정치술과 인성을 부정적으로 노정시키고 마는 관계 맺기였다.

대통령 선거 중간에 열리는 이듬해 중간선거를 앞두고 클린턴은 주지사 직 도전을 선언했다. 힐러리는 주 의사당 계단에서 가진 출마 선언식에 나란히 섰지만 선거에 그다지 관여하지 않았다.

미국 남부의 서쪽 끝인 아칸소는 공화당과 보다 친근할 사회적 이념의 보수 성향에도 불구하고 민주당 강세의 남부 전통이 아직 흔들리지 않고 있었다. 본선보다 민주당 예비선거가 중요했는데 클린턴은 60%로 승리했다. 1978년 11월 선거에서 서른둘의 빌 클린턴은 63% 득표율로 당선돼 1938년 이후 미국 최연소 주지사가 됐다. 뉴욕타임스가 클린턴을 크게 다뤘다.

클린턴이 주지사가 되기 전 힐러리는 로펌 변호사 일을 하는 틈틈이 아동의 권리에 관한 논문을 썼다. 또 매리언 라이트 에들먼의 아동보호기금과도 관계를 유지해 서너 달에 한 번씩 워싱턴에 가서 이사회에 참석했다.

카터 대통령은 힐러리를 법률구조공단 이사로 임명했다. 연방상원의 인준을 받아야 하는 자리였다. 공단은 가난한 사람들에게 법률적 도움을 주기 위해 시작된 연방정부 프로그램이었다. 공화당은 없애려고 애를 썼으나 힐러리가 순번 이사장을 맡고 있을 때는 5천 명의 변호사들이 1백만 건의 무료 변론을 행했다. 예산도 3억 달러로 늘어났다. 힐러리는 여기서 미키 캔터를 알게 되는데 로스앤젤레스의 성공한 변호사인 그는 후에 빌 클린턴의 선거운동 핵심이 된다.

아칸소의 40번째 주지사가 된 클린턴은 머리에 가득 찬 아이디어들을 실행에 옮기는 데 열을 냈다. 2년 임기를 시작하자마자 공약으로 내건 수십 가지를 실행하려 했다. 여러 조치를 뒷받침하려면 새로운 재원이 필요했기 때문에 세금을 올려야 했다. 클린턴과 참모들은 주 발전에 필수적인 도로 개선을 위해 자동차세를 올려도 주민들이 기꺼이 받아들일 것이라고 생각했다. 턱없이 순진한 판단이었다.

힐러리는 로즈의 파트너가 되었으며 아칸소 아동가족옹호기금의 무료 변론도 열심히 했다. 또 주 농촌보건위원회 회의를 주재할 때가 많았다. 클린턴은 농업지역인 아칸소주에서 농촌 사람들이 양질의 의료 서비스를 받을 수 있도록 의료보험 제도를 개선하고자 했다. 힐러리는 위원회 위원장을 맡았다.

그리고 힐러리와 클린턴은 아기를 가지려 애썼다. 둘 다 아이를 좋아했다. 1979년 초 버뮤다에서 휴가를 보내고 나서야 바라던 임신에 성공했다. 이듬해 2월 27일 제왕절개 수술을 받아야 한다는 진단이 나오자 클린턴은 거듭 간청해서 침례병원 수술실에 힐러리와 같이 들어갔다. 이날 딸 첼시 빅토리아 클린턴이 태어났다. 결혼 4년 반 만에 본 아이였다. 힐러리는 훗날 첼시를 자신이 인생에서 이룬 가장 소중한 성취라고 자랑한다.

주지사 관저는 요리사 등 다섯 명이 고용되어 있어 일하면서 첼시를 키우는 데 불편함이 없었다. 힐러리는 아이가 생기면서 경제적으로 좀 더 안정된 미래를 설계하기 시작했다.

6
화이트워터 투자

클린턴은 돈에는 별 관심이 없었다. 아칸소 주지사 연봉은 세금을 제하기 전에 3만 5천 달러가 최고였다. 그 정도면 충분한 수입이라고 로펌 연봉 2만 5천 달러에서 시작한 힐러리는 생각했다. 그러나 정치는 불안정한 직업이기 때문에 돈을 모을 필요가 있었다.

열심히 일하고 저축하고 신중하게 투자해야만 경제적으로 자립할 수 있다고 아버지한테서 배웠다. 힐러리는 공원 관리 파트타임을 얻었던 열세 살부터 액수는 둘째로 치고 돈 버는 일을 쉰 적이 없었다. 그러나 가족에게 안정된 경제적 기반을 주는 것이 주로 자신의 책임이라는 사실을 깨달을 때까지 힐러리는 저축이나 투자에 대해 진지하게 생각하지 않았다.

여윳돈으로 투자할 수 있는 기회를 찾기 시작했다. 페이엣빌 친구인 다이앤 블레어의 새 남편인 제임스 블레어는 상품시장의 복잡한 구조를 잘 알고 있어서 전문지식을 기꺼이 제공해주었다. 그는 아칸소 소재 사육조류 가공업 재벌인 타이슨 푸드 등을 의뢰인으로 가진 일류 변호사였고 민주당을 지지하는 정치적 소신이 뚜렷했다. 그의 결혼식 때 클린턴이 식을 주재하고 힐러리가 들러리를 섰다.

상품시장은 급속히 성장하는 중이었다. 제임스 블레어는 독자적인 거래 시스템을 개발하여 큰돈을 벌고 있었다. 힐러리는 1천 달러를 투자하여 그의 조언에 따라 유명한 중개인을 통해 상품을 거래했다. 힐러리는 소의 선물거래와 마진 콜에 대해 배우면서 큰돈을 벌고 잃기도 했다. 하지만 첼시를 임신한 직후 도박할 배짱이 사라졌다고 힐러리는 자서전에 쓰고 있다. 장부상의 이익이 아이의 고등교육에 쓸 수 있는 진짜 돈처럼 보이자 그간 번 10만 달러를 챙기고 테이블을 일찍 떴다. 제임스 블레어와 동료들은 더 오래 시장에 남아 있다가 그동안 번 돈의 대부분을 잃었다.

1978년 후반부터 9개월 사이에 이룩한 힐러리의 이 투자 성공은 15년 뒤 소득 신고 내역을 공개하게 되서야 알려졌다. 단순히 운이 좋았던 것인지를 놓고 기나긴 조사가 진행된다. 클린턴 부부는 같은 시기에 다른 데에도 투자했지만 이번에는 운이 좋지 못했다.

화이트워터라는 부동산 개발회사에 투자했다가 손해를 보았을 뿐 아니라, 13년 뒤부터 운명적인 조사를 당하게 된 것이다.

짐 맥두걸이라는 정치꾼이 확실한 돈벌이가 있다면서 클린턴 부부에게 접근했다. 부부는 짐과 그의 젊은 아내 수전의 동업자가 되어 아칸소 북부 화이트강 남쪽 기슭의 미개발지 27만여 평을 구입했다. 별장 부지로 개발한 뒤 46개 필지로 분할해 이윤을 남기고 팔 계획이었다. 땅값은 20만 2611달러 20센트였다.

맥두걸은 아칸소의 정치 거물로 클린턴이 조지타운대 학생 때 인턴을 했던 윌리엄 풀브라이트 상원의원의 선거운동을 도왔고 부동산을 통한 재산 증식에도 일조했다. 이런 내역이 부부를 안심시켰다. 게다가 클린턴은 그 전에 맥두걸과 함께 작은 부동산에 투자해서 상당한 이익을 보았기 때문에 화이트워터 개발회사에 투자하라고 제의하자 아주 좋은 생각으로 받아들였다.

시카고와 디트로이트 사람들이 남쪽으로 내려와 별장을 지으면서 아칸소 북부의 오자르크 구릉지가 급속히 발전하고 있었다. 산으로 둘러싸인 완만한 언덕에 숲이 울창하고 호수와 강이 그물처럼 얽혀 낚시질과 뗏목타기에 안성맞춤이었다. 만사가 계획대로 진행되었다면 힐러리 부부는 몇 년 뒤 투자금을 뽑고 이익을 꽤 보았을 것이다.

부부는 그 땅을 사려고 은행에서 대출을 받았으며 땅의 소유권은 시간이 흘러 화이트워터 개발회사로 넘어갔다. 둘은 맥두걸 부부와 공동출자자로 이 회사에 동등한 지분을 가지고 있었다. 땅이 팔리기 시작하면 개발자금을 조달할 수 있을 것으로 생각했다. 하지만 개발단지가 측량을 마치고 필지별 매각에 들어갈 때 쯤 금리가 치솟기 시작하여 거의 20%까지 올라갔다. 사람들은 이제 세컨드 홈을 지을 여유가 없었다. 손해를 보고 팔 수는 없다고 판단한 이들은 모델 하우스를 지으며 부동산 경기가 호전되기만을 기다렸다. 몇 년 동안 맥두걸은 대출 이자 등 여러 자금이 필요하다면서 힐러리 부부에게 수표를 써달라고 부탁했다.

뒤에 이런 수표 등이 문제가 되자 힐러리와 클린턴은 맥두걸에게 일임하고 자금 요청에 응했을 뿐이라고 주장했으나 간단히 해명되지 않았다.

20만 달러의 반을 투자하고 돈을 좀 벌려고 했던 것이 수백, 수천 배의 손해로 되돌아오게 되었다.

7

아칸소를 넘어서

1980년 11월 카터 대통령은 로널드 레이건 공화당 후보에게 졌고 빌 클린턴도 2년 임기의 주지사 재선에 실패했다.

물정 모르고 실시한 자동차세 인상과 카터 대통령이 아칸소주로 보낸 쿠바 난민이 표를 우수수 떨어뜨렸다. 피델 카스트로가 10만 명의 쿠바인들을 감옥에서 미국 플로리다로 내보내자 카터 정부는 이 중 1만 8천 명을 아칸소 북서부 채피 군기지로 보냈다. 6월 1일 1천여 명의 난민들이 폭동을 일으켜 채피 재정착 수용소를 탈출했다. 주지사로서 클린턴은 침착하게 대처하고 수습했다.

그러나 공화당의 프랭크 화이트 후보는 폭동 사건의 사진과 동영상을 선거광고에 사용하며 클린턴을 무정부주의자 이미지로 몰고 갔다. 카터 대통령은 8월 1일 클린턴 주지사와의 약속을 깨고 채피 기지에 추가 난민을 보냈다.

이어서 공화당의 공격 타깃이 힐러리의 이름으로 옮겨 붙었다. 2년 전 선거 때 이미 시작했던 공격으로 기업 변호사인 힐러리가 처녀 때 이름을 그대로 사용하여 검찰총장, 주지사와 아무 연관이 없는 양 하면서 주 정부의 특혜를 받았다는 것이다. 더 나아가 힐러리가 주지사 부인, 주 퍼스트레이디로서 해야 할 일을 소홀히 하고 자기 일만 한다고 몰아붙였다. 클린턴 우군들도 상당수가 수긍하는 지적이었다.

48% 대 52%로 빌 클린턴은 주지사 재선에 실패했다.

서른넷인 클린턴은 그대로 무너지지 않을까 걱정스러울 정도로 연방하원에 이은 두 번째의 선거 패배에 크게 상심했다. 부부를 위로하기 위해 전국에서 친구들이 찾아왔다. 힐러리는 클린턴을 지켜보았다. 일어나든지 말든지 스스로 알아서 하게 놔둬야 한다. 남편을 일으키기 위해 먼저 손을 내밀 필요는 없다고 믿었다. 클린턴은 이윽고 일어섰고 힐러리는 그를 돕기 위해 달려갔다. 그리고 두 사람은 선거와 정치를 새롭게 바라보았다. 둘은 이전보다 훨씬 더 열심히 선거와 정치에 관해 대화했다.

낙선 후 1년이 조금 지난 2월 첼시의 생일날에 클린턴은 주지사 선거 입후보를 공표했다. 이날 힐러리는 보수적인 정장 차림에다 퍼머 머리를 하고서 자신을 힐러리 로댐이 아닌 빌 클린턴 부인, 힐러리 클린턴으로 불러달라고 말했다. 얼마 전부터 두꺼운 안경 대신 렌즈를 끼기 시작한 힐러리는 그전과 많이 달라보였다. 힐러리는 남편의 주지사 재도전 선거운동을 실질적으로 총지휘했다. 처음이었다. 1960년대 중반부터 선거운동에 참여해 왔지만 그것과는 차원이 달랐다. 맥거번 캠페인 때 같이 일했던 선거 활동가 벳치 라이트를 불러들여 클린턴 비서실장으로 앉혔다. 여론조사를 통한 선거 전략가 딕 모리스와 다시 계약을 맺었다. 힐러리는 네거티브 광고를 승인했다.

힐러리는 로펌에 여러 차례 휴직계를 내고 아칸소 곳곳을 다니며 선거 유세에 나섰다. 첼시의 기저귀 가방을 챙겨가는 이 온가족 선거 캠페인은 힐러리에게 힘들지만 즐거운 여행이었다. 사람들을 만났다. 유권자 이전의 인간, 그리고 미처 알지 못했던 힐러리 자신의 본성을 깨달아가는 여정이었다. 어느덧 8년을 머문 아칸소의 사람들과 땅에 눈이 비로소 떠지는 듯했다.

빌 클린턴은 11월에 55%로 승리했다. 아칸소에서 한 번 패했다가 재선에 성공한 주지사는 클린턴이 처음이었다. 힐러리의 도움이 없었다면 클린턴의 재기는 불가능했을 것이다. 2년 임기 동안 되도록 많은 일을 하겠다는 클린턴의 결심은 결코 첫 번째에 못지않았다. 그러나 부부는 이제 차기 선거의 승리를 첫 번째 목표로 삼았다. 이상 실현을 위한 야심찬 도전도 선거 승리라는 냉정하고 현실적인 선에서 벗어나서는 안 된다고 믿었다. 개혁의 참신한 행보 역시 다가올 선거를 위한 노련한 탭댄스여야 했다.

두 사람은 아칸소의 발전을 가로막고 있는 고질과 병폐를 선거 전략가의 냉철한 눈으로 짚어내 다음번 승리의 밑거름으로 삼고자 했다. 아칸소는 가난한 주였고 대학 졸업자 비율에서부터 개인소득에 이르기까지 생활수준을 가늠하는 각종 통계에서 전국 꼴찌거나 거기에 가까웠다. 첫 번째 임기 때 힐러리는 의료개혁에 도전하는 클린턴을 도와서 아칸소 의사회의 반대를 무릅쓰고 보건소 네트워크를 구축하고 농촌 지역에서 일할 의사와 간호사, 조산원을 더 많이 모집하는 데 성공했다.

두 사람은 아칸소의 교육 시스템을 철저히 개혁하지 않고는 주의 번영을 결코 이룩하지 못하리라는 데 의견이 일치했다. 클린턴은 광범위한 교육개혁을 위해 위원회를 만들겠다고 발표했고, 힐러리를 위원장에 임명했다. 정치적으로 고도의 계산이 필요한 개혁이었다.

학교를 개선하려면 세금을 올릴 필요가 있었으나 이것이 인기 있을 리 없었다. 열다섯 명의 위원회는 학생들에게 학년 진급 시험을 치르게 하자고 제안했다. 그러나 개혁안의 골자는 학생이 아니라 교사 시험을 의무화한 것이었다. 교직원노조와 민권운동 단체 등 민주당의 중요한 지지 기반이 격분했지만 둘은 이를 밀어붙였다.

수준 미달 교사가 문제였다. 그 수는 많았고 누구 눈에도 띄었다. 더 사심 없는 눈으로 살펴보면 교육 부문에도 더 근본적인 환부가 있었다. 그러나 선생님들이 클린턴과 힐러리의 개혁의지와 선거전략을 동시에 불 지펴 줄 적절한 땔감이었다.

의회에서 개혁안을 승인 받고 재원을 마련하는 과정은 이익집단들 사이의 인정사정없는 격투였다. 힐러리는 상·하원 합동 회의장에 나가서 개혁안의 취지를 호소했다. 이때 힐러리의 대중연설 솜씨가 빛을 발했다. 의원들은 힐러리의 말솜씨와 정책 파악 능력에 감탄했다.

클린턴과 힐러리는 교육개혁 관련 표결에서 이기기도 하고 지기도 했다. 장장 8년 동안 법정에서 교직원노조와 싸워야 했다. 이들의 교육개혁은 훗날까지 긍정적인 평가를 받는 부분이 있지만 완전한 혁신과는 거리가 있었다.

1984년 11월 선거에서 클린턴은 승리해 3선 주지사가 되고, 2년 뒤 선거에서도 승리해 4선 아칸소 주지사가 됐다. 주 헌법이 바뀌져 주지사 임기가 4년으로 늘어났다. 1990년까지 임기가 보장된 것이다. 그때가 되면 힐러리는 아칸소에 16년을 머물게 된다. 본래 매끄러운 혀를 타고났지만 10년이 넘다 보니 필요할 때 아칸소 억양을 자유롭게 구사할 수 있었다. 아칸소 사람이 다된 것이다.

그러나 아칸소 사람으로 끝나고 싶지 않았다. 주지사는 20세기 들어 대통령 산출의 좋은 밭이었다. 이 사실은 클린턴에게 중요했다. 물론 힐러리에게도 그랬다. 빌 클린턴과 힐러리는 아칸소에서 한 사람이라도 되는 냥 '빌러리'로 불리고 있었다.

오자르크산맥 쪽을 바라보는 힐러리의 눈매가 부드러워졌다. 가끔 투명해져 장벽 너머가 너울거리며 다가오곤 했다. 마그마에서 피어오르는 불꽃도 오래 응시하다보면 그럴 것이리라.

그러나 힐러리는 남편을 생각하면 피어오르는 또 다른, 작지만 불쾌한 불꽃은 바라보고 싶지 않았다. 남편의 비서실장인 벳치 라이트에게 좋지 못한 여러 소문에 관해 직접 물어볼까 싶다가도 입을 떼기 어려웠다.

마흔을 갓 넘은 클린턴은 전국적 지명도가 급속히 오르고 있었다. 1988년은 재선에서 압승했던 레이건 대통령이 물러나는 해였다.

몇몇 민주당 중진 인사들이 빌 클린턴에게 대통령 출마를 고려해 보라고 말하기 시작했다.

세상에 없던
퍼스트레이디

Hillary

Rodham

Clinton

1

클린턴의 대통령 출마선언

물론 민주당 중진들이 접근하기 전에 클린턴과 힐러리도 백악관 도전을 재보고 있었다.

힐러리는 대통령이 된 남편 클린턴을 상상해봤다. 대통령이나 백악관을 마음먹고 상상하려 할 때 들리던 터부의 천둥소리는 사라진 지 오래였다. 이제는 그 공상이 삶에 필요한 어떤 불을 일으키는 유일한 에너지원이 됐다.

출마설이 있던 같은 아칸소 주지사 출신의 데일 범퍼스 상원의원이 1987년 3월 말에 출마를 포기했다. 클린턴에 대한 관심이 높아졌다. 인기가 높던 콜로라도주 게리 하트 상원의원은 혼외정사 사실이 드러나며 민주당 후보 지명전에서 사퇴했다.

공개적으로 출마 여부를 발표해야 할 만큼 압력을 거세게 받던 클린턴은 7월 14일을 마감시간으로 정하고 발표를 위해 리틀록에 호텔 방을 예약했다. 그 전날 전국에서 많은 친구들이 내려왔다. 당일 클린턴은 힐러리와 나란히 앉아 이듬해 대선에 출마하지 않는다는 뜻을 밝혔다.

힐러리는 남편이 출마하지 않기로 결정한 이유를 두고 많은 글이 씌어졌지만 딸 첼시 한 마디로 귀착된다고 후에 말했다. 클린턴도 불출마 선언 직후 주지사 사무실 성명을 통해 "내게는 가족들과의 시간, 즉 개인적인 시간이 필요합니다."라면서 "더 중요한 이유는 대통령 선거가 딸에게 미칠 수 있는 영향 때문입니다."라고 말했다. 그러나 힐러리가 언급한 많은 글들은 클린턴의 여자 문제를 암시하고 있었다.

세상은 호락호락하지 않았다.

이듬해 7월 민주당 대통령 후보 지명자인 마이클 듀카키스 매사추세츠 주지사가 애틀랜타 전당대회에서 추천연설을 해달라고 클린턴에게 요청했다. 클린턴의 추천연설은 대실패였다. 연설은 대의원이나 텔레비전 방송이 예상했던 것보다 훨씬 길었다. 일부 대의원들이 클린턴에게 빨리 끝내라고 고함을 지르기 시작했다. 전국 무대에 처음 등장한 클린턴으로서는 굴욕적인 데뷔였다.

많은 관측통들이 그 연설로 클린턴의 정치적 미래는 끝났다고 했다. 여드레 뒤에 빌은 조니 카슨의 〈투나잇 쇼〉에 출연해 눈치 없이 길고 고답적인 연설을 한 자신을 농담거리로 격하시켰다. 그리고 특기인 색소폰 연주를 멋들어지게 펼쳤다. 다시 컴백에 성공한 것이었다. 그러나 클린턴의 진정한 컴백은 연설이나 색소폰으로 될 일이 아니었다. 필히 그의 여자 문제를 짚고 넘어가야 된다고 힐러리는 판단했다. 클린턴은 둘이 같이 살기 시작한 로스쿨 때부터 종종 한눈을 팔았다.

클린턴의 바람기는 힐러리에게 남자의 성욕과 인간의 본능에 대한 특별한 이해력을 요구했다. 보통의 여자들처럼 힐러리도 그런 힘이 달렸다. 주지사가 된 뒤에 남편이 이러저러한 여자들을 몰래 만나는 낌새였다. 안팎이 알게 화를 내고 닦달해 봤지만 그때뿐이었다. 힐러리는 남편의 넘치는 색정을 차츰 어디 먼 나라의 고약한 습속이러니 생각하도록 자신을 다스렸다. 힐러리가 갈 수 없는 남편의 '먼 나라'는 그의 특출난 친화력과 결손 가정의 불우한 어린 시절이었다.

미개한 습속을 없애려는 선교사처럼 힐러리도 가슴 풍만하고 화려한 헤어스타일의 '허튼 여자'들을 보면 앞뒤를 못 가리게 되는 남편의 병을 고칠 수 있다고 생각했다. 그러나 남편이 특정 타입의 여자 앞에서 느낄 황홀한 무력감과 악마적인 자포자기가 손에 잡힐 것 같기도 하면서 그런 자신감은 약해졌다.

힐러리는 바람기 있는 남자를 떠나지 못하는 여자에게 들러붙는 의사(擬以) 모성의 처량한 표정을 짓고서, 그저 천연덕스럽기만 한 남편을 바라볼 수밖에 없었다. 남편을 떠날 수는 없었다. 소중한 딸 첼시를 부모가 이혼한 아이로 자라게 할 수는 없었다. 그리고 보통 남편이 아니었다. 자기들은 다른 부부와는 다르다고 힐러리는 믿어 의심치 않았다. 그것을 입증해 보일 필요가 있었다. 무엇보다 자기 자신에게 그래야 했다.

대선 출마 포기 선언 이후 클린턴의 바람기는 더 심해졌고 결혼생활이 위기에 빠졌다. 힐러리는 속살까지 다 여문 미래의 불꽃이 위험하게 흔들리는 걸 두고 봐야 했다. 어느 날 힐러리는 마흔두 살의 여성이 지을 수 있는 가장 무심한 표정을 짓고 클린턴과 장시간 이야기를 나누었다. 처음 요란하게 변명을 늘어놓던 남편은 약 먹은 짐승처럼 조용해졌다. 이후 클린턴은 달라졌을까?

1990년 주지사 선거가 다가오면서 클린턴은 자연스럽게 달라졌다. 선거만이 남편을 변하게 할 수 있다는 사실을 힐러리는 다시 깨달았다. 클린턴은 선거운동 어느 순간이 되면 맺혀 있던 꽃망울이

터지듯 사람이 만개하는 것이었다. 그것은 꼭 남편이라서가 아니라 그냥 보기 좋은 장면이었다. 클린턴이 충만한 모습을 보이면 유세장의 사람들도 화답했다. 찾아간 작은 마을에, 큰 도회지에, 아칸소주 전체에, 기대와 유대감이 뚜렷하게 늘어났다. 그런 힘을 발휘하는 클린턴을 보면서 남편의 바람기는 그의 넘치는 활력을 재충전해 주는 에로틱한 휴식 같은 게 아닐까 하는 생각도 들었다. 선거는 또 권력을 가져다주었다.

힐러리가 주지사 선거 출마를 고려해야 하는 상황이 됐다. 클린턴으로선 2년 뒤의 대선을 앞두고 주지사에 출마하지 않는 것이 바람직해 보였다. 딕 모리스의 여론조사에 따르면 응답자 반 정도가 새로운 주지사를 원하고 있었다. 출마해서 혹 떨어지기라도 한다면 대통령 출마는 물 건너가는 것이었다.

부부는 힐러리가 대신 주지사에 출마하는 문제를 놓고 상의했다. 모리스는 이에 관한 여론조사를 두 번 실시했다. 조사 결과 힐러리는 아직 자신만의 이미지를 만들지 못한 것으로 나타났다. 힐러리는 독립체가 아니었다. 그 조사 결과를 보고 힐러리는 불쾌하고 화도 났지만 부질없는 일이었다. 클린턴은 주연이고 자신은 조연인 것이었다. 두 사람이 한 몸인 듯 '빌러리'라는 애칭으로 불러주다가도 때가 되면 사람들은 누가 주인공인지 냉정하게 분간했다. 힐러리는 주연 못지않은 조연이 되리라고 다짐했다.

클린턴은 주지사 5선에 도전했다. 투표가 한 달 남은 10월에 해고된 공무원 한 명이 클린턴 주지사가 다섯 명 이상의 여자들과 가진 불륜을 은폐하기 위해 부정 자금을 사용했다며 이를 고소하겠다고 기자들에게 알렸다. 벳치 라이트와 힐러리의 간청에 웹 허벨과 빈스 포스터가 선거 팀에 합류했다.

허벨과 포스터는 문제의 여자들로부터 빌 클린턴과 성관계를 가진 적이 없다는 진술서를 받아냈다. 벳치도 다른 변호사를 통해 제니퍼 플라워스라는 모델로부터 클린턴과 한 번도 성관계를 가진 적이 없다는 진술서를 받아오는 데 성공했다. 11월 선거에서 클린턴은 57%의 압승을 거뒀다. 그는 1978년 이래로 패배 후 설욕한 상대까지 포함해 네 명의 공화당 후보를 모두 거꾸러트렸다.

주지사에 새로 취임하자마자 곧바로 이듬해 대통령선거와 직면했다. 여러 후보들이 착실하게 선거운동을 벌이고 있던 봄과 여름 내내 클린턴과 힐러리는 대선 출마를 놓고 논의를 거듭했다.

걸프전 승리 이후 조지 부시 대통령의 지지율은 고공행진을 계속했다. 1992년 대선에서 부시 대통령이 재선되면 공화당은 16년 연속 백악관을 장악하는 대기록을 세우게 된다. 이미 1968년 닉슨 당선 이래 부시 임기의 1992년까지 24년 동안 카터 대통령 4년을 빼고 모

조리 공화당 치세였다. 1932년부터 1968년까지의 36년 동안 민주당
이 백악관을 28년 간 차지한 것과 대비되는 상황이 고착된 것이다.

클린턴은 민주당 대통령이 되어 이 추세를 꺾고 싶었다. 백악관의
공화당 일색을 벗겨내야 했다. 클린턴과 힐러리는 경제 침체를 극복
하고, 국민 정서와 유리된 연방 중앙정부의 분위기를 쇄신하고, 미
국의 고질적인 병폐를 개혁하고 싶었다.

여자 문제가 대통령 출마 결심을 가로막았다. 공화당은 분명 그의
이 약점을 들춰내기 시작할 터인데, 폭로 공세에 살아남을 수 있을
까? 아내인 힐러리 자신은 남편의 여자 문제를 어느 정도나 제대로
알고 있는 것인가? 자신이 지금 아는 것만큼 다른 사람들도 알게 된
다면 어떻게 될까?

힐러리와 클린턴은 대통령 선거에 도전하고 싶었다. 둘은 결혼생
활의 문제점을 스스로 인정하고 나선다면 기자들이 더 이상 캐려 하
지 않거나, 물어도 사적인 질문이라며 대답하지 않을 수 있다고 보
고 이를 테스트 해보기로 했다.

1991년 9월 16일 워싱턴 백악관 뒤편 캐피털 힐튼 호텔에서 전국
지 기자단과 클린턴 부부가 참석한 스펄링 조찬모임이 열렸다. 놀랍
게도 두 사람의 결혼이나 사생활에 대해 먼저 묻는 기자는 없었다.
말미에 관련 질문이 나오자 클린턴은 리허설대로 대답한 뒤 "20년이

나 함께 살아온 많은 다른 부부들과 마찬가지로 우리의 결혼생활도 결코 완벽하지 못했고 힘든 시기가 있었던 것은 사실입니다. 하지만 우리는 현재 상태에 만족하며 서로에게 강한 의무감과 신뢰를 갖고 있습니다."고 말했다.

2주 후 리틀록의 주 의사당 앞에서 빌 클린턴은 대통령선거 출마를 선언했다. 첼시와 힐러리가 클린턴 옆에 섰고, 앞에 모인 2천 명 지지자 중에는 4년 전 출마를 기대하고 리틀록으로 날아왔던 친구들도 많았다.

클린턴은 1963년 열일곱 살 때 백악관에서 존 F. 케네디 대통령과 악수하고 마틴 루터 킹 목사의 명연설을 들은 후 미국 대통령을 꿈꾸었다. 힐러리는 대통령이 되기를 갈망하는 이 남자와 20년을 같이 보냈다.

출사표는 늦었지만 출발의 행장은 가뿐했다.

2

집중포화

클린턴과 힐러리는 선거운동을 나름대로 준비해 왔다. 둘은 선거에서 졌을 때 잃게 되는 것을 생각했다. 패배해도 미국을 변화시키려고 애썼다는 만족감을 맛볼 수 있으리라.

다른 민주당 경선 후보보다 상당히 늦게 출발한 클린턴은 발 빠르게 선거운동 참모와 전문가들을 불러 모았다. 힐러리도 독자적인 참모진을 짜기 시작했다. 이는 후보 참모진이 후보자 부인의 일정과 메시지를 관리하던 관례에서 벗어난 것이었다.

힐러리가 우선 도움을 청한 사람은 박사과정을 밟고 있던 매기 월

리엄스였다. 아동보호기금에서 함께 일할 때부터 무슨 일이 일어나도 침착하게 처리할 수 있을 것이란 믿음을 준 젊은 아프리카계 여성이었다. 히스패닉계인 패티 솔리스 도일은 일정을 관리하고, 캐프리샤 페너빅 마셜은 유세 예정지에서 선발대로 일했다. 켈리 크레이헤드는 여행 관리자가 되었다. 빌의 로즈장학생 동기인 스트로브 탤벗의 아내 브룩 시어러는 자진해서 유세여행에 동행했다. 수전 토머시스는 상황을 분석했다.

아이오와주의 톰 하킨 상원의원이 출마한 상황이라 클린턴은 첫 경선인 아이오와 코커스는 제쳐놓고 2월 중순 열리는 뉴햄프셔 프라이머리에 집중하기로 했다. 코커스는 당원 비밀투표이고 프라이머리는 보통 예비선거이다.

뉴햄프셔에는 벌써 이웃 매사추세츠의 폴 쏭가스 전 상원의원이 공을 들이고 있었다. 4년 전에도 출마했던 쏭가스 후보는 클린턴과 같은 중도파 신 민주당 계열이었다. 명성이 높은 마리오 쿠오모 뉴욕 주지사와 앨 고어 테네시주 상원의원은 경선에 나오지 않았다. 빌 클린턴은 전국주지사협의회 의장을 지낸 5선 주지사이며 남부 및 중도파 민주당 모임인 민주당지도자이사회의 의장을 최근 2년 간 맡았다. 그러나 지방 인사였다.

주류 언론은 클린턴이 초반 경선들을 통과할 가망이 별로 없다고 평가했다. 좀 들여다보면 잘생기고 조리 있게 말하는 흥미 있는 후보지만, 아웃사이더인 그에게 깊은 관심을 갖지 않았던 것이다. 마흔 다섯이 덜 됐으니 대통령직을 수행하기에는 너무 젊고 경험도 부족하다는 말들도 했다.

그러나 미국 대통령 선거전은 지방 인사가 단숨에 전국적 인물로 뛰어올라 각광받는 무대이다. 언론은 언제나처럼 지방 인사를 무시하다가 또 언제나처럼 가장 빨리 탄력 있는 인물을 눈치 챘다. 기자들은 좀 더 관심을 가지고 클린턴을 지켜보기 시작했다. 힐러리는 대선 캠페인은 전에 겪었던 어떤 일과도 다를 것이란 말을 많이 들었다. 실제로 언론의 무자비한 검증과 사람들의 즉흥적인 반응과 정적들의 파괴적인 술수가 새로운 차원으로 압박해 왔다. 깨어나 보니 못 알아볼 정도로 변형된 남편과 자신이 스포트라이트의 직격탄 아래 놓여 있는 것을 발견하곤 했다.

뉴햄프셔에서 유세하고 있을 때 클린턴이 힐러리를 지지자들에게 소개하며 20년 동안 아동 문제에 전념해 왔다면서 하나 값에 두 개를 준다는 뜻인 '원 플러스 원'이라는 슬로건을 만들었다고 농담했다. 자신이 승리하면 힐러리가 국정에 적극적인 파트너로 자연스럽게 참여해 잘 알고 있는 문제를 함께 다룰 수 있다는 뜻을 넌지시 알린 것이었다. 그런데 언론에 보도된 후 힐러리가 '공동 대통령'이 되려는 야심을 품고 있다고 공화당은 공격하기 시작했다.

거슬러 올라가 보면 아칸소에서 '빌러리'라는 애칭으로 불릴 때부터 미국 정치권을 뒤흔들 공격거리가 만들어졌다고 할 수 있었다. 부부의 유난스런 협력과 일체성이 사람들 눈에 띄지 않았다면 클린턴과 힐러리는 이런 말을 듣거나 공격을 당하지 않았을 것이었다. 언론이 뼈아픈 공격의 선봉에 섰다.

힐러리는 〈내셔널 로 저널〉이 해마다 뽑는 '미국에서 가장 영향력 있는 변호사 100인'에 1988년과 1991년 두 차례 뽑힌 인물이지만 전국적인 언론매체에 노출된 적이 없었다. 대선 캠페인을 통해 비로소 언론과 대면하게 된다는 것은 결코 바람직한 일이라고 할 수 없었다.

힐러리가 애틀랜타에서 유세하던 어느 날 클린턴이 전화를 걸어, 제니퍼 플라워스가 12년 동안 자신과 성관계를 가져왔다고 주장하는 기사가 타블로이드 신문에 실릴 것이라고 말했다. 물론 그 주장은 사실이 아니라고 덧붙였다. 제니퍼 플라워스는 2년 전 주지사 선거 때 등장했던 모델 겸 가수였는데 타블로이드 기사는 얼마 후 평판 높은 네트워크까지 퍼졌다. 뉴햄프셔 프라이머리는 3주 앞으로 다가와 있었다. 이 문제를 공개적으로 다루지 않으면 투표가 시작되기도 전에 클린턴의 선거운동은 끝장나고 말 것 같았다. 일요일 밤 슈퍼볼 중계가 끝난 직후 CBS 텔레비전 〈60분〉 프로에 출연하기로 했다.

1월 26일 보스턴 호텔에서 녹화가 이뤄졌다. 진행자는 결혼생활에 대한 질문으로 대담을 시작한 뒤 클린턴이 간통을 저지른 적이 있는지, 그들이 별거나 이혼을 고려한 적이 있는지를 물었다. 부부는 프라이버시에 대한 사적인 질문에는 대답할 수 없다고 말했다. 하지만 클린턴은 힐러리한테 고통을 준 적이 있다고 인정하고, 그것이 대통령 자격을 박탈하는지를 판단하는 일은 유권자한테 맡기겠다고 말했다.

이때 진행자인 스티브 크로프트가 그들 둘이 어떤 합의와 타협에 도달한 것처럼 보여 높이 평가할 만하다는 말을 했다. 클린턴은 즉시 "우리는 서로 사랑하고 있습니다. 이건 타협이나 합의가 아니라 결혼생활이에요. 그건 전혀 다른 겁니다."라고 반박했다. 힐러리도 나서지 않을 수 없었다. 그래서 "저는 태미 위넷처럼 그저 남편 곁을 떠나지 않고 지키는 여자로 여기 앉아 있는 게 아녜요. 내가 여기 앉아 있는 건 내 남편을 사랑하고 존경하고 또 남편이 겪은 일과 우리가 함께 겪은 일을 소중하게 여기기 때문이에요. 그것으로 충분치 않거든 남편에게 표를 던지지 마세요."라고 말했다.

56분 인터뷰가 10분 정도만 방영됐다. 23일 뒤, 클린턴은 뉴햄프셔 경선 투표에서 1위에 근접한 2위를 차지하여 명실상부한 '컴백 키드'로 개선했다. 그러나 힐러리의 처지는 그렇게 좋지 못했다. 인터뷰에서 태미 위넷의 유명한 컨트리뮤직 송 '스탠 바이 유어 맨'을 인용한다는 것이 애먼 가수 본인을 들먹이고 말았다. 힐러리는 말을 선택하는 데 부주의했다고 사과했다. 하지만 가사와 가수의 혼동에 그칠 문제가 아니라는 비판을 들어야 했다.

3월 초 여러 주가 한꺼번에 투표하는 슈퍼 화요일 경선에서 클린턴이 선두로 달려 나가자 전 캘리포니아 주지사인 제리 브라운 후보가 힐러리가 속한 로펌 로즈의 업무를 공격했다. 클린턴이 아내의 수입을 늘리기 위해 로즈에 주정부의 일거리를 몰아주었다고 비난한 것이다. 아칸소에 있는 클린턴의 정적들이 제공한 정보라고 할 수 있었다.

일리노이와 미시간 예비선거가 바싹 다가왔을 즈음 한 기자가 힐러리에게 로펌 로즈와 관련한 비난을 어떻게 생각하느냐고 물었다. 힐러리는 노력해서 직업을 가진 여성들이 공격 대상이 되어 서글프고 그 비난은 사실이 아니라고 좀 장황하게 설명했다.

남편이 주지사인데 공과 사의 충돌을 피할 수 있었는지 기자가 거듭 다그쳤다. 힐러리는 "그랬기를 저도 바래요. 그런데요, 집안에 남아 쿠키를 굽고 차를 마시며 있었을 수도 있지만 직업에서 성취하려고 마음먹었어요, 남편이 공직에 들어서기 전에 이 직업을 시작했어요. 그리고 최대한 조심하려고 열심히, 아주 열심히 노력했어요. 제가 말할 수 있는 건 이것뿐이에요."라고 말했다.

너무 자기 자신에게만 정직한 답변인 것을 깨닫고 즉시 선거용으로 다듬어 설명했으나 13분 뒤 주요 언론들이 앞뒤 말은 다 잘라버리고 "나도 집안에 남아서 쿠키를 굽고 차를 마실 수도 있었을 것"이라고 한 말만 보도하기 시작했다. 힐러리가 집에서 아이를 키우는 전업주부들을 무시하고 이류 인생 취급한다는 쪽으로 방향이 틀어져 있었다. 일부 기자들은 '쿠키와 차'와 '태미 위넷처럼 남편 곁을 지키는 여자'를 하나의 인용문으로 통합해 51일의 간격을 두고 한 말을 동시에 한 것처럼 보이게 했다.

힐러리는 언론의 비틀린 보도에 화가 났다. 그러나 자신의 문제 발언 속에는 전통에서 벗어난 시대와 역사의식이 들어 있다는 것을 인정해야 했다. 그것을 좀 더 예쁘게 꾸밀지언정 감추지는 않겠다고 다짐했다. 톰 하킨 상원의원에 이어 폴 쏭가스 전 상원의원이 퇴장한 가운데 제리 브라운 전 주지사와 맞붙은 뉴욕에서 클린턴은 압승했다.

민주당 경선에서 공화당 후보 조지 H.W. 부시 대통령과 싸울 대선 본선으로 초점이 옮겨지면서 사람들은 클린턴을 보다 자세히 살피기 시작했다.

3

문제는 경제야, 멍청아!

클린턴은 말솜씨가 뛰어났다. 임기응변과 재치가 돋보였으며 스스럼이라고는 하나 찾아볼 수 없이 사람들에게 다가갔다. 박식했고 아이디어가 넘쳤다. 유권자들은 그의 열정에 서서히 고무되고 그의 현실 비판과 미래 비전에 동조했다.

또 클린턴은 젊고 멋있어 보이는 정치가였다. 8년 전 그윽한 연기술의 레이건 대통령에게 선거인단 525대 13으로 완패했던 민주당의 월터 먼데일 후보가 꿈에 그리던, 겉멋을 제대로 부릴 줄 아는 정치가가 민주당에 나타난 것이다. 공화당은 긴장했고 그의 약점을 뒤지기 시작했다.

혼외 불륜, 징병 회피, 부동산 투기 등 공격 거리는 많았다. 도덕적으로 도저히 대통령 감이 아니라고 공격했다. 그럼에도 여론조사에서 그의 인기는 그대로 살아 있었다.

클린턴에게는 아내 힐러리라는 비장의 무기가 있었다. 그를 향해 독한 화살을 날릴 때마다 힐러리가 즉각 맞받아쳐 동강을 내버리는 것이었다. 이처럼 공화당이 힐러리를 주목하기 전에 민주당 캠프와 대선 캠페인에 참여한 당원들이 먼저 힐러리의 힘을 알아봤다. 이전의 숱한 여성적인 후보 부인이 아니었다. 라이벌과 적의 공격에 뒤로 물러나기는커녕 앞으로 나가 단호하고 완강하게 대적했다. 남자보다 더 용감하고 냉철한 전사였다. 대중에 어필하는 후보에, 싸울 줄 아는 후보 부인이었다.

공화당은 힐러리를 정조준했다. 후보를 제쳐두고 후보 부인을 타깃으로 삼은 것은 처음이었다. 힐러리의 뒤를 캤다. 그런데 적의 이 강력한 무기는 본인이 먼저 약한 곳을 보여줬다. 무심중에 나온 힐러리의 실언을 오래오래 우려먹어야 한다고 공화당 전략가들은 강조했다.

공화당이 우려하고 있는 빌 클린턴의 최대 장점은 그가 진보주의, 자유주의 경향의 정통 민주당에 비판적인 신 민주당 노선을 대표한다는 것이었다. 가장 좌파적인 조지 맥거번의 당선을 위해 뛰었던 클린턴은 8년 뒤 지미 카터의 재선 전당대회 연설에서 벌써 중도적인 새 민주당 노선을 역설했다.

신자유주의 요소를 민주당에 가미해서 사회개혁 피로증에 걸린 국민들을 위해 균형예산, 작은 정부, 세금감면, 경제력 증강 및 방만한 복지의 개혁을 추진해야 한다는 것이었다. 카터와 클린턴이 모두 재선에 실패한 그해 선거에서 중·하류층 백인 민주당원 대다수가 신자유주의 기치의 공화당 레이건 후보를 찍었다. 그보다 십년 앞서 닉슨 후보가 흑인 민권법 제정 바람에 화난 남부 민주당원을 공화당으로 개종시킨 데 이은 쾌거였다.

이 레이건 민주당원을 이제 클린턴이 다시 민주당으로 데려가려고 하고 있는 것이다. 클린턴을 겉만 번지르르한 말쟁이, 걷잡을 수 없는 호색한이라는 네거티브 선전에 골몰하던 공화당은 방향을 돌려 그의 위력적인 전사 힐러리를 좌파, 사회주의자, 빨간 진보주의자로 색칠했다. 힐러리는 클린턴의 중도 이미지를 변색시키는 데 더할 나위 없이 좋은 패였다.

힐러리는 부모와 결혼제도를 우습게 아는 과격한 페미니스트 변호사일 뿐 아니라 정상적인 클린턴 정부 대신 클린턴-클린턴 공동 정부를 지향하는 이데올로그, 권력을 일심으로 좇는 아칸소의 레이디

맥베스, 맥클린턴으로 색칠됐다. 여성적인 미소가 피어나기엔 너무 빈틈없는 얼굴로 또박또박 제 주장을 펼치는 힐러리에게 아주 틀린 프로필은 아니었다. '남편 아닌 자신의 권력을 위해 나대는 여자처럼 보이긴 해.' 사람들은 이렇게 고개를 끄덕였다.

클린턴은 6월 초 브라운 전 주지사를 그의 고향인 캘리포니아에서 제쳐 민주당 대통령 후보 지명이 확실해졌다. 민주당은 힐러리가 앞에 나서지 않도록 했다. 7월 9일 앨 고어 테네시 상원의원이 러닝메이트로 발표됐고, 곧 이어서 정·부통령 후보 부부는 버스 투어 전국 유세에 나섰다.

8월 17일 시작된 공화당 전당대회에서 민주당 후보 클린턴이 아니라 그의 부인 힐러리가 집중 포화를 받았다. 패트릭 뷰캐넌 등은 힐러리가 아이들도 자신의 부모를 고소할 권리를 가져야 하며, 결혼은 노예제도와 마찬가지라고 주장했다고 열변을 토했다. 대통령 후보 부인을 놓고 이런 성토가 쏟아진 예는 없었다. 클린턴은 대통령이 되어서는 안 되고, 힐러리는 퍼스트레이디가 되어서는 안 된다는 것이었다. 퍼스트레이디가 돼서는 안 되는 아내가 곁에 있는 후보는 대통령이 돼서는 안 된다는 논리였다.

힐러리는 사람들이 보는 데서 전통적인 아내의 모습이 절로 나오도록 자신을 단속했다. 말을 아끼고 함부로 나서지 않으며 남편을 사랑스런 눈길로 바라보도록 했다. 이것이 퍼스트레이디의 일인가? 힐러리는 클린턴이 당선돼 퍼스트레이디가 되면 이런 영혼 없는 연기는 그만 두겠다고 결심했다. 시대가 변했고, 남편과 자신은 전통에서 찾을 수 없는 공동의 자격으로 부부생활을 영위하고 있지 않는가. 자신들은 또 얼마나 젊은가.

레이건과 부시는 69세와 64세에 백악관에 들어갔지만 자신들은 그보다 스무 살 어린 46세, 45세에 입성한다. 대통령도, 퍼스트레이디도 달라져야 할 것이라고 생각했다. 때 아닌 퍼스트레이디 논쟁을 촉발한 것은 비비 꼬는 데 천재인 공화당도, 위험스럽게 되바라졌다는 자신도 아니었다. 시대가, 역사가 때가 되어 그렇게 된 것이다. 자신은 이 문제에 응답하리라. 대답하려면 우선 남편이 선거에서 승리해야 한다.

승리의 관건은 경제였다. 입이 잰 전략가 제임스 카빌이 "문제는 경제야, 멍청아!"라고 소리쳤다. 이 슬로건은 주장보다는 예언에 가까웠다. 냉전 종식으로 공화당은 결집력을 잃었고 경기부진, 재정적자 감소를 위한 증세에 국민들의 불만이 높아졌다. 부시 정권의 걸프 전 승리는 퇴색됐다. 제니퍼 플라워스의 녹음테이프도 힐러리의 여러 실언도 덮어졌다.

힐러리는 갈수록 남편의 승리를 확신했다.

4

워싱턴, 워싱턴

1992년 11월 3일 밤 10시 47분, 텔레비전이 클린턴의 승리를 선언했다.

승리를 예상했지만 심장이 터질 것 같았다. 부시 대통령이 클린턴에게 전화를 걸어 패배를 인정하자 힐러리는 클린턴과 침실로 들어가서 문을 닫고 함께 기도했다. 이 두려운 명예와 책임을 짊어지게 된 남편에게 신의 가호가 있기를 빌었다.

그로부터 몇 시간도 지나지 않아 주지사 관저의 부엌 식탁은 정권인수의 중심이 되었다. 몇 주 동안 각료 내정자들이 들락거리고, 온

종일 쉬지 않고 전화벨이 울리고, 산더미 같은 음식이 소비되었다. 정권 인수준비위원회는 워싱턴과 리틀록 양쪽에 수십 개의 사무실을 두고 업무를 진행했다. 각종 특별대책팀은 어마어마한 분량의 정보들을 바인더에 담았다. 클린턴과 힐러리는 13개월 동안의 캠페인 행군으로 뼛속까지 지쳤지만 조각 작업과 통치 공부에 매달렸다.

클린턴 부부 두 사람 모두의 친구였던 로버트 라이히 하버드대 교수는 노동부 장관이 됐다. 도너 샬랄라 위스콘신대 총장이 힐러리의 추천으로 보건후생부 장관으로 지명됐다. 힐러리는 웰즐리 동창생이자 딘 애치슨 전 국무장관의 손녀인 엘디 애치슨이 법무부 정책 담당 차관보 자리에 앉도록 힘썼다. 이 자리는 대통령의 이념이 수십 년 동안 이어지는 종신직 연방판사 및 검사에 대한 심사 추천을 담당한다. 공화당 정권에서 너무 많은 보수파 법조인들이 연방법원에 충원됐다.

국무장관은 오래 전 존슨 행정부에서 법무차관을 맡았고 정권인수 작업을 주도한 워런 크리스토퍼, 국방장관은 레스 애스핀 하원의원이 지명됐다. 텍사스의 로이드 벤슨 상원의원이 재무장관, 미키 캔터가 무역대표부를 맡았다. 버넌 조던이 법무장관 제의를 거절하자 힐러리는 여성이 그 자리를 맡아야 한다고 고집했다.

백악관 비서실장은 새 대통령 부부가 가족같이 편안하게 느낄 수 있어야 한다면서 클린턴의 오랜 친구 맥 맥라티를 발탁했다. 다른 강력한 후보를 퍼스트레이디가 될 힐러리가 막았다는 말이 돌았다. 내각이 아닌 백악관 비서진 및 스태프 조직 인선은 힐러리와 힐러리의 측근 보좌관인 수전 토머시스가 주도했다. 선정된 사람 대부분이 선거운동 관계자나 아칸소 출신들이었다.

클린턴 부부를 잘 알고 있는 로버트 라이히와 도너 샬랄라는 정부 구성에 노련한 워싱턴의 베테랑들이 배제되다시피 한 점을 걱정했다. 백악관에 더 많은 워싱턴 경험자가 필요하며 고위직에 노련한 인사들을 앞세워서 험난한 워싱턴 사회를 헤쳐 나가는 데 도움을 받으라고 충언했다.

그러나 힐러리는 가능한 한 고위직은 아칸소 시절부터 함께한 친구 및 보좌관 그리고 대선 기간 동안 고생해 준 사람들에게 돌아가야 한다고 생각했고 이를 강력히 주장했다. 워싱턴 사회나 문화라면 12년 연속 백악관을 차지한 공화당의 대선 캠페인 행태 속에 남김없이 녹아 있어 익히 짐작할 수 있었다.

워싱턴은 기성 귀족의 가이드가 필요한 제국의 수도가 아니라 폐습을 철저히 무시해야 될 앙시앵 레짐의 중심이라고 힐러리는 생각했다. 베테랑 가이드 없이 물들지 않은 자신들만 뭉치면 구제도를 밟고 올라서기가 오히려 더 쉬울 것이라는 생각이었다.

힐러리도 남편의 득표율 43%가 미진해 보이기는 했다. 그러나 로스 페로라는 노회한 억만장자에게 간 18%의 유권자들이 클린턴과 부시를 놓고 선택한다면 클린턴도 별로 뒤지지 않을 것이라고 생각했다. 부시의 득표율 37.4%와 상당한 차이를 낸 사실이 무엇보다 중요했다. 이 정도면 클린턴의 선거 공약인 '사람 최우선' 주의를 위한 경제, 복지와 의료와 교육의 개혁을 뚝심 있게 밀어붙일 수 있을 것이었다.

우리끼리 이런 큰일들을 해내야 하는데 남들이 다 하는 퍼스트레이디 노릇에 안주할 수는 없다고 생각했다. '내가 앞장서서 남편을 도와야만 한다. 대통령의 비서실장을 맡아 볼까? 아니면 법무장관이나 교육장관?'

그러나 클린턴이 힐러리를 이 같은 공식 직책에 임명하고 싶다고 해도 그것은 불가능했다. 존 케네디 대통령은 동생 로버트 케네디를 법무장관에 임명했으나 다음 닉슨 정부에서 대통령 친인척을 공직에 임용하는 것을 금지하는 반정실인사법이 만들어졌다. 그렇다고 힐러리가 퍼스트레이디 외에 공식적인 자리를 포기한 것은 아니었다.

클린턴도 힐러리를 무보수 참모와 자신의 실질적 대리인 역에 중용하고 싶었다. 개혁해야 될 국가 현안은 많고 직책은 만들면 되었다. 힐러리는 일거리와 직책보다 먼저 대통령 집무실이 있는 백악관의 웨스트윙에 자기 사무실을 만들기로 했다. 이제까지 대통령의 오 벌오피스가 있는 웨스트윙에 퍼스트레이디 사무실이 있었던 적은 없 었다. 웨스트윙보다 반세기도 훨씬 뒤인 2차세계대전 때 이스트윙이 증축됐고, 그곳이 퍼스트레이디의 사무 공간으로 자리 잡은 것도 70 년대 후반 로잘린 카터 여사 때나 되어서였다.

백악관 중앙 본관 서편에 붙은 웨스트윙은 대통령이 비서실장 및 수석보좌관과 고문들을 거느리고 일상적으로 집무하는 미국 통치의 심장이다. 남동쪽의 오벌오피스와 떨어져 서쪽 가장자리에 부통령 사무실이 있고 각료 회의실도 갖춰져 있다. 30명 정도 수용하는 이 곳에 힐러리는 한 자리를 꼭 차지해야겠다고 생각했다.

힐러리의 측근인 수전 토머시스가 워싱턴에 가서 백악관과 이웃 구 국무부 청사의 평면도를 얻어 돌아왔다. 토머시스는 아동보호기 금에서 일했고 유대계 뉴욕 변호사로 잠시 법무부 최고위직 후보에 도 올랐다. 얼마 후 힐러리는 부통령 부관실을 줄여서라도 웨스트윙 에 사무실을 만들 것이라고 공표했다. 앨 고어 부통령 측을 자극할 수 있는 내용이었다.

버넌 조단은 힐러리의 웨스트윙 사무실 설치를 반대했다. '공동 대 통령' 운운했던 공화당이 호재를 만나 힐러리가 투표로 뽑히지 않은 대통령 노릇을 하려 든다고 맹타를 날리리란 것이다. 그러면 새 정부의 정책과 의도에 대한 사람들의 관심이 흐트러지고 변질된다고 강조했다. 이에 토머시스와 힐러리의 매기 윌리엄스 비서실장은 퍼스트레이디가 웨스트윙에서 일하는 것이 새 정부의 가치와 정책 중요도의 순위를 보다 명료하게 보여줄 것이라고 반박했다. 클린턴은 힐러리 측 손을 들어주었다.

이삿짐을 꾸려야 했다. 소유한 집이 없기 때문에 짐을 모두 백악관으로 가져갈 수밖에 없었다. 백악관에 들어가면 열세 살의 첼시는 24시간 비밀경호의 보호를 받을 터인데 정상적인 청소년 시절을 보낼 수 있을지 걱정이었다.

취임 2주 전 닉슨 하원 탄핵조사단에서 힐러리 상관이었던 버너드 너스밤이 대통령 법률고문으로 선임됐다. 리틀록에 온 너스밤은 힐러리에게 워터게이트 이래로 워싱턴이 폭로성 발언과 야박한 조사가 흔해진 정치적으로 비열한 도시가 됐다고 말했다. 너스밤은 법률 부고문으로 임명된 빈스 포스터를 소개받았다. 워싱턴과 의회가 이미 조사하는 것에 맛을 들였다고 경고한 너스밤은 포스터를 만났을 때 서로가 가진 잠재적인 약점을 미리 알아두자고 제의했다.

"남들 입에 오르내릴 최악의 얘기는 무엇입니까?" 하고 너스밤이 물었다. "나와 힐러리가 불륜관계라고 의심하는 사람들이 있습니다." 포스터가 대답했다. "그게 사실입니까?" "사실이 아닙니다."

며칠 후 클린턴은 웹 허벨에게 전화를 걸어 새 정부가 법무부를 인계받는 일을 도와달라고 말했다. 법무장관에는 조이 베어드라는 여성이 지명됐다. 클린턴은 또 주지사 재선에 실패할 때 로펌에 사무실을 내주었던 친구 브루스 린지를 법률 고문실로 올려 보냈다.

　1993년 1월 16일에 클린턴 부부는 대통령에 취임하기 위해 리틀록을 떠났다. 아칸소는 형언할 수 없이 거대한 꿈을 클린턴이란 작은 보석에다 다 집어넣었다. 클린턴은 아칸소의 모든 정기를 다 들이마시고 미합중국 제 42대 대통령으로 날아올랐다.

　힐러리는 자신이 아칸소를 뛰어넘는 꿈과 정기를 품고 있다고 확신하면서 남편과 나란히 워싱턴 행 비행기에 올랐다.

5

백악관의 새 안주인

클린턴 부부는 버지니아 중서부 샬로츠빌까지 와서 고어 부부와 만나 다음날 토머스 제퍼슨의 대저택 몬티첼로를 참관했다. 민주당과 공화당 양쪽의 시발점인 제퍼슨을 클린턴은 가운데 이름으로 지니고 있었다. 제퍼슨의 취임 행로대로 버스를 타고 29번 연방국도를 따라 달렸다. 사람들이 연도에 나와 성조기를 흔들며 환영했다.

수도 워싱턴 서쪽 끝 링컨 메모리얼에 도착해 첫 공식 축하행사에 참석했다. 정반대편 국회의사당까지 무려 25개 스트리트에 걸쳐 있는 내셔널 몰의 녹지대 가득히 사람들이 들어차 있었다. 취임식 나흘 전이었고 축하행사는 며칠 전부터 시작됐다. 연설과 노래와 박수와 행진에 기념물에 갇혀 있던 역사가 다시 살아나올 듯 들썩거렸다. 새 대통령의 취임을 축하하는 의식이었다.

축하행사의 역동과 열기 속에는 전투의 화약 냄새가 아련히 남아 있었다. 힐러리는 자신의 승리에 대한 감각이 이보다는 몇 발 앞서 가고 있는 것을 느꼈다. 승리 앞에 쑥스러운 적은 없었다. 누구보다 적을 가려내는 데 가차 없는 힐러리는 남편의 당선을 적들 면전에서 몇 번이고 소리 높여 외치고 싶었다. 그러나 이제 여유를 되찾을 때였다.

여러 축하행사는 텔레비전을 통해 전국에 방송됐다. 힐러리는 행사에 참석한 사람들 못지않게 자기들이 나오면 채널을 돌려버릴 사람들을 생각하려고 애썼다. 수도 인근 메릴랜드 교외 경기장에서 열린 취임식 전야제에서는 군 장성들이 대거 참석해 새 대통령 부부에게 경의를 표했다. 징병을 피하기 위해 영국으로 유학 갔다는 의심을 받았던 대통령 당선자는 답례하면서 곤란할 때 나타나는 단정하지 못한 입술 모양새는 어쩌지 못했으나 제법 무게가 있었다. 클린턴 부부는 젊었다.

이전 대통령들에 대비되어 분명한 부부의 젊음은 그들만의 특권이 아니라 불현듯 인식되는 세대의 특징이어서 반감을 일으키지 않았다. 클린턴 당선자는 7천 7백만 베이비붐 세대의 맨 첫해 출생자였고, 새 퍼스트레이디는 바로 그 이듬해에 태어났다. 두 사람은 행사 내내 높은 의자에 앉아 마주보며 미소 짓거나 메모를 주고받는 모습을 보여 주었다. 텔레비전 화면을 점령한 것은 두 사람의 기탄없는 승리감이 아니라 두 사람을 앞세운 새 물결이었다.

1월 20일 취임식 날 아침 8시에 클린턴 부부는 흑인교회 기도회에 참석한 뒤 백악관에 가서 부시 대통령 부부와 함께 식장인 국회의사당으로 이동했다. 식장은 젠킨스힐의 꼭대기에 위치한 의사당 웨스트프런트였고 그 언덕 테라스 아래 내셔널 몰에 80만 명이 모여 들었다. 인종차별주의자라고 클린턴 부부가 싫어하는 윌리엄 렌퀴스트 연방 대법원장이 대통령 취임선서를 진행했다. 클린턴은 취임연설에서 "정치에 개혁을 일으켜 더 이상 권력과 특권이 민중의 소리를 흩트리지 않도록 하자."고 말했다.

점심을 먹은 뒤 의사당을 나와 새 대통령 부부는 딸과 함께 대통령 전용 리무진을 타고 펜실베이니아 애비뉴를 거슬러 왔다. 연도에 늘어선 사람들의 퍼스트레이디에 대한 관심과 애정은 깜짝 놀랄 정도였다. 대통령 가족은 마지막 두 블록 반 정도를 걸어서 행진했다. 오후 6시 조금 지나 클린턴과 힐러리는 첼시와 클린턴가 및 로댐가의 가족들을 데리고 대통령, 퍼스트레이디의 신분으로 백악관에 발을 들여 놓았다. 정문 주랑인 북쪽 포티코 계단을 올라 대현관에 들어서자 100명 쯤 되는 백악관 상주 직원들이 그들을 맞았다. 대통령 일가는 3층 거주 공간으로 인도됐다.

얼마 후 클린턴과 힐러리는 축하 무도회 열한 군데 순회에 나섰고, 가는 곳마다 서로 안고 춤을 추었다. 새벽 2시가 넘어 백악관으로 돌아왔다. 새벽 5시 30분 누군가가 침실 문을 두드려 잠든 클린턴 부부를 깨웠다. 턱시도를 차려 입은 집사가 은쟁반에 아침식사를 들고 들어왔다. 부시 대통령 때 하던 식대로 한 것이다. 새 대통령 부부의 기상과 식사습관 같은 것을 사전에 이 집사에게 일러줄 체계는 미국에 없었다. 이런 새벽의 침대 식사는 물론 침실 앞에 버티고 선 경호원 근무 등 새 주인이 일일이 바꿔야 할 것들이 수두룩했다.

백악관에서 맞이한 첫날 아침 힐러리는 중앙 관저에서 회랑으로 연결된 웨스트윙으로 가 퍼스트레이디 오피스에 들어갔다. 여느 대통령 고위 보좌관 사무실처럼 비좁고 답답했다. 그래도 국내 정책 보좌관이 상근으로 배정됐고 대통령 연설문 담당자 가운데 한 명은 힐러리의 연설문을 맡게 됐다.

퍼스트레이디의 접견실과 통신 및 행사 담당 비서실은 여전히 이스트윙에 두었지만 힐러리의 참모진 20명가량은 길 건너 구 행정부·국무부 건물로 옮겨갔다. 이곳 1층의 긴 복도 하나를 차지해 '힐러리랜드'로 불리게 됐다. 이곳은 웨스트윙 소속의 다른 백악관 비서진들과 물리적으로 통합된 셈이지만 두 가지 면에서 표가 났다. 한두 명만 빼고 모두 여성이었으며 충성심과 동지애가 유별났다.

힐러리의 비서실장 매기 윌리엄스는 대통령 부보좌관이 아닌 보좌관 직함과 함께 아침마다 7시 반에 대통령 참모들과 같이 수석비서관 회의에 참석했다. 힐러리의 공보담당관은 앞서 취임식 날 퍼스트레이디가 이제부터 힐러리 클린턴이 아니라 공식적으로 힐러리 로댐 클린턴으로 부르도록 지시했다고 전했다.

그리고 힐러리는 맥라티 대통령 비서실장을 시켜 서쪽 회랑 지하의 백악관 기자실에서 웨스트윙으로 올라오는 계단 통로를 폐쇄시켰다. 200여 명의 기자들은 자유로이 드나들던 1층의 공보비서실 출입이 제한됐다. 구행정부 청사로 기자실을 옮길 방침이었다. 힐러리는 워싱턴 언론을 불신했다. 불신을 받고 있다는 것을 언론은 알아야 했고, 누군가 이를 알게 해야 했다. 결혼한 사람이 대통령이 되었기 때문에 퍼스트레이디가 된 것이지만, 시대가 변해 부부 간의 관계가 달라진 만큼 퍼스트레이디도 대통령 집무실 옆에 사무실을 가질 수 있다는 논리의 연장이었다.

25년 동안 다니던 계단과 오피스 출입을 금지당한 기자들은 들끓었다. 출범 서너 달 동안 으레 보이던 새 정부와 언론과의 밀월관계는 간데없고, 멀리 아칸소에서 올라온 클린턴 정부의 실수들이 줄을 이어 대서특필됐다. 전례가 없는 서투른 국정운영이라는 것이었다. 과거의 예를 살펴보면 틀린 말이었고 보도 내용도 사실과 달랐다. 언론 기사대로라면 클린턴 정부는 출발선에서 고꾸라지는 듯했다.

조이 베어드 법무장관 후보자가 불법 체류자 부부를 고용하고 이들의 사회보장세도 내지 않아 이민법을 어기고 탈세를 한 사실이 드러났다. 퍼스트레이디가 여성 법무장관에 집착해 연봉 50만 달러의 이 대기업 고문 변호사를 밀어 넣은 것으로 보도됐다.

부시 정권이 발표한 재정적자 2500억 달러가 사실은 3870억 달러에 이른다는 사실이 취임 전에 폭로됐다. 잘못된 경제운용을 바로잡아 고용과 세수의 확대를 꾀하고 정부 지출을 줄이되 우선순위를 바꿔 국민 최우선의 여러 개혁 프로그램을 구상했던 클린턴은 이제 공약 이행보다는 균형재정의 기반 마련을 최우선 과제로 삼아야만 했다. 이를 위해서 과감하고 획기적인 경제개혁안을 마련하고 있었다.

언론은 새 정부가 감세공약은 어느새 내다버리고 증세에 나선다고 비판했다. 적자에 책임이 있는 공화당은 클린턴 경제개혁안을 일절 도와주지 않겠다고 으름장부터 던지고 있었다.

힐러리는 수그러졌던 전의가 꿈틀거리는 것을 느꼈다. 열 명 남짓한 고위급 인선에 개입한 것은 사실이지만 정실인사는 결코 아니었다. 사퇴한 법무장관 지명자의 후임 인선도 자신이 주도할 것이며, 물론 여성이 될 것이었다. 그리고 의료보험 개혁을 이끌 것이다. 복지개혁이 먼저라는 의견이 대두됐지만 선거 캠페인 민심을 모르고 하는 소리였다. 또 복지개혁은 힘 있는 사람이 힘없는 사람을 위해서 하고 싶은 것이었다. 의료개혁은 그 반대였다.

취임 축하 행사장에 모여든 지지 군중들이 아련히 피워 올리던 승리감이 그리웠다. 결국 온 미국인 중에서 승리의 예리한 감각을 가장 늦게까지 기억할 사람은 남편이고 그 다음은 힐러리 자신이라고 생각했다. 어쩌면 남편보다 자신이 더 그러할지도 모른다. 죽기 살기로 직접 싸웠던 전사는 승리의 기분을 망각할 수 있지만 전사 바로 옆에서 아등바등하기만 했던 사람은 그러지 못하리라.

이번에는 힐러리 자신이 나서서 죽기 살기로 싸울 차례였다.

6

의료개혁안 힐러리케어

　클린턴 대통령은 취임 닷새 뒤인 1월 25일 의료개혁안을 100일 안에 국회에 제출하겠다고 선언했다. 이를 위해 대통령 직속의 의료개혁 특별전담기구를 구성하고 퍼스트레이디가 총책임을 맡게 될 것이며, 이 태스크포스에는 보건후생부, 재무부, 국방부, 상무부 및 노동부의 장관들과 백악관 예산관리국장 등 대통령 수석 참모들도 포진할 것이라고 발표했다. 대통령 정책기획 수석보좌관인 아이러 매거지너가 관련 일상 업무를 총괄한다고 덧붙였다.

　퍼스트레이디에게 유례가 없는 정책결정의 권한과 추진력을 발휘할 수 있는 지위가 부여된 것이었다. 앨 고어 부통령도 발표 당일에야 힐러리가 책임자로 선임된 사실을 알았다. 특별전담기구는 행정부 관료, 입법부 자문단 및 외부 전문가들로 500여 명에 이르는 실무팀을 구성했다.

매거지녀는 다름 아닌 힐러리와 함께 라이프지의 1969년도 대학졸업연설 특집기사에 나란히 실렸던 브라운대의 남학생 연설자였다. 그는 그 해 로즈장학생으로 옥스퍼드에 가게 돼 클린턴을 만났으며 이후 의료비용에 관한 혁신적인 연구를 수행했다. 개혁안의 방향은 "의료비를 줄이고 모든 미국인에게 필요한 의료 서비스를 제공하는 강력한 조치를 취하게 될 것"이라는 대통령의 당일 기자회견 발언에 잘 드러나 있었다. 민간보다는 정부가 주도하고, 협상보다는 밀어붙이겠다는 의지가 분명하게 잡혀졌다.

총책임자인 힐러리는 개혁의 취지는 엄격히 간직하더라도 가능한 한 부드럽게 그 뜻을 펼치고 싶었다. 급증하는 의료비는 국가경제를 무너뜨리고 개인파산을 증가시켰다. 국내총생산의 14%를 의료비에 지출하고 있었다. 의료비는 급등하고 보장범위는 줄어드는 이 악순환은 보험에 가입하지 않은 미국인의 수가 늘어난 결과라고 힐러리는 파악했다. 3700만 명의 미국인이 의료보험에 가입하고 있지 않았다. 대부분 노동자와 그 자녀들이었고, 빈곤층에 대한 연방정부 의료보조인 메디케이드를 받기에는 생활형편이 낫고, 자기 돈으로 진료비를 내기에는 가난한 가정들이었다.

모든 국민이 의료보험에 가입하도록 만들 수는 없을까?

거의 1세기 전에 시어도어 루스벨트 대통령, 그리고 이어 프랭클린 루스벨트 대통령은 전 국민 의료보험제도를 구상했다. 그러나 미국의사협회, 미국상공회의소 등 전 국민 의료보험이 사회주의나 공산주의에서 추구하는 제도라고 주장하는 사람들의 반대로 번번이 무산됐다. 빈곤층을 위한 메디케이드와 65세 노령층을 위한 메디케어만 존슨 대통령 때인 1965년 입법에 성공했을 따름이었다. 전 국민 의료보장을 위한 법안은 한 번도 국회 상임위를 통과하지 못했다.

수십 년 동안 의료보험 회사들이 점점 강력해진 것과도 연관이 있다고 힐러리는 보았다. 의료보험 회사들은 전 국민 의료보험이 되면 보험회사가 청구할 수 있는 보험료 액수가 제한되고, 고 위험 환자들의 보험 가입을 거절하기 어렵게 될 것이라고 우려했다. 전 국민 의료보장을 민간 의료보험의 사망을 알리는 종소리로 여겼다.

그런 게 아니라고 힐러리는 보험사를 설득할 생각이었다. 고용주에 바탕을 둔 현재의 시스템 대신 유럽, 캐나다 및 일본, 한국의 의료보험 제도를 본뜬 단일 지급자 방식을 민주당 급진파 의원들이 추진하고 있긴 했다. 이때 연방정부가 국민납세를 통해 돈을 모으고,

의료행위 대부분에 대가를 지불하는 유일한 지급자가 된다.

클린턴과 힐러리도 이 방식을 생각하지 않았던 건 아니다. 그러나 미국인들의 정서상 너무 급진적이라 포기했다. 힐러리와 매거지너는 이 같은 단일 지급자 방식 대신 시장경쟁을 통해 보험료를 떨어뜨리는 이른바 '관리된 경쟁'이라는 준 민간시스템을 선호했다. 정부의 역할은 급부 대상이 되는 의료행위의 기준을 정하고 의료보험 '구매협동조합'의 조직을 도와주는 정도로 축소시킨다는 것이었다.

'관리된 경쟁' 체제가 되면 모든 국민이 메디케어, 메디케이드, 현역 및 재향군인 의료보험, 그리고 이 구매협동조합 의료보험 중 하나에 가입할 수 있게 된다. 보편 의료보장이 갖춰지는 것이다.

엄청난 파급력을 지닌 법안을 추진하려면 당파를 넘어선 폭넓은 지지를 확보해야 한다는 조언이 잇따랐다. 타협을 하라는 말이었다. 협상을 하고 타협을 하게 되면 분명 기본원칙이 희석될 것이다. 그리 되느니 아무 것도 안 하는 편이 낫다고 생각했다. 민주당 지도부, 백악관 고위참모 및 내각에서 퍼스트레이디가 절충과 비판을 도무지 받아들이지 않으려고 한다는 불평이 나오기 시작했다. 정치적으로 접근하지 않고 군대식으로 밀어붙이려고만 한다는 말이었다.

힐러리에게는 백병전이 무서워 저만치서부터 항복을 시사하는 흰 깃발을 흔들라고 하는 말로만 들렸다. 민간 보험을 활용하되 정부의 참여 정도를 크게 늘리는 개혁안의 기본이 흔들려서는 안 된다고 거듭 다짐했다. 힐러리는 거대 정부라는 의심을 해소시키는 협상에는 이처럼 소극적으로 일관하고, 특별전담기구의 회의 내용은 물론 구성원의 신원도 비공개로 한 채 입법을 위해 동분서주했다.

민주당은 대선과 같이 치른 총선에서 하원을 과반수 40석 웃도는 압도적 우세로 장악했고, 상원도 56 대 44로 우위였다. 하원의 민주당 원내대표 딕 게파르트 의원과 상원의 민주당 원내대표 조지 미첼 의원은 의료개혁안이 상원에서 필리버스터의 의사진행 방해를 받아 꼼짝을 못할 것이라며 예산안에 통합시키는 방법을 시도하자고 했다. 필리버스터를 막을 수 있는 60표는 불가능하지만 예산안은 상원이나 하원 모두 단순 과반수면 통과된다는 것이었다.

의료개혁안을 예산안에 통합시키자는 안에 백악관과 행정부의 경제팀은 물론 대통령도 난색을 표했다. 클린턴은 4년에 걸쳐 5000억 달러의 재정적자 감축이라는 획기적인 목표를 위해 증세 및 지출 억제에 바탕을 둔 과감한 예산안을 내놓았다. 이 내용만으로도 여당 내에서 반발이 만만찮은데 의료개혁안까지 포함시키면 일이 더 어려워질 게 틀림없다는 우려였다.

클린턴은 예산안, 경기부양책 통과를 위해 같은 민주당 의원들을 설득하느라 애를 먹고 있었다. 거의 50년 동안 내리 하원을 장악해

온 민주당은 내부의 이견과 분열로 거대한 몸집을 잘 가누지 못하고 뒤뚱거렸다.

2월 24일에 미국의사협회 등이 퍼스트레이디는 국가 공무원이 아니기 때문에 태스크포스 책임자 자리는 물론 정부 비공개 회의에 참석하는 것이 위법이라는 소송을 냈다. 또한 특별전담기구의 비밀 협의와 인적 사항 비공개도 위법이라고 주장했다. 힐러리는 법률 부고문인 빈스 포스터에게 이 문제를 해결하라고 지시했다.

3월 10일 포스터, 너스밤, 허벨 등의 노력에도 연방법원은 퍼스트레이디는 백악관에서 일하는 '외부인'으로 간주돼야 한다면서 태스크포스는 의논할 일이 있으면 공개적으로 만나야 하고 실무팀 명단도 공개하라고 판결했다. 힐러리는 포스터의 역할에 크게 실망했다.

3월 11일, 상원에서 예산안을 사전 심의하는 세출위원장인 민주당의 웨스트버지니아 출신 로버트 버드 의원은 대통령과 민주당 지도부의 간곡한 요청에도 불구하고 의료개혁안을 예산안에 통합할 수 없다고 통보했다. 웨스트윙 회의실 대통령 옆자리에 앉아 힐러리는 보좌관들과 장관들이 자신의 눈길을 피하는 것을 느꼈다. 그러고 보니 예전부터 자기가 회의실에 들어서면 표정과 자세가 굳어졌던 것 같았다.

가슴에서 무엇인가 무너져 내렸다. 적도 아닌 우군의 테이블을 경직시키는 존재가 무슨 정치를 도모할 수 있겠는가? 내가 정치인이기는 한가? 힐러리는 표정을 더욱 굳세게 하면서도 속으로는 이렇게 자문하고 있었다.

3월 19일 리틀록에서 힐러리의 아버지 휴 로댐이 뇌졸중으로 쓰러져 구급차로 실려 간 뒤 병원 중환자실에 누워 있다는 전화가 왔다. 힐러리의 부모는 1987년부터 리틀록으로 내려와 살고 있었다. 힐러리는 첼시와 같이 비행기로 날아갔다. 회복불능이라고 했다. 부친은 뇌사 상태였다. 클린턴이 내려온 가운데 가족들은 인공호흡기를 떼어내기로 결정했다. 의사들은 24시간 안에 운명할 것이라고 말했다. 그러나 휴 로댐은 인공적인 도움도 받지 않고 음식도 먹지 않은 채 열흘을 이어갔다.

급식 튜브 삽입 수술을 다시 하려던 4월 7일에 숨을 거두었다. 82세였다. 부친은 그래도 취임식 후 캠프 데이비드 대통령 별장에서 가족들과 즐겁게 보낸 기억을 가지고 갔다.

백악관에서 처음 맞은 봄이었다. 새 정부가 출범한 지 100일 째인 4월 말이 다가왔다. 클린턴과 힐러리가 스스로 정한 의료개혁안의 마감시간은 맞출 수가 없게 됐다. 봄이 오기 전 군대에 동성애자를 받아들이는 문제와 법무장관 지명에 따른 논란에 휘말렸던 클린턴 정부는 4월에도 그다지 봄볕을 쬐지 못했다. 4월 21일 클린턴은

300억 달러 경기부양책을 소속 다수당인 민주당의 비협조로 철회해야 했다.

옛 유고에서는 보스니아의 세르비아계가 인종청소라는 광기에 사로잡혀 무슬림 거주 도시를 포위한 채 학살을 자행하고 있었다. 미국은 여러 이유로 바라만 보고 있었다. 4월 30일에 백악관에서 일하는 전 직원들은 '첫 100일 동안 함께 해준 모두에게 감사합니다.'라는 글과 함께 '빌과 힐러리' 서명이 든 카드, 그리고 분홍색 장미 한 송이를 선물로 받았다.

부부는 아무런 선물을 받지 못했다. 힐러리는 장미 가시 같은 시련을 지나 마지막에 장미 꽃송이와 같이 찬란하고 완벽한 역전을 선물받는 멋진 날을 상상했다.

시련은 계속됐다.

시련

I

빈스 포스터의 자살

중대한 일도 사소한 것에서 시작되는 경우가 많다.

대통령은 물론 수행 기자단과 직원들을 위해 비행기와 호텔을 섭외하며 수백만 달러를 움직이는 백악관 여행사무국이 부정행위와 낭비가 심하다고 클린턴의 친구 해리 토머슨이 대통령에게 보고했다. 여행국을 완전히 물갈이해야 된다는 말이었다.

여행국이 뭐하는 곳이지 몰랐던 힐러리는 기자단과 밀접한 관계라는 말에 귀가 뜨였다. 맥라티 대통령 비서실장에게 "한번 조사해 보기 바란다."고 말했다. 외부 회계감사가 실시됐고, 곧이어 새 정부

이전부터 근무해온 7명의 여행국 직원들이 전원 해고됐다. 발표 직후부터 백악관은 언론의 맹타를 맞기 시작했다.

힐러리는 기자들이 비리는 보지 않고 친분 있는 직원이 해고된 데에만 관심을 쏟는다고 불만을 표시했다. 그러나 언론은 이번 해고로 인한 수혜자가 토머슨과 대통령의 나이 어린 친척이라는 것에 주목했으며 비리혐의가 고의로 부풀려졌다고 의심했다. 그리고 해고의 실제 배후 인물로 퍼스트레이디를 은근히 지목하기에 이르렀다. 언론의 지적에 백악관은 자체 조사를 벌였으나 힐러리의 개입 의혹을 차단하는 데 주력했다. 힐러리는 2, 3주면 잊힐 일이 언론의 적개심 때문에 '트래블 게이트'로 커졌다고 생각했다.

이 여행국 처리와 관련하여 수년에 걸쳐 일곱 차례의 별도 조사가 행해졌으나 어떤 위법 사실도 밝혀진 게 없다고 뒤에 힐러리는 볼멘소리를 했다. 다만 힐러리는 사태를 정확히 파악하지 못한 채 말하거나 행동하면 어떤 결과가 초래될 수 있는지를 배웠다며 가슴을 쓸어내렸다. 그러나 트래블 게이트는 단순한 교훈으로 끝나지 않았다.

아칸소에서 같이 올라온 빈센트 포스터는 여행국 사건으로 한층 괴로워하고 있었다. 공화당은 상원 자유연설을 통해 법무장관에게 트래블 게이트를 조사할 특별검사의 임명을 요구했다. 법률 부고문에다 힐러리의 개인 변호사인 포스터가 조사의 타깃이 될 수 있었다. 겸손하고 명예를 중시하는 성격인 그는 자신이 의료개혁 태스크 포스의 외부 소송 때부터 일을 제대로 못해 대통령과 퍼스트레이디에게 실망을 안겨주었다고 자책했다.

클린턴 정부에 들어온 아칸소 출신 변호사들의 능력과 정직성을 공격하는 사설이 월스트리트저널에 연달아 실렸다. 6월 17일자 사설은 '빈스 포스터는 누구인가'라는 제목으로 행정부가 법을 지키는 데 소홀하다고 주장했다. 이 신문은 한 달 동안 로즈 로펌 시절의 힐러리 동료들과 백악관을 부패한 도당처럼 비난하는 사설 캠페인을 계속했다.

7월 19일 사설에서 포스터와 힐러리를 여행국 문제로 또다시 엮었다. 대통령은 포스터가 이 사설에 상처 입지 않을까 걱정되어 그에게 전화를 걸었다.

앞서 힐러리는 7월 초 퍼스트레이디로서 첫 해외여행인 도쿄 G-7 정상회담에 클린턴과 함께 동반 참석했다. 74세로 홀로 된 어머니도 동행했고 일본과 한국에서 틈나는 대로 즐거운 시간을 보냈다. 귀국해 아칸소 어머니 집에 있던 힐러리에게 7월 20일 밤 맥라티 비서실장이 전화를 걸어 빈스 포스터가 죽었는데 자살한 것으로 보인다고 보고했다. 포스터는 낮에 포토맥 강변의 한적한 공원으로 차를 몰고 가서 총구를 입에 물고 방아쇠를 당겼다.

힐러리는 빈스 포스터와 자신에 관해 이상한 소문이 돈다는 사실을 알고 있었다. 돌아보니 워싱턴에 온 뒤 빈스를 너무 아랫사람 대하듯 했다는 생각에 가슴이 아팠다. 포스터는 거친 정치판에 단련되지 못해 스스로 무너진 것이었다. 이 세계에서는 정적과 언론과 여론의 공격을 실제의 삶과 분리해서 대응할 수 있는 여유, 그리고 그럴 때일수록 오히려 실제 삶에 집중하는 훈련이 필수적이었다. 힐러리는 포스터는 정치인으로서의 삶에 적응하지 못해 죽음을 택했지만 자신은 정치인으로 반드시 살아남고 말겠다고 울면서 다짐했다.

포스터의 사망 소식을 접한 직후 힐러리가 비서실장 윌리엄스와 나눈 전화 통화에서 개인 변호사인 포스터의 사무실에 있을 자신과 관련된 서류를 수거하는 문제를 얼마나 심도 있게 논의했는지가 이후 워싱턴 정가의 큰 정치 이슈가 됐다. 법률 고문 버너드 너스밤은 포스터가 죽은 지 이틀 뒤 법무부와 FBI에서 파견된 공무원들과 함께 포스터의 사무실로 가서 자살 이유를 해명해 줄 단서를 찾기 위해 서류를 모두 점검했다.

이 첫 번째 수색과정에서 유서는 없었고 포스터가 사무실에 보관해 둔 개인 서류철이 발견됐다. 그가 리틀록에서 클린턴과 힐러리의 법률 대리인으로 일할 때의 자료가 담긴 것이었다. 화이트워터의 토지거래에 관한 서류도 포함되어 있었다. 너스밤은 이 서류를 힐러리의 비서실장인 윌리엄스에게 주었고, 윌리엄스는 이를 집으로 가져갔다. 얼마 후 서류는 클린턴의 워싱턴 개인 변호사인 로버트 바넷 사무실로 넘어가 법률적인 보호막이 쳐졌다.

포스터의 사무실은 범죄현장이 아니기 때문에 이런 조치는 합법적이며 정당했다. 하지만 곧 포스터는 '화이트워터에 대해 알고 있는 것' 때문에 살해됐다고 주장하는 음모론자들이 나타났다. 포스터의 죽음을 자살로 판정한 공식 보고서가 나오고 서류가방에서 포스터의 유서도 발견되었지만 이 음모론은 사그라들지 않고 꾸준히 이어져 책도 여러 권 출판되었다.

8월 초 클린턴의 경제개혁안인 재정적자 감축법이 통과되었다. 공화당 의원들은 상 · 하원 통틀어 단 한 명도 이 균형예산 기반을 위한 개혁안에 찬성표를 던지지 않았다. 법안은 218 대 216으로 하원을 통과했는데 민주당 의원 41명이 반대표를 던졌다. 상원에서도 6명의 민주당 의원이 돌아서 50대 50의 균형을 이뤘고 이를 깨기 위해 고어 부통령이 상원의장 자격으로 한 표를 던져야 했다.

8월 중순 클린턴 부부는 메인주 마사스비니어드로 여름휴가를 떠났다. 불과 반년 전에 있었던 취임식의 영광 같은 건 기억조차 나지 않았다. 버넌 조던 부부가 클린턴의 47세 생일을 축하하기 위해 파티를 열었다. 힐러리는 마음껏 웃고 떠들며 긴장을 풀었다. 취임식

이래 가장 즐거운 시간이었다.

워싱턴으로 돌아온 힐러리는 이제 의료개혁 문제에 전력을 기울일 때라고 생각했다. 500여 명에 달하던 태스크포스는 5월 말에 해산됐다. 힐러리와 매거지너는 뒷전에 밀려 경제 개혁안의 소란스런 행차와 여행사무국 및 포스터 사건의 우울한 소동 속에서 비장한 각오로 의료개혁안을 손질하고 있었다.

그런데 8월 말에 로이드 벤슨 재무장관과 워런 크리스토퍼 국무장관, 로버트 루빈 경제 고문은 의료개혁을 뒤로 미루고 북미자유무역협정(NAFTA)을 먼저 추진하자고 주장했다. 백악관이 한꺼번에 두 가지 법안에 역량을 집중하기 힘들다는 논리였다. 힐러리는 의료개혁을 미루면 성공할 가능성이 더욱 희박해질 뿐이라고 반발했다. 클린턴은 NAFTA의 입법 마감시한이 눈앞에 닥친 상황이라 이를 먼저 국회에 제출하기로 결정했다.

대신 클린턴은 의료개혁안을 설명할 국회 연설을 계획했고, 힐러리가 의료개혁안을 심의할 5개 상임위원회에 직접 출석해 증언하기로 했다. 9월 22일 클린턴은 상·하의원이 참석한 가운데 하원 본회의장에서 생중계 연설을 하면서 적·백·청색으로 이루어진 의료보장 카드를 꺼내 보이며 이것이 모든 국민에게 발급되기를 바란다고 강조했다. 하지만 52분의 연설로 사람들을 감동시키는 것과 법안을 통과시키는 것은 별개의 문제였다.

힐러리는 28일 하원 세입위원회 앞에 섰다. 퍼스트레이디가 정부의 주요 입법안에 대해 주요 증언자로 출두한 것은 사상 처음 있는 일이었다. 힐러리는 두 시간 동안 의원들의 질문에 답변했고, 오후에는 에너지통상위원회에서 증언했다. 그 후 이틀 간 또 다른 하원 위원회와 상원 위원회 두 곳에 출석했다.

청문회 의원들은 힐러리를 퍼스트레이디라고 봐주지 않았다. 힐러리는 낮은 자리에 앉았지만 꼿꼿한 자세로 자신감에 넘치고 차분하게 답변했다. 150가지도 넘는 의원들의 질문에 답변하면서 수첩 한번 들여다보지 않고 배석한 보좌관도 일절 돌아보지 않았다. 거기다 유머감각을 발휘하면서 유연하게 맞받아치는 말솜씨를 자랑했다.

뉴욕타임스는 사설로 "누구보다도 완벽하고 인상적인 증언"이라고 칭찬했다. 신랄한 필체로 유명한 뉴욕타임스의 여성 칼럼니스트 모린 다우드도 "이 의회 증언을 통해 아는 것도 모른 체하고, 조언을 주기보다는 받기만 하던 퍼스트레이디의 시대는 공식적으로 종언을 고했다."고 썼다.

그 한 주는 힐러리에게 절정의 시기였다. 유감스럽게도 이후부터는 내리막길이 이어졌다.

같은 당인 민주당 의원들에게 개혁안의 초안 틀이 공개되면서 재정적 실현 가능성에 대한 의문이 제기됐다. 의료개혁보다는 복지개혁을 먼저 해야 된다는 소신을 주장해 오던 민주당의 대니얼 패트릭 모이니헌 상원 재정위원장은 의료개혁안이 환상적인 수치에 근거를 두고 있다고 비판했다. 백악관과 내각에서도 개혁안의 수치를 재검토해야 된다는 소리가 높아졌다.

힐러리와 매거지너는 의료개혁안의 골자와 원칙만을 하원에 제출할 예정이었으나 민주당의 댄 로첸코프스키 세입위원장은 법률용어로 표현된 자세한 법안을 요구했다. 기껏해야 250쪽 정도 될 줄 알았던 의료보장 법안은 10월 27일 국회에 제출될 때 1342쪽에 이르렀다. 11월 20일 103대 의회 1차년도 회기 마지막 날 조지 미첼 상원 다수당 원내대표는 법안을 상정했다. 공화당 의원들은 법안의 부피와 복잡성을 집중적으로 부각시켰다. 24만 단어에 달하는 법안을 보고 공감하는 사람들이 많을 수밖에 없었다.

개혁을 자신들의 이익에 위협이 되는 것으로 간주해온 보험사, 제약사, 의료장비사, 소기업 소유자 및 의사들이 조직적인 반대운동을 폈다. 공화당은 이들과 힘을 합해 정부가 의료 서비스를 모두 관장하고 통제하려 한다고 선전했다. 공화당의 이론가이자 전략가인 윌리엄 크리스톨은 모든 공화당 지도자들에게 메모를 보냈다. 이듬해 말의 중간선거에서 공화당이 승리하려면 의료개혁안을 기필코 부결

시켜야 된다는 내용이었다. 그는 의료개혁안이 통과되면 빈곤층뿐 아니라 정부의 지출확대와 규제강화로 이득을 볼 중산층 표가 민주당에 몰릴 것이라고 경고했다. 반대로 개혁안이 좌초되면 대통령에게 막대한 피해를 안겨 줄 것이므로 법안에 일절 양보하거나 협상하지 말라고 주문했다.

힐러리는 기다렸다는 듯 전의에 불을 붙였다. 그러나 적은 예상하지 못한 곳에서 튀어나왔다. 힐러리는 적보다 운명에 맞서 전의를 끌어내야 하는 그런 싸움터로 빨려 들어간다.

2

화이트워터 수사

1993년 10월 31일 할로윈데이, 워싱턴포스트 일요판을 집어든 힐러리는 아칸소 시절에 큰 손해를 보았던 부동산 투자가 망령처럼 돌아온 것을 알았다.

파산한 상호신용금고를 조사하는 연방 기관인 정리신탁공사가 짐 맥두걸의 소유인 매디슨 신용금고의 불법행위에 대한 수사를 검찰에 의뢰했다는 것이다. 맥두걸이 클린턴의 주지사 재선 운동을 비롯하여 아칸소 정치판에 불법으로 자금을 대기 위해 자기 소유의 신용금고를 이용했다는 혐의라고 했다. 귀신이 되살아난다는 할로윈데이에 죽었던 화이트워터가 살아나 야릇한 형상으로 클린턴 부부 쪽으로 다가오고 있었다.

힐러리는 화이트워터의 재등장을 그리 심각하게 받아들이지 않았다. 이미 1년여 전인 1992년 3월 민주당 예비선거가 한창일 때 맥두걸이 클린턴 부부와 사업상 관계가 있었기 때문에 주지사인 클린턴 한테서 특혜를 받았다는 주장이 뉴욕타임스 일요판 1면에 실렸다. 화이트워터 투자로 손해를 보았으며, 주지사 때 아칸소 증권국이 맥두걸을 해임하고 매디슨 신용금고를 파산 처리하도록 연방 규제 당국에 요청했다는 사실을 입증하자 기사의 파장은 잦아들었다.

외양을 살짝 고쳐 다시 나타난 화이트워터는 위협이라기보다는 성가신 존재였다. 그래도 뉴욕타임스 등이 비슷한 기사를 뒤따라 싣자 클린턴 부부는 대통령으로서가 아니라 개인 자격으로 변호사를 고용해야겠다고 생각하고 데이비드 켄들을 선임했다. 클린턴 부부는 예일 로스쿨 때부터 로즈장학생이며 흑인 민권운동에 나서기도 했던 켄들을 알고 있었다. 켄들은 우선 빈스 포스터의 사무실에 있던 서류를 대통령 부부의 다른 개인 변호사 로버트 바넷에게서 넘겨받았다. 그는 화이트워터 기록의 빈틈을 이어 맞추고 짐 맥두걸의 투자를 하나하나 추적해 갔다.

클린턴과 힐러리는 화이트워터 부동산개발 부지에 한 번도 가본

적이 없었다. 사진만 보았을 뿐이다. 대선 당시 클린턴 선거대책본부는 '클린턴 부부, 신용금고 경영자와 손잡고 오자르크에서 부동산 투기하다'라는 제목의 뉴욕타임스 첫 보도 직후 법률고문과 회계사를 고용해 보고서를 만들었다. 2만 5천 달러의 비용을 들여 3주 만에 완성된 반박 보고서는 클린턴과 힐러리가 화이트워터 부지를 구입하기 위해 대출받은 원금 때문에 맥두걸 부부에게 발목이 잡혔고, 그 투자로 4만 6천 달러의 손해를 보았다고 주장했다.

그로부터 한참 뒤인 2000년 특별검사의 화이트워터 최종 보고서가 나오기까지 무려 7천만 달러의 세금이 들어갔다. 힐러리는 그렇게 나온 최종 보고서가 자신들이 3주 만에 만든 1992년도 보고서 결론을 뒷받침하는 데 그쳤을 뿐이라고 주장한다. 물론 이 말이 다 맞는다고 할 수는 없다.

북미자유무역협정인 나프타가 12월 8일 상원에서 비준되었다. 앞서 하원에서 공화당 132명과 민주당 102명 등 234명이 찬성했다. 정부는 마침내 모든 관심을 의료개혁 지원에 돌릴 수 있게 됐다.

그러나 언론은 화이트워터에 집착했다. 사설을 통해 특별검사를 임명하라고 재닛 리노 법무장관을 압박했다. 워터게이트 직후 제정된 특별검사법이 얼마 전에 기한이 끝나 폐기되어 이제 조사는 법무장관의 승인을 받아야 했다. 연방 검찰총장인 리노 장관은 불법 체류자 고용으로 낙마한 조이 베어드 대신 최초의 여성 법무장관이 되었다. 플로리다주 관선 변호인으로 일하던 힐러리의 동생이 추천한 마이애미-데이드 카운티 검사장이었다. 독신 여성으로 여간 깐깐한 원칙주의자가 아니었다.

할로윈데이에 잠든 망령을 깨운 워싱턴포스트는 클린턴 부부가 화이트워터에 투자를 시작한 1978년과 79년도의 소득세 관련 자료 제공을 백악관에 요청했다. 화이트워터 개인 문서들이 무죄를 입증해줄 것이라고 주장했던 힐러리는 막상 이런 요청을 받자 화를 냈다. 세상 사람들이 자신들의 생활을 속속들이 들여다본다는 생각을 용납할 수가 없었다. 그렇게 끌려가다간 사생활을 영원히 보장받지 못할 것이라고 생각했다.

돌아보면 주위의 조언에도 불구하고 사생활을 이유로 이 자료공개를 거부한 클린턴과 힐러리의 결정이 후에 특별검사제를 수용하는 결과를 낳았다. 그리고 특별검사의 화이트워터 수사는 돌고 돌아 대통령을 정면으로 겨누게 된다.

이들의 소득세 문제는 아무런 혐의가 없는 것으로 나중에 밝혀졌다. 힐러리가 가축 선물투자로 운좋게 10만 달러를 벌어들인 사실이 부수적으로 밝혀졌을 뿐이다. 힐러리가 자료 공개를 거부하자 대통령 부부가 큰 비밀이 있어 이를 숨기려는 것 아니냐는 의심들이 많았다. 비밀은 드러나기 마련이라며 사람들은 입을 비쭉거렸다.

12월 18일 토요일 힐러리가 크리스마스 리셉션을 열고 있을 때 켄들 변호사가 전화를 걸어 왔다. 정기적으로 클린턴 정부를 공격하는 우익 월간지 〈아메리칸 스펙테이터〉에 실릴 장문의 기사를 요약해서 보고했다. 데이비드 브록이란 기자가 쓴 기사는 주지사 시절 클린턴의 경호를 맡았던 아칸소주 경찰관 네 명을 등장시키고 있었다. 이들은 빌에게 여자를 조달해 주었다고 주장했다. 화이트워터는 아니지만 다른 비밀이 드러나게 된 것이다.

클린턴과 옥스퍼드를 같이 다녔으나 아칸소에서 그의 정적이 된 클리프 잭슨이 경찰관들의 대리인이었다. 주 경찰관, 즉 트루퍼(trooper)인 이들은 이렇게 털어놓은 이야기로 돈을 벌게 될 것이라고 자랑하고 다녔다. 클린턴의 보디가드였다는 사실이 이들의 이야기에 신빙성을 높였다. 켄들은 침착성을 잃지 말고 아무 말도 하지 말라고 힐러리에게 충고했다. 그러나 사전에 약속이 잡혔던 인터뷰에서 힐러리는 그런 기사는 모두 쓰레기통으로 들어갈 것이며, 그래야 마땅하다고 말했다.

'트루퍼게이트'라고 이름 붙은 추문은 쓰레기통이 아니라 바람 속을 몇 년이나 날아다녔다. 거기에는 대화재를 일으킬 아주 작은 불씨 하나가 숨어 있었다.

3

특별검사

트루퍼들의 클린턴에 대한 엽색 폭로담에 미지근한 반응을 보이던 보수 신문들이 갑자기 화이트워터와 빈스 포스터의 죽음을 연결시키기 시작했다. 부동산 투기 의혹 대신 부정의 은폐 조작이 새 주제가 된 것이다.

의회에서 공화당 의원들은 다투어 마이크를 잡고 포스터 사무실에서 훔쳐간 화이트워터 관련 서류를 즉각 공개하고 특검제를 수용하라고 외쳐댔다. 클린턴 부부는 물정 모르던 시절, 좀 과장하면 생필품을 사는 기분 정도로 쉽게 한 투자가 포스터의 자살과 연결되는 것을 보고 어이가 없었다.

1994년 1월 6일 클린턴의 어머니 버지니아가 핫스프링스의 집에서 자는 도중에 숨을 거두었다. 71세였다. 버지니아는 빌 클린턴의 인생에 가장 큰 영향을 준 사람이었다. 힐러리는 남편과 시어머니 둘 다 대단한 낙천주의자로 불길한 생각이나 나쁜 기억들을 억눌러 없애 버리는 습성과 기술이 있다고 보았다. 남편 빌에게 이로 인한 역작용이 없기를 바랐다.

공화당 상원 원내대표 밥 돌과 하원 원내대표 뉴트 깅리치는 클린턴이 모친상을 당한 날 아침 토크쇼에 나와 화이트워터에 대해 이야기하면서 대통령을 조사할 특별검사를 임명해야 된다고 주장했다. 클린턴은 화가 치밀었다.

클린턴은 장례식이 끝나자마자 예정된 유럽 및 러시아 순방에 나섰다. 그는 모스크바에서 첼시, 힐러리 팀과 합류할 1월 13일 이전에 특별검사 임명 여부를 결정해야 했다. 그 주 일요일 많은 민주당 지도자들이 텔레비전 토크쇼에 출연해 특별검사 임명을 지지했다. 변호사로서 그리고 워터게이트 탄핵 조사팀에 참여한 경험자로서 힐러리의 직감은 '노'였다. 적법한 범죄수사에는 전적으로 협력하되 누군가에게 무차별, 무한정 파고들 수 있는 자유재량권을 부여하는 것에는 마땅히 저항해야 한다고 생각했다.

그러나 대통령의 정치고문들은 결국에는 특별검사를 수용할 수밖에 없다고 예상하면서 어차피 그렇게 될 바에는 얼른 처리해 버리는 편이 낫다고 주장했다. 특별검사를 반대해야 된다는 힐러리의 생각에 동조한 이는 데이비드 켄들과 버너드 너스밤, 그리고 그 전 해 여름에 영입한 워싱턴의 베테랑 언론인 데이비드 거겐뿐이었다. 클린턴의 다른 참모들은 줄줄이 힐러리를 찾아와 특검을 받아들이라고 압력을 넣었다.

힐러리와 너스밤은 특별검사제 불가 입장을 한층 명확히 했다. 전 공화당 정권 때의 이란콘트라 무기밀매 의혹에 특별검사가 개입하면서 수사가 7년 지속되는 것을 지켜보았다. 특별검사에게는 단 한 가지의 사건만 주어지지만 전체를 파헤칠 수 있는 권한이 부여되고 시간적 제한도 없다. 힐러리 부부에게 특검은 최악의 선택인 것이다.

특검을 재주껏 피하며 정치적 서커스를 벌이는 게 훨씬 낫다고 힐러리는 판단했다. 1월 11일 화요일 저녁, 클린턴은 프라하에서 백악관과 장시간 전화회의를 했다. 결국 클린턴은 특별검사를 요청하라고 지시했다. 이튿날 너스밤 법률고문은 재닛 리노 법무장관에게 화이트워터를 독자적으로 수사할 특별검사를 임명하라는 대통령의 공식 요청을 서면으로 제출했다.

클린턴 부부의 정치적 문제를 신속하게 해결하는 처방으로 택했던 방법이 이후 7년 동안 클린턴 부부는 물론 많은 주변 사람들의 삶과 미국 정부의 진을 실컷 빼게 된다. 클린턴 정부 출범 1주년 기념일에 리노 법무장관은 로버트 피스크를 특별검사로 임명했다. 공화당원으로 연방검사 경력을 가진 피스크는 철저하고 공정한 변호사로 높은 평가를 받았다.

　피스크가 임무를 계속 수행할 수 있었더라면 힐러리와 너스밤, 그리고 켄들과 클린턴의 걱정은 기우로 기분 좋게 끝날 수 있었을지도 모른다.

4

폴라 존스

힐러리는 2월에 동계 올림픽이 열리는 노르웨이 릴레함메르로 미국 대표단을 이끌고 갔다.

귀국한 후 얼마 안 있어 투자은행가이자 클린턴의 기금 모금자였던 로저 올트먼 재무부 부장관과 힐러리의 측근 버너드 너스밤 백악관 법률고문이 물러나야 했다. 클린턴 부부를 보호하려고 재무부 산하 기관인 정리신탁공사의 참고서류를 모니터하려던 것과 관련이 있었다. 이어 3월 중순에는 웹 허벨이 법무부 차관보에서 물러났다. 의뢰인에게 수임료를 과다 청구하고 경비를 실제보다 부풀리는 등의 혐의로 로펌 로즈가 아칸소 변호사협회에 허벨을 고소할 계획이라고 했다. 허벨이 복잡한 사정을 설명했다.

힐러리는 이제 워싱턴에 아칸소 친구가 아무도 없게 됐다.

특별검사로부터 백악관에 소환장이 연거푸 날라 오고 있었다. 클린턴의 친구인 해럴드 이키스가 비서실 차장으로 와서 대책팀을 만들었다. 힐러리의 참모들인 매기 윌리엄스, 리사 캐푸토, 캐프리셔 마셜 등은 이미 자문을 구한 변호사들로부터 놀라 자빠질 정도의 비용 청구서를 받고 있었다.

3월 18일 뉴욕타임스는 '아칸소 최고 변호사가 힐러리 클린턴을 도왔다'는 제하에 힐러리가 1979년 선물거래에서 짐 블레어의 도움으로 1천 달러의 밑천을 10만 달러로 불렸다고 썼다. 블레어가 자신의 고객인 타이슨 푸드사를 위해 클린턴에게 영향을 행사하려고 교묘한 공작으로 이 횡재를 도왔을 거라고 암시하고 있었다.

백악관 출입기자들을 가까이하지 않던 힐러리는 4월 22일 오후에 국빈 연회장에서 기자회견을 가졌다. 힐러리는 검정 스커트에 핑크빛 스웨터를 입고 68분 동안 기자들의 질문에 답했다. 34명의 기자들은 차례로 화이트워터에 대해 생각해낼 수 있는 모든 것을 캐물었다. 힐러리는 알고 있는 것을 몽땅 털어놓았다고 생각했지만 신문들은 그렇게 받아들이지 않았다. 모든 방송사가 생방송으로 이를 중계했다.

데이비드 브록의 트루퍼게이트 기사에 언급된 여자들 가운데 한 명이 아칸소주 경찰관의 말을 문제 삼고 나섰다. 기사에서 여자의 신원은 '폴라'라고만 밝혀졌을 뿐이었으나, 리틀록의 호텔방에서 클린턴을 만났고, 나중에 한 경찰관에게 주지사의 정기적인 걸프렌드가 되고 싶다고 말한 여자가 자기라는 것을 친구들과 가족들이 알아차렸다고 이 여자는 주장했다.

머리털이 성기게 부풀고 코가 긴 27세의 폴라 코빈 존스는 보수정치행동위원회 2월 집회에서 기자회견을 열고 자신이 그 폴라라고 말했다. 클린턴의 오랜 숙적인 클리프 잭슨 및 남편과 함께 선 그녀는 명예를 회복하고 싶다고 말했다.

폴라 존스는 기사를 낸 잡지 스펙테이터를 명예훼손죄로 고소하는 대신 원하지 않은 구애 작업을 해 자신을 성희롱했다며 빌 클린턴을 고소할 것이라고 말했다. 주류 언론은 존스의 주장을 무시했다. 그러나 버넌 조던, 짐 블레어, 브루스 린지 등은 하루 속히 폴라 존스의 사건을 해결해야 된다고 촉구했다. 소송으로 가면 일이 어렵게 된다는 것이다.

힐러리는 이 사건이 타협에 의해 무마되는 것을 원치 않았다. 남편이 그 여자와 아무 일이 없다면 해결이고 타협이고를 할 무슨 이유가 있겠는가? 클린턴은 클린턴대로 타협한다면 무엇인가 숨기고 있다고 아내가 의심할까봐 걱정했다.

그래도 양측 변호사가 만났다. 존스의 변호사는 두 사람이 한 호텔 방에는 들어갔지만 부도덕한 행위는 하지 않았다는 사실을 클린턴이 인정하기만 하면 된다고 말했다. 그러나 대통령은 자신이 폴라 존스에게 성적인 목적으로 접근한 적도 없고, 부적절한 행위를 한 적도 없다는 것을 폴라 존스도 인정해야 된다는 주장을 굽히지 않았다. 폴라 존스가 주장한 엑셀시어 호텔의 성희롱 사건일로부터 3년의 고소시한이 끝나기 이틀 전인 1994년 5월 6일에 존스는 미국 대통령을 상대로 70만 달러의 성추행 손해배상을 요구하는 민사소송을 제기했다.

클린턴은 현직 대통령은 재임기간 동안 형사소송은 물론 민사 손해배상 소송도 면제된다는 재정신청을 냈다.

본래 스펙테이터지 기자는 '폴라'라는 이름을 가명으로 바꾸려고 했으나 마감시간에 쫓겨 그대로 뒀던 것이다. 화이트워터에서 아무것도 낚지 못하고 있던 유명한 두 번째 특별검사가 폴라의 소송을 유심히 지켜보고 있었다.

5

특별검사 케네스 스타의 등장

화이트워터의 급류에 힐러리는 휩쓸려가고 있었다.

지난해에 여러 가지 함정이 숨어 있는 내를 건너 의료개혁 호에다 엔진을 거는 데 성공했다. 미국 사회의 고질을 도려내고 퍼스트레이디의 면목을 일신할 항해의 목적지가 저만치 보이는 듯했다. 그런데 할로윈데이에 화이트워터가 나타나면서 상황이 돌변했다. 클린턴 부부는 물살에 떠내려가지 않으려고 안간힘을 쓰는 신세가 됐다. 의료개혁 호는 엔진에 물이 들어 잘못하면 정처 없이 바람에 실려 떠돌게 될 판이었다.

서른 살 정치인 아내의 미래에 대한 걱정, 장래 집안 재정에 대한 염려, 운 좋은 투자로 한몫 잡아 이런 불안을 얼른 일소하고 싶은 조바심이 아칸소 오자르크산맥 뒤쪽을 흐르는 화이트워터 강에 지나치게 많이 녹아 있었는지도 모른다.

동업자 짐 맥두걸의 사기 욕심에 강 물길이 사납게 뒤틀렸을 수 있었다. 부동산개발 법인을 양도해준다면서 질질 끌고, 세금도 못 내게 해놓고 뒤에 가서는 부정과 특혜를 맞바꿨다고 해괴한 소리를 해대는 사기꾼 맥두걸이 화이트워터의 못된 망령이리라. 맥두걸이 클린턴의 주지사 선거자금 모금에 잠시 관여한 사실을 거창한 선거자금 부정의혹으로, 빈스의 사무실을 정리한 일을 엄청난 비리 문서 은폐와 살인청부로 몰고 가는 공화당과 정적들이 화이트워터의 진정한 망령일지도 모를 일이었다.

화이트워터의 도깨비는 다름 아닌 정치였다.

그 화이트워터에 밀려 힐러리의 의료개혁 호가 망망대해에 표류하려는 참이었다. 공화당은 힐러리의 의료개혁안에다 아무 상관없는 화이트워터를 덮어씌우려고 안달이었다. 한때 다가오는 선거의 민주당 호재였던 의료개혁이 이제는 민주당에 패배를 안겨줄 공화당의 호재로 전락했다.

상원, 하원 모두 다수당인 민주당은 힐러리의 의료법안을 밀어붙일 힘도 의지도 없었다. 힐러리에게 100%를 욕심내다가는 부러지고 만다며, 전 국민 90%의 가입 및 보장도 역사적인 업적이라고 타협을 종용하기만 했다. 의회를 자주 찾아야 했던 힐러리는 연방예산으로 운영되는 의료보험 프로그램인 메디케어와 메디케이드의 차이점도 모르는 의원이 한둘이 아닌 것을 알고 깜짝 놀랐다.

힐러리는 홍보전에서 크게 밀렸다. 특히 '해리와 루이스' 부부 광고 시리즈는 큰 타격을 입혔다. 보험회사들이 제작과 방영에 3천만 달러를 쓴 시리즈 광고는 정부가 개인의 의료 계획, 서비스 선택 등을 마치 빅 브라더 정부나 공산사회처럼 제한하고 결정한다는 운을 띄웠다. 보편 의료보장을 사회주의적인 유일 지급자 방식으로 비틀어 사람들의 두려움을 촉발시켰다.

6월 초 노르망디 상륙작전 50주년 기념식 참석차 클린턴 부부는 영국을 방문하고 항공모함 조지 워싱턴호에 승선했다. 21년 전 두 사람이 런던에 첫 해외여행 갔을 때는 돈 없는 학생이었으나 이제는 여왕과 마주 앉아 있었다.

6월 12일 특별검사 피스크는 대통령과 힐러리를 심문하기 위해 백악관을 방문했다. 두 사람에게 선서를 시킨 다음 조사를 진행했다. 기소 여부를 결정짓는 대배심 법정에 직접 출두하는 대신 클린턴과 힐러리의 증언을 기록하여 이십여 명의 대배심원들에게 읽어주게 된다. 속이려는 의도를 가지고 사실과 다른 말을 한다면 위증이나 공무방해로 기소당할 수 있었다.

6월 30일 로버트 피스크 검사는 예비조사 결과를 발표했다. 백악관이나 재무부가 정리신탁공사의 조사에 전혀 영향력을 행사하지 않았다고 말했다. 빈스 포스터의 죽음이 자살이라는 FBI와 공원 경찰의 견해에 동의했다. 그의 자살이 화이트워터와 관련되어 있다는 증거는 전혀 없다고 결론지었다. 빈스 포스터의 사무실 서류 정리와 관련해 법집행 방해 혐의를 적용할지 여부는 아직 조사가 끝나지 않았으나 열흘 내에 종료될 것이라고 말했다.

백악관은 기뻐했고 공화당은 피스크를 진정으로 독립적인 특별검사가 아니라고 세차게 비난했다. 이런 고무적인 수사결과가 공개된 바로 그날 클린턴은 국회가 보낸 특별검사법 재생 법안에 서명했다.

피스크가 교체당할 수 있는 길을 스스로 열어주고 만 것이다.

언제나 뒤에 깨닫게 되지만, 역사와 말은 무서운 것이다. 클린턴은 대통령 선거유세 때 공화당 정권의 도덕성을 비판하면서 기한이 다한 특별검사제를 재가동하겠다고 약속했다. 특검 재생 법안이 의회를 통과하자 힐러리는 이 법안에 반대했다. 이미 임명된 피스크의 기득권이 유지되는 예외조항이 없으면 서명해서는 안 된다고 강력하게 주장했던 것이다.

그러나 이 예외조항의 수정 입법은 숫자만 많을 뿐 공화당보다 훨씬 나약한 민주당에게 기대하기 어려웠다. 5개월 전 특별검사를 선택했을 때 이미 역사는 결정됐다.

힐러리는 윌리엄 렌퀴스트 대법원장이 주도하는 사법부의 공화당 지지세력이 피스크를 제거할 방법을 찾아낼지 모른다고 우려했다. 피스크는 공화당의 기대와는 반대로 공정하고 신속하게 수사를 진행했다. 너스밤 대신 백악관 법률고문이 된 로이드 커틀러에게 걱정을 털어놓았다. 그는 걱정하지 말라고 했다.

개정된 법률에 따르면 특별검사는 대법원장이 지명하는 세 명의 연방 항소법원 판사로 구성된 특별위원회가 선정하도록 되어 있다. 렌퀴스트는 노스캐롤라이나 출신의 골수 공화당원인 데이비드 센틸 판사를 위원장으로 골랐다.

외부 충격을 가해야 의회가 움직일 성 싶어 힐러리는 7월 말부터 '의료보장 익스프레스'를 타고 유세를 벌였다. 인종차별 철폐 메시지를 퍼트리기 위해 버스로 남부지방을 횡단하던 1960년대의 프리덤 라이더스와 같은 전국 순회 버스투어였다. 개혁안에 대한 소문을 일반 대중에게 널리 전파하고 전국에서 많은 사람을 끌어 모아 이 세를 국회에 보여주고자 했다.

지지자 못지않게 반대자들이 집회에 나왔고 그들은 공격적이었다.

전국 방송망을 가진 우파의 리디오 진행자들은 청취자를 흥분시키고 선동했다. 러쉬 림보는 2천만 명의 청취자들에게 "화이트워터는 의료개혁과 관계가 있다."고 떠들어댔다. 힐러리는 신변의 위험을 느끼고 경호원들의 방탄조끼 착용 제의를 수락했다.

8월 3일 의료보장 특급버스가 백악관에 도착하고 6백 명의 지친 개혁 승객들이 로즈 가든에서 대통령 부부의 환영을 받을 즈음 의료개혁은 죽어가고 있었다. 힐러리는 열 달 동안 30개 주에 걸쳐 300번의 홍보 연설을 했다. 그러나 지지하는 공화당 의원을 단 한 사람도 확보하지 못했다.

8월 5일 특별검사 관련 특별위원회는 새 특별검사 임명을 발표했다. 피스크가 밀려나고 케네스 스타가 그 자리에 앉았다. 스타 특별검사는 연방 항소법원 판사 출신으로 부시 정부에서 대법원 소송 전담 법무차관으로 활약했다. 48세의 골수 공화당 내부 인사였다.

힐러리는 숨이 막혔다.

6
중간선거 참패

 1994년 9월 26일에 조지 미첼 민주당 상원 원내대표는 전 국민 의료보험안을 상정하지 않겠다고 공식 발표했다.

 힐러리가 20개월 동안 쓰다듬고 또 쓰다듬었던 법안이 하원과 상원에서 투표 한 번 못해 보고 폐기된 것이다. 힐러리는 지더라도 표결에 부쳤어야 했다는 생각을 버리지 못했다. 힐러리의 아쉬움 따위에 신경 쓸 민주당 사정이 아니었다. 공화당의 선거판 약진이 심상치 않았다. 9월 27일 공화당 의원들이 의사당 계단을 차지하고 '미국과의 계약'을 선포했다. 하원 원내대표 뉴트 깅리치가 주도한 이 대국민 약속은 균형예산 달성, 자본이득세 인하, 규제 완화, 복지 축소개혁, 방위비 증대 등을 담고 있었다.

클린턴 정부는 공화당 정권의 재정적자를 3분의 1이나 줄였다고 자랑했으나 효과가 아직 일반 유권자의 피부에 와 닿지 않았다. 공화당은 클린턴이 세금을 올려서 방만하게 쓰는 민주당 진보파로 군대에 동성애를 허용하는 급진적 정책을 추진하며 힐러리의 의료개혁안 같은 간섭적인 큰 정부를 지향한다고 무당파 유권자를 자극했다.

보수파 공화당원들은 총기규제법 및 공격용무기 금지법을 규탄하며 결집했다. 반면 노조원의 일자리를 위협하는 자유무역의 나프타 타결에 배신감을 느끼는 진보파 민주당원들이 많았다.

투표일이 하루하루 다가오는 달포 동안 힐러리는 밖에 잘 나가지 않았지만 자신을 책하고 욕하는 소리가 커지는 것을 알았다. 독선적이고, 뭔가 수상쩍고, 가당찮게 대통령 자리를 반분하려 들고…. 퍼스트레이디 때문에 이번 중간선거를 망치게 생겼다는 것이다.

갈 곳 없는 힐러리는 백악관 중앙 관저 건물과 친해졌다. 이윽고 100개의 방이 있는 생활공간이 100개의 자문자답을 끌어내는 성찰(省察)의 건축물로 변했다. 힐러리는 반듯한 선의 흰색 건물과 마주했다. 백악관은 미래를 뒤에 감추고 있는 웅장한 장벽 같았다.

힐러리는 선거를 기다렸다. 하지만 좋은 성적을 기대해서가 아니었다. 스스로는 멈출 수 없는 춤과 질주가 마침내 끝을 볼 것이라는 예감에서였다.

11월 8일 중간선거에서 민주당은 대패했다. 하원에서 54석을 잃었고 상원에서도 8석을 잃어 양원에서 모두 소수당으로 전락했다. 무엇보다 공화당에게 42년 만에 하원 다수당 자리를 내주고 말았다. 워싱턴주의 톰 폴리 하원의장과 마리오 쿠오모 뉴욕 주지사 같은 민주당 거물도 패배했다. 힐러리의 친구인 앤 리처즈는 텍사스 주지사 자리를 부시 전 대통령의 아들 조지 W. 부시에게 빼앗겼다.

힐러리와 클린턴은 관저 3층 작은 식당에서 첼시와 개표결과를 지켜보았다. 첼시가 물러가고 부부만 남았다. 참담했다. 뺨을 한 대 얻어맞고 헛된 꿈에서 깨어난 기분이었다. 부부는 하지 말라는 장난을 하다 집에 불을 내고 떨며 어른들이 돌아오기만을 기다리는 어린 오누이처럼 서로 말이 없었다.

집에서 쫓겨나지는 않을 터이다. 중간 선거니까. 대통령직 재선이 걸린 본 선거까지 2년이 남았다. 초조감에 앉은뱅이가 돼버린 꽃들로 백악관 뜰이 어지러울 2년이리라. 그래도 중간선거는 가시 많은 줄기에 볼썽사납지만 큰 매듭을 지어줬다. 거기서 새 줄기가 벋어나 꽃송이로의 대반전을 향해 치달을 수도 있지 않을까?

힐러리는 아직 덜 여문 커다란 매듭 같은, 굵은 구근(球根) 같은 남편의 두 손을 꼭 잡았다.

수렁 속으로

Hillary

Rodham

Clinton

I

딕 모리스와 엘리노어 루스벨트

중간선거 패배는 감상이 아니라 살갗을 찌르는 창끝처럼 아프게 다가왔다.

의회가 공화당 지배에 들어가 클린턴 정부가 자발적으로 할 수 있는 일은 극도로 제한되게 됐다. 상·하원의 모든 위원회 위원장을 공화당이 독차지하게 된다는 사실만큼 위협적인 것은 없었다.

화이트워터, 빈스 포스터의 자살 등에 그치지 않고 클린턴 부부의 과거를 제멋대로 파헤칠 합법적인 권한이 야당 손아귀에 들어간 셈이었다. 특별검사가 여러 명 새로 생긴 셈이라고 할 수 있었다. 힐러리는 마음을 다잡아도 가슴이 졸아들었다.

클린턴은 자신이 직접 나간 선거는 아니지만 1974년, 80년 패배 때 못지않게 상심이 컸다. 복지개혁 대신 의료개혁을 먼저 시도했던 것을 후회해야 하나? 힐러리를 원망해야 하는가?

아침에 잠이 깰 때마다 오늘은 무슨 좋은 일이 생길까 하며 벌떡 일어나던 클린턴이었다. 그러나 이제 몸과 의욕을 추슬러 일어나는 것이 여간 어렵지 않았다. 케네스 스타 특별검사, 그리고 공화당이 주도할 여러 조사에서 어떻게 살아남을 것인가? 예산관리실장에서 새 비서실장이 된 리언 파네타에게 업무를 전담시키다시피 했다. 과연 2년 후 재선에서 승리할 수 있을까? 클린턴과 힐러리는 대화를 시작했다.

친구, 동지들의 의견을 차례로 들으며 전략을 구상했고 딕 모리스와는 틈만 나면 만났다. 머리 회전과 말이 똑같이 빠른 여론조사 활용 전략가인 딕 모리스는 첫 주지사 선거 때부터 클린턴 부부와 인연을 맺어 왔다. 부부에게 일반 대중과 공유할 적을 골라내라고 누누이 강조했던 모리스는 공화당, 민주당 가리지 않고 고객을 받는 바람에 1992년 대선 때는 캠페인에 참여하지 못했다.

힐러리는 의료개혁 법안이 폐기 처분된 직후 중간선거가 염려되어 모리스를 다시 불렀다. 모리스는 선거결과를 정확히 예측했다. 패배

후 힐러리는 클린턴과 모리스가 둘이서 깊은 이야기를 나누도록 자리를 비켜 주었다.

선거 참패에 대한 따가운 원성이 힐러리 자신한테 피뢰침처럼 집중되고 있었다. 남편과도 떨어져 과연 무엇을, 얼마만큼 잘못한 것인지 헤아려 볼 필요가 있었다. 의료보장 개혁안은 진보적 근본주의로 너무 왼쪽으로 치우쳤던 것일까?

딕 모리스는 클린턴에게 대선 캠페인의 주된 색깔이었으나 취임 후 희미해진 신 민주당의 중도 노선을 회복하고 강화하라고 강력히 권고했다. 복지 혜택을 축소하고 세금을 낮추라는 것이었다. 공화당과 별로 다를 바 없는 노선이었다. 클린턴은 그 말을 수긍했고 이를 바탕으로 한 대통령의 의회 국정연설은 105번의 박수 때문에 자주 중단됐다.

딕 모리스는 힐러리에게 공개적으로 정치 아닌 무엇인가 다른 일을 한다면 숨은 권력자라는 인식을 불식시킬 수 있을 것이라고 조언했다. 사람들이 퍼스트레이디의 공적인 역할에 관한 기사를 많이 읽을수록 힐러리의 사적인 활동에 대한 억측이 줄어들 것이라는 말이었다.

힐러리는 2월에 유에스뉴스 앤드 월드리포트와 인터뷰를 갖고 2선으로 물러난다고 말했다. "남편이 쉴 수 있도록 도와주고, 카드놀이 상대가 되어주고, 충분히 생각할 수 있도록 이야기를 들어주는 일이 대부분이 될 것입니다." 국정 동반자에서 카드게임 상대로 물러난다는 것이었다.

많은 사람들이 힐러리가 작전상 후퇴하는 것일 뿐이라고 의심했다. 또다시 좋지 않은 소리가 들려왔다. 남편 클린턴이 주지사 시절 경호원 격인 주 경찰관들을 채홍사로 활용해 여러 여자들과 놀아났다는 말이 다시 나돌았다.

힐러리는 귀를 막고 내면의 소리를 들으려고 애썼다. 나이 들수록 한층 존경하게 된 프랭클린 루스벨트 대통령의 퍼스트레이디 엘리노어 루스벨트가 힐러리의 내적 대화 상대가 됐다. 엘리노어는 여자가 너무 나선다는 말을 남편의 정적과 측근들 양쪽으로부터 다 들었다. 이런 영적 교류가 알려지자 힐러리가 엘리노어 유령과 대화한다고 조롱하는 언론 기사들이 나왔다.

힐러리는 책을 쓰기로 했다. 할 일이 필요했다. 《아이들을 키우는 데는 마을 전체가 필요하다》*It Takes A Village To Raise A Child*는 이때 구상됐다. 힐러리의 개인 변호사인 로버트 바넷이 사이먼 앤 슈스터 출판사와 상담을 했다. 2월 출판사의 추천을 받아 저술을 도와줄 바버라 파인먼을 채용했다. 이후 8개월 동안 워싱턴을 떠나지 않는 한 힐러리는 하루에 몇 시간씩 이스트윙 사무실에서 파인먼과 함께 일했다. 파인먼이 관련 주제에 관해 힐러리에게 먼저 말을 시키면 힐러리는 종이에 자신의 생각을 적어내려 갔다.

얼마 후 클린턴 대통령은 퍼스트레이디가 3월에 인도, 파키스탄 등 남아시아 5개국을 방문할 것이라고 발표했다. 처음으로 남편 없이 장기간 떠나는 해외 순방이었다. 힐러리는 다른 문화권의 여성들을 만나는 것에 기대가 컸다. 여성과 아동에 대한 오랜 문제의식이 발동되었다. 이완되어도 괜찮은 휴식의 시간이 그리웠다. 또 열다섯 살의 첼시와 오붓이 지낼 수 있는 귀중한 기회이기도 했다. 열이틀 일정의 순방 첫 기착지인 이슬라마바드에서 외간 남성과는 절대 만날 수 없게 푸르다라는 휘장을 치고 사는 파키스탄 대통령 부인을 만났다. 같은 날 오후에 참석한 베나지르 부토 총리 오찬에는 날렵한 양장 차림의 전문가 여성들이 다수 섞여 있었다.

힐러리와 첼시는 파키스탄 시골 마을을 방문하고 현지 의상을 입었다. 이국적인 궁전에서, 누추한 마을과 학교에서 함께 있는 모녀의 사진이 이어졌다. 인도에 갔을 때 첼시는 테레사 수녀의 고아원에서 아기들을 보고 무척 예뻐했다. 이들 중 다수는 여아라는 이유로 길거리에 버려진 아기들이었다. 네팔에서는 이슬람 여인들이 개인적인 위험을 무릅쓰고 힐러리가 연설하는 힌두교 마을로 찾아오기도 했다.

순방하는 동안 언론과의 사이가 나아진 것을 느꼈다. 귀국하자 공화당의 균형예산 공세가 열기를 띠고 있었다. 공화당은 지금의 재정적자가 어디서 연유한 것인지는 생각할 필요도 없고, 7년 안에 적자를 모두 해소하는 장기 예산법안을 수용하라고 그저 몰아붙였다. 증세는 불가하므로 복지예산을 대폭 삭감하라면서 여차하면 연방정부 문을 닫게 하겠다는 엄포였다. 힐러리 대신 백악관 전략회의에 참여하게 된 고어 부통령은 정부가 셧다운 되더라도 반대할 것은 반대해야 된다고 강력히 주장했다.

힐러리도 같은 의견이었다. 그러나 힐러리의 발등에는 다른 불이 떨어지고 있었다.

일찍이 깅리치는 "워싱턴에서 공화당이 소환장을 발부하는 힘을 갖기는 하늘의 별따기와 같다."고 말했다. 그러나 이제 공화당은 반세기 만에 그럴 힘을 갖게 됐다. 깅리치 하원의장은 클린턴 부부가 워싱턴에 끌고 들어온 부패를 조사하기 위해 20개 소위원회를 가동할 것이라고 을러댔다.

5월에 상원은 96대 3이라는 절대적 지지로 알폰스 다마토 금융위원장 지휘 아래 화이트워터 의혹을 조사하기 위한 특별위원회 설치를 승인했다. 뉴욕주 출신의 다마토 의원은 빈스 포스터의 죽음을 최대한 부각시키려 벼르고 있었다.

조사 청문회는 95년 7월 18일 시작됐고 수전 토머시스, 매기 윌리엄스 및 벳치 라이트가 돌아가며 8시간 동안 증언대에 섰다. 포스터가 죽던 날 밤 그의 사무실에서 서류를 빼내오지 않았느냐는 의원들의 가차 없는 추궁이 이어졌다. 힐러리는 막역한 관계의 세 사람이 기억이 없다, 심한 병을 앓고 있다는 하소연과 눈물로 견뎌내는 것을 지켜봐야 했다.

힐러리는 9월 4일부터 15일까지 중국 베이징에서 개최될 제4차 유엔 여성회의를 기다리고 있었다. 미국대표단 명예단장으로 참석하는 힐러리는 미국과 중국의 관계에 금이 가지 않도록 하면서 주최국 중국과 전 세계를 향해 인권, 특히 여성의 인권을 강조하고 싶었다. 중국 당국은 힐러리의 연설 내용을 미리 알고 싶어 안달이었다. 14시간을 비행하는 동안 힐러리는 거의 쉬지 않고 연설문 작성에 매달렸다.

중국 정부는 당일 라디오와 텔레비전에 힐러리의 연설을 내보내지 않았다. 힐러리는 연설에서 중국은 물론 각국 대표단도 놀랄 만큼 강력하고 명확한 메시지를 전달했다.

"갓난애가 단순히 여아라서 굶기거나 물에 빠트리거나 질식시키거나 혹은 척추를 부러뜨리는 것은 인권유린입니다. 여자를 성매매의 노예로 팔아넘기는 것도 인권유린입니다. 신부의 지참금이 너무 적다는 이유로 휘발유를 뿌리고 불에 태워 죽이는 것도 인권유린입니다. 여성 개인이 자신의 지역사회에서 강간당하고 수천 명의 여성이 전쟁 전략이나 전리품으로 강간의 대상이 되는 것도 인권유린입니다. 전 세계 14세에서 44세까지 여성의 주요 사망 원인이 자신의 가정에서 겪는 폭력 때문이라면 그것도 인권유린입니다. 젊은 처녀가 고통스럽고 수치스러운 할례의 만행을 당하는 것도 인권유린입니다. 여성이 스스로 가족계획을 실천할 권리를 거부당하는 것도 인권유린이며, 여기에는 강압에 의한 유산이나 자신의 의지에 반하는 불임시술도 포함됩니다."

강당에 모인 대표단 수백 명이 모두 자리에서 일어나 미국의 퍼스트레이디를 향해 20분 동안 기립박수를 보냈다.

힐러리의 연설은 많은 나라에서 1면 뉴스로 특필됐다. 뉴욕타임스는 사설로 힐러리의 "공직생활 중 최고의 순간이었다."고 극찬했다. 힐러리는 자신이 세계적으로 존경 받는 유명인사가 되었다는 것을 느꼈다.

미국 밖에서 새로운 힐러리가 탄생한 것이다.

그런 기운이 미국 안으로 역류될 수 있을까?

2

기사회생

거의 당별 의원수대로 통과된 7년 균형예산 법안에 클린턴이 거부권을 행사하자 1995년 11월 14일 연방정부가 폐쇄됐다.

정부는 여드레 후 다시 문을 열었다. 힘만 믿고 무모하게 돌진한 공화당은 그 대가를 톡톡히 치르게 됐다. 클린턴 대통령은 조급한 이 균형예산안에 의해 희생될 뻔했던 빈곤층뿐 아니라 노령층의 복지 수호자로서 칭송을 받았다. 이듬해 재선에 청신호가 켜졌다.

그러나 정부 폐쇄 이틀째인 11월 15일, 클린턴은 오벌오피스 옆의 은근한 공간에서 운명의 달콤한 덫에 걸려들고 있었다.

백악관은 다마토 의원의 상원 금융위, 동시에 열리는 하원 조사위, 또 케네스 스타의 특검 사무실에서 발부한 소환장이 요구하는 수천 가지 서류를 준비하느라 밤낮이 따로 없었다. 이제 조사의 초점은 흘러흘러 클린턴 주지사 시절 힐러리가 화이트워터 동업자 맥두걸 부부의 메디슨 신용금고를 위해 부적절하게 주 정부의 개입을 추진한 것 아니냐는 데로 모아지고 있었다.

메디슨 계좌로 로즈 법무법인이 상담비용을 청구한 기록이 있으면 많은 것이 설명될 수 있었는데 사라져 버렸다. 18개월 동안 조사관들의 요구에 없어졌다고 도리질하던 문제의 기록이 1996년 1월 4일 아침에 힐러리의 보좌관 캐럴린 후버의 백악관 사무실에서 발견됐다. 5개월 동안 허접한 서류들과 함께 방치되어 있었던 것이다.

기록이 발견된 날부터 힐러리는 공무집행 방해로 기소될지 모른다는 불안감에 시달려야 했다. 1월 8일 뉴욕타임스 칼럼니스트 윌리엄 사파이어는 칼럼에서 힐러리를 '타고난 거짓말쟁이'라고 불렀다. 또 힐러리의 저서가 집필 보조자를 거명하지 않고 힐러리 이름만으로 출간되자 유령작가가 쓴 것이라며 육필 원고를 보여 달라는 소동이 벌어졌다.

320쪽 분량의 《아이들을 키우는 데는》은 비평가들의 반응은 별로였으나 잘 팔렸다. 음치라는 힐러리가 직접 읽은 오디오 책은 음악

오스카상인 그래미상을 받았다.

"이제는 내 자녀와 남의 자녀가 따로 없다."는 것이 책의 주제였다. 미국 보스턴에서 아프리카 짐바브웨까지 가족이 해체되고 아동들이 빈곤에 내몰리면서 정부뿐 아니라 가정, 교회, 자선 시민단체, 그리고 기업체 등 사회의 모든 조직들이 이런 아동들을 구제하기 위해 나서야 한다는 것이다. 수익금은 어린이 병원 등 자선기관에 보낼 예정이었으며 모두 100만 달러에 달했다.

1월 19일 켄 스타 특별검사가 힐러리에게 대배심 출두 소환장을 발부했다. 1년 반 전의 피스크 특별검사처럼 백악관에서 선서하고 개인적 인터뷰를 진행하며 배심원들을 위해 녹화하는 방식은 허용할 수 없다고 했다. 힐러리는 잠을 제대로 자지 못했다. 출석일까지 일주일 동안 체중이 4.5킬로 줄었다.

1월 26일 힐러리는 기자들의 카메라와 마이크 공세를 받으며 국회의사당 직전에 있는 워싱턴 연방 지방법원에 출두했다. 배심원 21명 중 여성이 10명이고 흑인이 4분의 3을 차지했다. 스타는 8명의 검사를 거느리고 들어왔다. 힐러리는 단 혼자였다.

힐러리는 4시간의 증언을 마치고 오후 6시 당당한 자세로 법원에서 나왔다. 한겨울 밤의 법원 광장은 수백 명의 사진기자들과 백색 조명으로 대낮 같았다. 하늘에는 텔레비전 방송사와 경호원 헬리콥

터가 꾕음을 내고 있었다.

이날 힐러리를 품위 있게 감쌌던 검은 모직 코트 뒷면에는 용이 흐르듯 수놓아져 있었다. 언론이 하도 이 용에다 의미를 갖다 붙이려는 통에 백악관은 아무런 뜻도 없는 아플리케에 불과하다는 성명을 내야 했다. 용의 힘 덕분인지 이때부터 화이트워터는 썰물로 돌아섰다. 다마토의 조사위가 화끈한 비리 건더기는 잡아내지 못하고 변호사 상담시간 합계가 틀렸느니 하며 시시콜콜하게 따지자 사람들의 관심이 쑥 줄어들었다.

힐러리보다 클린턴의 복권이 빨랐고 또 빛났다. 연방정부 폐쇄 이후 공화당 지지도는 크게 떨어졌다. 3월 말에 상원 원내대표 로버트 돌이 공화당 대통령 후보로 일찌감치 결정됐다. 클린턴의 지지율은 밥 돌을 두 자리 포인트 차로 리드하고 있었다.

1년 만에 전세가 역전된 것이다. 클린턴은 신바람이 나서 유세장을 누볐으나 힐러리는 아직도 흠간 상품 취급 받으며 확실한 지지자들만 모여 있는 곳에 투입됐다. 6월 상원 청문회가 종료되었다. 그 몇 개월 사이에 힐러리의 정치적 위상이 높아졌다.

의료개혁이 수포로 돌아간 후 클린턴과 참모들은 92년 대선 공약인 복지정책의 개선을 추진하는 것이 필수적이라고 판단했다. 클린턴과 힐러리는 대선 출마 무렵 복지 수당제가 수백만 수혜 가정의 생활을 오히려 어렵게 만들고 있다고 봤다.

수혜자들이 매달 받는 복지수당은 대다수가 소액인데도 공화당은 호사생활을 영위하는 '복지 여왕'이란 말을 찍어내 유포했다. 그러면서 아동 있는 가정에 해당되는 이 수당 제도를 더 까다롭게 개정하려고 했다. 공화당 보수파는 복지라는 개념을 아예 없애려고 했다.

힐러리와 클린턴은 제도를 변경하여 수혜자들이 다시 일자리를 얻을 수 있도록 직업훈련과 아동보육을 보장해야 한다고 생각했다. 공화당이 발의한 복지개혁 법안이 1995년 말 통과됐으나 매리언 라이트 에덜먼을 비롯한 모든 아동보호 활동가들이 반대했다. 힐러리도 국민 의료보조, 식량배급표, 아동보호 지원 등이 빠진 법안은 반대해야 된다고 주장했다. 클린턴은 법안에 거부권을 행사했다.

공화당이 최소한의 수정을 거쳐 이듬해 2월 두 번째 법안을 통과시키자 다시 한 번 거부권을 행사했다. 공화당은 7월 말 세 번째 법안을 통과시켰다. 민주당 전당대회가 가까워오자 클린턴은 거부권 가부를 결정해야 했다. 민주당 하원의원 98명도 찬성한 최신 법안에는 힐러리가 구체적으로 요구하는 많은 보호장치가 빠져 있었다. 서명하지 않는다면 복지개혁을 입법할 기회마저 놓칠 수 있었다.

의료개혁 법안이 어떻게 해서 공중에서 분해되고 말았던가.

매리언의 남편으로 보건후생부 차관인 피터 에덜먼은 샬랄라 장관과 함께 법안 거부를 촉구했다. 법안은 불완전했지만 힐러리는 지지하는 쪽으로 기울었다. 딕 모리스는 대통령이 법안에 서명하지 않는다면 3% 포인트 차로 대선에 낙선할 것이라고 강력하게 경고했다.

클린턴은 법안에 서명했다. 피터 에덜먼은 항의 사임했다. 힐러리는 정치적 현실은 타협이 요구될 때도 있다고 생각했다. 클린턴은 얼마 후 피터 에덜먼을 연방 항소심 판사에 지명했다.

시카고에서 열린 민주당 전당대회는 클린턴의 승리 가능성으로 때이른 축제 분위기였다. 경제는 호황의 도래를 알리고 있었다. 취임한 이후 1000만 개의 새로운 일자리가 창출되었다. 실업률과 인플레율은 28년래 최저였다. 경제가 또다시 클린턴을 살린 것이다.

힐러리도 완벽하게 명성과 신임을 회복했다. 전당대회에서 힐러리는 지금껏 가장 많은 청중을 앞에 두고 보름 전 밥 돌이 후보지명 수락 연설에서 한 "아이를 키우는 데에는 마을이 아니라 가족이 필요하다."는 말을 멋지게 반박했다. 2만여 명 당원들이 힐러리에게 우레와 같은 박수를 보냈다.

힐러리는 클린턴과 함께 표를 얻기 위해 전국을 미친 듯이 날아다녔다. 남편이 재선되면 모든 것을 다시 시작할 수 있을 것 같았다.

다만 스타가 대선 전에 자신을 기소하려 들지 모른다는 걱정을 떨쳐버릴 수 없었다.

3

재선, 그리고 불안한 전조

클린턴은 9월 말 방송 출연 중에 특별검사가 대통령과 퍼스트레이디를 잡기 위해 필요 없는 여러 조사를 벌이며 사람들을 괴롭히고 있다고 직설적으로 말했다.

스타의 조사활동은 당파성이 강하고 월권이 심했다. 그의 차석 검사들은 공화당 의원들과 직통 라인을 유지하고 있었으며, 특검 사무실 기밀사항은 끊임없이 유출됐다.

이 무렵부터 언론이 케네스 스타를 비판적으로 들춰보기 시작했다. 볼 살이 통통한 스타는 높은 연봉의 특별검사 직을 맡고도 로펌에 휴직하지 않아 수십만 달러의 연봉을 따로 챙겼다. 수백만 명의 미국인이 제기한 흡연 폐해 집단소송에 맞서 소속 로펌의 해당 소송 의뢰인인 전국 담배회사들을 변호하기 위해 연방 항소법원에 나타나기도 했다.

당일치기로 유세장 일곱 군데를 돌며 캠페인을 마친 클린턴과 힐러리는 투표일인 11월 6일 이른 아침 대통령 전용기 에어포스 원을 타고 리틀록으로 향했다. 기자들이 비행기 뒤쪽에 앉아 있는 동안 첼시가 당시 유행하던 마카레나 춤을 추며 수행원들을 즉흥적인 파티로 끌어들였다.

클린턴은 승리했다.

자정이 지나 밥 돌이 패배를 선언한 후 부부는 앨 고어 부부와 같이 5년 전 대통령 출마를 선언했던 리틀록의 올드스테이트 하우스로 갔다. 2년 전의 중간선거 대참패를 딛고 루스벨트 대통령 이후 처음으로 정식 재선에 성공한 민주당 대통령이 됐다.

공화당의 압박에 얼마나 많은 굴욕감을 느껴야 했던가! 여론조사를 통한 중도 노선 고수가 주효했고 공화당이 헛발질을 많이 했다. 경제 덕을 확실하게 보았으며 보스니아 개입과 북아일랜드 화해 중재 등 외교적 성과도 도움이 됐다.

의회 선거에서는 민주당이 별다른 변화를 끌어내지 못해 공화당은 계속 양원을 장악했다. 그러나 대선 득표율에서 클린턴 49%, 밥 돌 41%, 로스 페로 8%였고, 선거인단 수에서 379 대 159로 크게 이겼다. 클린턴은 내각과 백악관 보좌진 상당수를 교체했다. 공화당 상원의원 출신의 윌리엄 코언을 국방장관으로 기용했다. 지친 워런 크리스토퍼 국무장관 후임 인선에 관심이 쏠렸다. 전 상원 원내대표 조지 미첼, 보스니아 평화협상의 주역 리처드 홀브룩 및 여성인 매들린 올브라이트 유엔 대사가 후보들이었다. 힐러리는 남편을 설득해 올브라이트를 선택하게 했다. 힐러리의 웰즐리대 10년 선배인 올브라이트는 미국의 첫 여성 국무장관이 됐다.

비서실 차장에서 신임 실장이 된 어스킨 볼스는 퍼스트레이디가 옛날처럼 웨스트윙의 일에 관여해서는 안 된다고 대통령에 직언했다. 힐러리는 새로 시작되는 105대 의회에서 깅리치 의장과 공화당이 폐기하기로 결의한 핵심 정부 프로그램들을 지키는 데 힘을 쏟고 싶었다. 빈곤층을 위한 법률·교육·의료 부문의 지원, 그리고 연금 보호 및 최저임금 인상 등이었다.

그러나 자신의 대외적 직위가 다시 논란이 될 듯하자 욕심내지 않았다. 예전과 다른 방식으로 일할 기회는 언젠가 올 것이라고 생각했다. 대신 힐러리는 아프리카 6개국 순방에 나섰다. 대통령이 빠진 퍼스트레이디 단독 해외순방으로 아홉 번째였다.

켄들과 백악관 변호사들은 스타가 대통령 취임 전에 퍼스트레이디를 기소하지 못한 것을 보고 그의 조사가 김이 빠져가고 있음을 직감했다. 그러나 집요한 스타가 김이 새는 것을 그냥 둘 리 없었다. 딴데서 물과 열을 보충하려고 사방을 둘러보고 있었다. 그런 면에서 클린턴 부부는 스타를 실망시키지 않았다. 특별검사는 힐러리를 넘어 남편 클린턴 대통령을 주시하기 시작했다.

연임 첫해에 클린턴은 예상치 않던 타격에 기운을 잃고 있었다.

대통령 재선에 성공해 앞으로 다시는 선거다운 선거를 할 수 없다는 사실을 깨우칠 때마다 진정 벼랑 끝에 몰린 느낌이었다. 골프만 열심히 쳤다. 클린턴을 골프장으로 내몬 것은 무미건조하고 심심한 정치적 미래뿐만이 아니었다.

빌 클린턴의 운명이라는 화려한 쌍두마차를 정치와 함께 힘차게 끌고 온 다른 한쪽 말도 그를 오벌오피스에서 몰아내고 있었다. 정치의 맞은 편 말은 여자였다.

과거와 현재의 두 여자가 정점을 찍은 정치인 클린턴의 운명에다 최후로 요란한 폭죽을 쏘아 올릴 채비를 차리고 있었다. 야만적으로 휘황하게 터질 그 폭죽 속에는 치명적인 불꽃이 숨어 있었다.

1997년 5월 27일 연방대법원은 현직 대통령에 대한 개인 민사소송을 금지시킬 헌법적 이유나 실질적 이유가 존재하지 않는다면서 폴라 존스가 소송을 진행할 수 있다고 9 대 0으로 결정했다. 폴라 측이 소송을 제기한 지 만 3년이 지난 때였다.

이제 폴라 존스의 변호사들은 성추행 주장이 근거 있는 것임을 수 긍시키기 위해 클린턴의 여성편력을 마음껏 조사할 수 있게 됐다. 클린턴의 행동 성향을 알아야 한다면서 클린턴의 여자들을 모두 증언대에 소환할 수 있게 된 것이다.

여자들은 형사 처벌을 감수하고 거짓말을 하든가 진실을 말해야 했다. 클린턴은 드러난 과거 여자들의 진실은 견뎌낼 수 있었다. 그러나 숨어 있는 현재의 여자가 진실을 말한다면?

특별검사 스타는 힐러리의 기소 가능성이 줄어들자 클린턴의 여성편력을 파헤쳐보기로 했다. 멀리 아칸소에서 펼쳐지는 폴라 존스 재판으로부터 눈을 떼지 않았다. 힐러리가 두 가지 역사적인 실수라던 특별검사 요청과 폴라 소송 허용이라는 두 사안이 두 전극처럼 맞붙으려 하고 있었다. 누군가의 가벼운 입김만 있어도 벼락이 만들어질 판이다. 힐러리는 조용한 스타가 무슨 꿍꿍이속인지 가끔 불안했다.

9월에 첼시가 5천 킬로 떨어진 캘리포니아주 스탠포드대로 떠났다. 두 부부만 남았다. 앞으로 계속 그럴 것이었다. 힐러리는 클린턴에게 개를 한 마리 선물하기로 했다.

힐러리는 10월 말에 만 50세가 됐다.

모니카 르윈스키

1998년 1월 21일, 클린턴이 새벽에 힐러리를 깨웠다.

남편은 저만치 침대 끝에 앉아서 말했다. "오늘 신문에 어떤 기사가 나왔는데, 당신도 알아두는 게 좋겠어." "무슨 소리예요?"

자신이 백악관 인턴으로 있던 여자와 정사를 가졌고, 폴라 존스의 민사소송에서 이에 관해 거짓말을 해 달라고 그 인턴한테 부탁했다는 기사가 신문에 실렸다는 것이다. 클린턴은 2년 전 정부가 폐쇄됐을 때 웨스트윙에서 자원봉사하고 있던 모니카 르윈스키라는 인턴과 알게 됐다고 말했다. 그 인턴에게 몇 번 말을 걸었고, 그 젊은 여성은 대통령에게 일자리 구하는 것을 도와 달라고 부탁했다고 했다.

클린턴은 자신의 관심을 인턴이 오해했다고 말했다. 힐러리가 거듭 캐물어 봤지만 클린턴은 어떤 부도덕한 일도 하지 않았다고 했다. 남편의 관심을 여자들이 잘못 해석하는 경우를 지금껏 수십 번은 봐왔다. 하도 익숙한 시나리오라서 남편이 젊은 인턴과 성관계를 가졌으며 법정 거짓 진술서를 쓰라고 종용했다는 기사는 믿을 게 못돼 보였다.

폴라 존스 재판이나 특검 조사와 관련해 6년 넘게 근거 없는 의혹들이 얼마나 많이 제기되었던가? 힐러리는 그 자리에서 이 워싱턴포스트의 기사에는 진실이 하나도 없다는 남편의 말을 믿기로 했다. 이번 사건은 유별나게 정이 많은 남편의 성품 때문에 생긴 일로 생각하기로 했다. 그러나 남편을 믿는 것으로 끝날 상황이 아니었다. 케네스 스타는 대통령을 형사 기소할 수도 있는 조사의 확대를 리노 법무장관에게 요청해 얻어냈다고 했다.

스타 특검의 새 조사에 밀리면 남편의 대통령직이 위험해지는 것이었다. 남편은 바로 며칠 전 폴라 존스 소송에 선서하고 증언했는데, 기사로 보아 위증죄의 함정에 빠질 수도 있어 보였다. 민사소송이 특별검사의 범죄 수사로 전이되고 말았다.

힐러리는 그날 오전에 이미 남편의 진실보다 스타와의 싸움을 생각하고 있었다.

훗날 힐러리가 처음부터, 그리고 그 후 7개월 동안이나 클린턴의 해명을 그렇게 철석같이 믿었다는 사실을 의아하게 생각하는 사람들이 많았다. 여자에 관한 한 남편을 의심할 거리는 많았지만 기본적으로 힐러리는 남편과 남편이 하는 말을 믿었다. 인턴 관련 이야기는 정적들이 꾸며낸 또 하나의 악의적인 스캔들이라는 힐러리의 믿음은 시간이 갈수록 강해졌다. 아침에 웨스트윙에 나가니 참모들이 휴대전화에 대고 속삭이거나 닫힌 문 뒤에서 수군거리고 있었다. 홀로 서성이는 이도 보였다. 힐러리는 모든 사람들이 자신에게서 어떤 단서를 찾으려 하리라는 것을 알았다.

주위 사람들과 자신을 위해서 할 수 있는 최선의 조치는 꿋꿋하게 나가는 것이었다. 힐러리는 남편에 대한 의심의 조각들보다는 숨어있는 적들을 떠올렸다. 보도 이후 첫 공개석상에 나가기까지 좀 여유를 가지고 싶었다. 그러나 위기는 항상 시간을 주지 않았다. 구우처대에서 열리는 대규모 집회에서 민권 강연을 해주기로 몇 달 전 한약속을 지키기 위해 오전에 볼티모어 행 기차를 타야 했다.

강연을 마치고 볼티모어 역에서 워싱턴으로 돌아오려고 할 때 기자들이 사방에서 몰려들었고 제기된 혐의가 거짓이라고 생각하느냐는 질문이 들렸다. 힐러리는 "사실이 아니라고 절대적으로 믿는다."

면서 "남편을 정치적으로 이길 수 없으니까 인간적으로 공격하려는 조직적인 노력이 있다."고 똑똑히 말했다.

힐러리는 남편과 나라를 같이 지켜야 하는 이중의 책임을 짊어진 심정이었다.

그러나 빌 클린턴은 1995년 11월 15일부터 1997년 3월 29일까지 1년 4개월여 동안 10차례에 걸쳐 오벌오피스 옆 작은 서재에서 모니카 르윈스키와 성적인 행위를 즐겼다. 둘은 클린턴이 정의하는 성관계는 아니지만 명백한 구강성교를 했다. 처음 만났을 때 르윈스키는 22세였으며 클린턴은 얼마 전인 1997년 12월 28일까지 백악관에서 그녀를 만났다.

늦은 봄 대법원으로부터 소송 진행 판결을 받아 대통령을 비롯해 누구든 증언대에 세울 권리를 갖게 된 폴라 존스 측은 즉시 클린턴이 성적인 관계를 갖자고 제안했거나 시도한 여성들을 찾아 나서기 시작했다. 폴라 측은 12월 5일 거의 스무 명에 달하는 여성들의 명단을 재판부와 클린턴의 개인 변호사 로버트 바넷에게 보냈다. 거기에 르윈스키가 들어가 있었다.

젊은 르윈스키는 대통령과의 성적인 관계를 부모와 전 남자 친구는 물론 백악관에서 전출돼 국방부에서 같이 근무하게 된 린다 트립이란 사십대의 여성에게도 털어놓았다. 백악관의 빈스 포스터 사무실에서 일하기도 했던 트립은 공화당원으로 클린턴을 좋게 보지 않았다.

린다 트립은 르윈스키와의 긴 전화통화를 녹음하기 시작했다.

르윈스키는 존스 측이 증인으로 신청하자 클린턴과 어떤 종류의 성관계도 맺은 적이 없다는 진술서에 서명했다. 열흘 전 마지막으로 만났을 때 클린턴이 그렇게 하라고 코치했을 수도 있었다.

1월 12일 린다 트립은 스타 특검 사무실로 가 스물두 시간 분량의 르윈스키 통화 녹음테이프를 전달했다. 리노 법무장관은 마침내 수사 범위를 대통령과 르윈스키의 관계로 확대해도 된다고 스타에게 허가했다.

벼락은 만들어졌고 스타는 벼락을 칠 일만 남았다.

1월 17일 대통령은 폴라 존스의 성추행 관련 명예훼손 민사소송에서 존스 측 변호사의 질문에 증언 답변하기 위해 백악관 옆 바넷 변호사의 법률회사에 갔다. 바넷의 요청에 따라 재판을 주재하는 연방법원의 수전 웨이버 라이트 판사가 리틀록에서 올라와 참관했다.

이 자리에서 대통령은 성관계란 삽입 성교를 뜻하며 절대 르윈스키와 성관계를 가진 적이 없다고 주장했다. 여섯 시간 증언을 마친 클린턴은 잘 대응했다는 바넷의 평가에도 불구하고 심란한 표정으로 귀가했다. 아무 것도 모르는 힐러리는 클린턴의 표정을 보고 걱정했다.

여덟 시간 후 한 온라인 사이트에 대통령이 전 인턴과 부적절한 관계를 가졌다는 기사가 올라왔고 백악관 보좌관이 곧바로 대통령에게 보고했다. 사흘 뒤 워싱턴포스트 기사가 났다. 클린턴은 의뢰인 관계로서 비밀이 보장되는 개인 변호사 바넷에게도 사실을 말하지 않았다. 부끄러운 진실을 말해서 바넷을 실망시킬 수는 없었다.

힐러리는 남편이 자고 있는 자신을 깨워 신문 기사가 사실이 아니라고 말했을 때 그의 마음속에 무슨 생각들이 흘러갔는지 자기는 영원히 모를 것이라고 자서전에서 말했다. 왜 아내인 힐러리 자신과 많은 참모와 친구들을 속여야겠다고 마음을 먹었는지는 남편만이 알 일이었다.

클린턴도 기사가 난 날 전에 한 약속을 취소하지 않았다. 임박한 국정연설 내용을 사전에 설명하기 위해 세 차례의 생중계 인터뷰를 하던 중 르윈스키 건을 질문받자 "부적절한 관계는 없습니다."라는 이상한 답변을 대여섯 번 반복했다. 이 구절은 증언에 동참했던 변호사 바넷이 르윈스키의 진술서에서 따와 사용했던 것이다.

클린턴은 현재형을 지능적으로 활용하면서도 자신감이 없어 보였다. 기자들은 대통령이 동사의 시제를 몇 번이나 틀리게 쓰는 것을 방송에서 지적하고 있었다.

클린턴은 2004년에 낸 회고록에서 "너무 부끄럽다…진실이 밝혀지는 것을 원하지 않았다. 이기적이고 어리석었던 나의 행동이 가져올 피해로부터 가족과 나 자신을 지키려고 했다."고 썼다.

대통령인 동시에 힐러리의 남편으로서 르윈스키와의 관계를 밝힐 수 없었다. 처음에는 어쩔 수없이 폴라 존스의 변호인들에게 거짓말을 했지만 거짓말은 또 다른 거짓말을 낳기 시작했다.

만일 클린턴이 그날 혹은 그 다음 주 내로 정직하게 사실을 털어놓았다면 정치권은 그의 자백을 참작해 의회에서 견책하는 정도로 일을 마무리했을 것이란 추정도 있다. 그러나 자신의 혐의를 인정하다니, 그렇게 했다가는 대통령직도 결혼생활도 모두 끝장났을 것이라고 클린턴은 생각했다. 그렇게 믿었다. 딸보다 일곱 살 위인 풍만한 가슴의 여자와 놀아났다고 국민들에게 자백할 수는 없었다. 언론과 의회의 비난을 상상해 보았을 때 사실대로 고백한다는 것은 꿈도 꾸지 못할 일이었다.

기사가 난 지 닷새 뒤인 26일 클린턴은 어린이 방과 후 프로그램 관련 기자회견 말미에서 "저는 그 여자, 르윈스키 양과 성관계를 가지지 않았습니다."고 단호하게 말했다. 고어 부통령과 힐러리가 배석하고 있었고 클린턴은 어금니를 깨물고 오른손 집게손가락을 거듭 흔들었다.

힐러리는 터놓고 르윈스키 문제를 논할 보좌관으로 진보주의적 언론인인 시드니 블루멘설을 택했다. 두 사람은 첫날부터 르윈스키 스캔들이 우익의 거대한 음모라고 단정했다.

힐러리는 남편이 성적 충동이 강하고, 정상적이지 못한 성장기에 억압된 무의식이 자기 파괴적인 일탈행위를 부추길 수도 있다는 걸 안다. 그러나 남편이 인턴과 그것도 웨스트윙, 오벌오피스에서 놀아날 만큼 무모하리라고는 생각하지 않았다. 반면 우익의 음모에 대해선 분명한 의심과 많은 자료가 있었다.

기사 폭로 다음날 아침 힐러리는 백악관 보좌관 및 직원들에게 일일이 전화를 걸어 당당하게 싸워나갈 태세를 갖추도록 당부했다. 전쟁의 진두지휘를 맡은 것이다. 백악관 사람들은 마음이 놓이고 기분이 고양되기까지 했다.

그러나 방송과 신문과 인터넷은 르윈스키 광풍을 키워냈다. 대통령이 르윈스키에게 지금까지 수백 명의 여자와 성관계를 가졌다고 말했으며, 새벽 2~3시에 르윈스키와 음란한 전화통화를 자주 했고 르윈스키가 그녀 자신을 성기 애무 담당 비서라고 농담 삼아 말했다는 것이다. 대통령의 체액이 묻은 푸른색 드레스를 르윈스키가 옷장에 보관하고 있었는데 특별검사 측이 가져갔다고도 했다.

1월 27일 힐러리는 매트 라우어가 진행하는 NBC 아침 프로 〈투데이〉에 출연했다. 8개월 전에 약속됐던 스케줄이었다. 그날 저녁에 대통령의 국정연설이 있을 예정이었다.

힐러리는 차분하고 당당했다. 남편을 옹호하는 말에는 불굴의 투지가 서려 있었다. "그 주장들이 모두 사실이 아니라고 대통령께서 분명히 부인했잖아요? 이 일이 어떻게 끝날지 두고 보면 알게 될 거예요. 남편과 나는 온갖 음해와 중상모략에 시달려왔어요. 심지어 살인자라는 누명까지 말이에요. 이번 일도 그들의 음해라고 봐요."

"이 스토리는 조금만 살펴봐도 우익 세력들의 거대한 음모라는 걸 알 수 있어요. 사실 그 음모는 남편이 대통령 출마를 선언한 날부터 시작되어 왔어요. 이번 건이 야릇한 방식이긴 하지만 드디어 국민들의 눈에 그 음모의 전모를 드러내주는 일을 할 것 같아요."

힐러리가 〈투데이〉쇼에 출연한 일주일 후 워싱턴 포스트와 ABC 방송의 여론조사 결과 미국인 59%가 클린턴의 정적들이 그를 대통령직에서 끌어내기 위해 모함하고 있는 것으로 믿는다고 답했다. 67%가 클린턴을 지지해 재임 기간 중 최고치를 기록했다.

클린턴은 힐러리와 함께 3월 22일부터 아프리카 6개국 순방에 나섰다. 미국 대통령이 사하라 사막 이남 아프리카를 방문하는 것은 처음이었다. 힐러리는 전해 3월 아프리카 6개국을 방문했었다.

4월 1일 세네갈 체류 중 로버트 바닛의 전화를 받았다. 리틀록 연방지법의 수전 웨버 라이트 판사가 법적으로 시비를 가릴 수 없다는 이유로 결국 폴라 존스 소송을 기각했다는 것이다. 강경 보수 언론의 전위인 폭스 뉴스는 입에 시거를 문 채 원기 넘치는 모습으로 호텔 창 밖에서 아프리카 북을 치고 있는 클린턴의 모습을 내보냈다.

힐러리는 봄부터 간간이 민주당 여성 후보들의 11월 중간선거 유세에 나갔다. 이보다 클린턴과의 동반 외국 순방을 늘렸으며 6월 말에는 어머니, 첼시까지 동행해 중국을 방문했다.

7월 말 힐러리는 데이비드 켄들 변호사로부터 스타가 대배심에 르윈스키를 증언대에 앉히려고 르윈스키와 거짓 진술서 면책 조건의 사실 증언 협정을 맺었다는 보고를 받았다. 스타는 또 대통령을 대배심에 소환할 것이라고 켄들에게 통보했다고 한다.

켄들과 다른 변호사들은 형사 수사 표적이 되는 사람은 대배심 증언을 해서는 안 된다며 묵비권 행사의 헌법 권리를 주장하라고 하면서 클린턴의 증언을 완강히 반대했다. 그러나 힐러리는 다른 선택이 없으므로 증언해야 된다고 말했다.

폴라 측과의 타협을 반대했던 힐러리는 이번엔 남편의 대배심 증언을 주장해 관철시켰다. 남편이 증언할 내용에 대해 걱정할 이유가 없기 때문이었다. 또 7개월 동안 무죄를 주장하던 대통령이 이제 와서 증언을 거부한다면 11월 중간선거에서 불리하게 작용할 터였다. 르윈스키는 8월 6일 면책 조건 상태에서 대배심 증언을 했다. 대통령이 자진 증언 의사를 밝힘에 따라 소환을 취소한 스타는 대통령에게 증언 날짜를 통보했다.

이제 아내에게, 온 세상에게 자신이 거짓말을 했다고 고백해야 할 시간이 온 것이다.

8월 14일 밤 힐러리는 관저에 찾아온 바넷을 만났다. 그는 대통령이 전에 했던 이야기가 진실이 아닐 수도 있으니 미리 마음의 준비를 해두라고 했다. 힐러리는 "남편에게 진실을 말했는지 여러 번 물었고, 그래서 더 나올 이야기는 없을 거예요. 남편은 결점을 가지고 있을지는 몰라도 이때껏 한 번도 날 속인 적은 없어요."라고 대꾸했다.

15일 토요일 아침, 클린턴은 몇 달 전처럼 일찍 힐러리를 깨웠다. 하지만 이번에는 침대 끝에 걸터앉지 않고 방을 오락가락했다. 그러다가 말문을 열었다.

"사태가 전에 말했던 것보다 훨씬 심각하다. 부적절한 관계가 있었다고 증언할 수밖에 없을 것 같다. 둘 사이에 있었던 것들은 단기간에 그쳤고 산발적이었다. 일곱 달 전에 당신한테 고백하지 못한 것은 너무 부끄러워서 도저히 인정할 수 없었고, 당신이 화나고 상처받는 것을 감당할 수 없어서 그랬다."

힐러리는 숨을 쉴 수가 없었다. 숨을 한 번 꿀꺽 삼키고, 울음을 터트리면서 그에게 고함을 질러대기 시작했다. "무슨 소리야? 도대체 무슨 말을 하고 있는 거야? 왜 거짓말을 했어?" 힐러리는 길길이 뛰었다. 남편은 우두커니 서서 같은 말만 되풀이했다. "미안해. 정말 미안해. 당신과 첼시를 보호하고 싶었어."

이윽고 힐러리는 남편에게 거짓말을 한 사실을 직접 첼시에게 말하라고 했다. 클린턴의 눈에 눈물이 가득 고였다.

8월 17일 월요일 클린턴은 백악관 중앙관저 1층 맵룸에서 증언했다. 변호사들이 참석했고 법정의 대배심원들에게 비디오 폐쇄회로로 생중계되었다. 증언은 4시간 동안 계속됐다.

클린턴은 뛰어난 언변을 과시했다. 르윈스키와 부적절한 관계가 있었음을 시인했지만 지난 1월 존스 재판 증언에서 정의 내렸던 대로 성행위는 없었다고 말했다. 르윈스키가 입으로 자신의 성기를 애무한 사실은 인정했으나 성교를 하지 않았기 때문에 자신이 이해하는 개념으로는 성관계가 성립하지 않는다고 주장했다.

클린턴은 증언을 마친 뒤 국민에게 짤막한 성명을 발표했다. 텔레비전 연설을 통해 "지난 1월 증언에서 르윈스키와의 관계에 대해 질문을 받았습니다. 제 답변이 법률상으로는 문제가 되지 않았으나 자진해서 정보를 제공하지 않았습니다. 실제 저는 르윈스키와 부적절한 관계를 가졌습니다. 그것은 잘못된 일이었습니다."라고 말한 뒤 스타를 공격하기 시작했다.

"이 일은 우리 가족의 일이지 누구의 일도 아닙니다. 대통령도 사생활이 있습니다. 개인을 파괴시키고 사생활을 들춰내는 일은 그만둬야 할 때입니다."

스타에 대한 강경한 발언이 실수였다는 내부 지적이 나왔다. 대통령이 충분히 뉘우치지 않았다고 언론은 질타했다. 힐러리는 다음날 자신이 결혼생활을 소중히 여기고 남편에 대한 사랑도 확고하다는 성명을 발표하라고 지시했다.

며칠 동안 진행된 여론조사 결과는 언론의 반응과는 딴판이었다. 성인들이 합의하여 관계를 가지는 것은 사적인 문제이며 업무 수행 능력에 영향을 준다고 사람들은 생각하지 않았다. 대통령이 국사를 집행하는 데 아무 지장도 주지 않는다는 것이다.

힐러리는 남편과 함께 휴가 같은 것을 가고 싶은 마음이 생길 리 없었으나 워싱턴을 떠나고 싶은 마음은 간절했다. 이튿날 오후 첼시와 클린턴, 그리고 개 버디와 함께 마사스비니어드로 떠났다. 버디는 가족 중 클린턴의 유일한 동무였다.

힐러리는 위층에서 자고 클린턴은 아래층 소파에서 잤다.

5

탄핵

백악관으로 돌아와서도 클린턴은 옐로우 오벌룸과 침실 사이에 있는 소파에서 잠을 잤다.

8월이 끝날 무렵 힐러리는 남편을 아직도 사랑한다는 사실을 인정하게 되었다. 남편의 인격은 하루아침에 폭탄 맞은 건물처럼 몹쓸 모양새가 되고 불구가 됐다. 힐러리는 험한 그 모습에서 남편의 숨겨진 정체보다는 여태 몰랐던 자신의 얼굴을 보았다.

힐러리는 그것을 사랑이라고 풀이할 수밖에 없었다. 하지만 결혼 생활을 지속해야 할지, 지속할 수 있을지는 알 수 없었다. 사랑과 결혼은 다를 수 있다고 많이들 말하지 않았던가.

워싱턴에서는 대통령의 탄핵과 사임을 요구하는 목소리들이 힘을 얻고 있었다. 민주당의 여러 유력 의원들마저 대통령이 증언 후에 발표한 성명을 비판했다. 그러나 대통령의 지지율은 꾸준히 60%대를 유지하고 있었다.

힐러리는 남편의 대통령직을 지키기 위해 싸우기로 결심했다. 남편의 사적인 행동과 그것을 은폐하려는 잘못된 노력이 헌법에 짤막하게 규정된 탄핵사유에는 미치지 못한다고 확신했다.

9월 9일 스타는 보고서를 하원 법사위원회에 보냈다. 445쪽에 달하는 문서와 36개 상자에 담은 부속문건이 밴 트럭 두 대에 실려 의회에 전달됐다. 이 과정을 지상과 공중에서 카메라가 쭉 따라갔고 앵커들이 생중계했다.

스타 보고서는 위증과 사법방해, 직권남용 등 11가지 탄핵사유를 제시했다. 11일 하원이 압도적인 찬성으로 보고서 전체와 증거서류 공개를 승인했다. 채 한 시간도 안 돼 보고서는 인터넷에 떴다.

온 나라가 뒤집혔다. 스타는 가능한 한 가장 명확한 보고서를 만들려고 했다고 밝혔다. 그러나 보고서는 불필요하게 상세하고 대통령직과 헌법의 격을 떨어뜨렸다. 클린턴, 그리고 그의 아내 힐러리를 망신 주려는 의도가 11만 자의 서술체 보고에서 읽혀졌다.

'섹스'라는 단어가 581회나 사용되었다. 사실인정 서류만 제출한 닉슨 탄핵 때와는 달리 반대신문을 받지 않는 증인들의 일방적인 말들이 그대로 수록됐다. 대통령과 르윈스키 사이에 있었던 일들을 포르노를 방불하게 하는 선정적인 표현들로 묘사해 놓았다.

1995년 11월 15일에 있었던 두 사람의 첫 성적인 만남은 이렇게 이루어졌다.

대통령이 비서실장의 사무실로 갔을 때 르윈스키가 윗옷을 들어 올려서 허리 위로 드러난 속옷을 보여주었다. 사무실에 둘만 있자 르윈스키는 대통령에게 진심으로 반했다고 고백했다. 두 시간 뒤 대통령은 르윈스키를 집무실 옆 개인서재로 데려간 다음 커튼을 치지 않은 창문으로 다른 사람이 볼까 봐 불을 전부 껐다. 포옹할 때 르윈스키는 대통령이 애무할 수 있게 일부 옷을 벗었다. 대통령이 한 의원으로부터 걸려온 전화를 받는 동안 르윈스키는 대통령의 성기를 입으로 애무했다.

보고서에는 폰섹스, 섹스도구로 이용된 시거, 의회 지도급 인사들과 전화하면서 받은 오럴섹스, 대통령이 서재에서 하는 자위행위 등이 다 들어 있었다. 하원의 공화당과 민주당 의원들은 대통령의 대배심 증언 녹화테이프, 르윈스키와 린다 트립의 통화 녹음테이프 공개를 놓고 논쟁을 벌였다. 하원은 테이프를 공개하기로 결정했다.

9월 21일 오후 대통령의 대배심 증언 테이프가 공개됐다. 전국 방송망은 방송을 내보내면서 여차하면 성적인 내용을 삭제할 수 있도록 30초를 지체시켜 방송했다. 그러나 막상 테이프의 내용은 시청자들이 기대하고 예상하고 있던 것과는 매우 달랐다. 시청자들은 대통령보다 질문하는 검사들에게 분노와 혐오감을 느꼈다. 사람들은 그동안 알고 있었던 대통령의 실수보다 스타를 비롯한 검사들의 질문 태도와 내용이 더 불결하고 음란하다는 느낌을 받았다.

녹화된 테이프가 방송되는 동안 클린턴은 유엔에서 국제 테러리즘 위협에 관해 전 세계 생중계 연설을 하고 있었다. 몇몇 방송은 화면을 분할하여 보냈다. 한쪽에서는 대통령이 유엔 사절단의 기립박수를 받고 있고, 한쪽에서는 가슴과 다른 신체 부위를 만졌느냐는 검사의 목소리가 나오고 있었다. 다음날 저녁 유엔총회 참석차 미국에 와 있던 넬슨 만델라 남아공 대통령이 백악관을 방문해 클린턴 대통령에 대한 자신의 전폭적인 지지를 표했다. 몇 주 뒤에는 달라이 라마가 힐러리를 찾아왔다. 고통과 부당함에 직면했을 때 원한과 분노에 굴복하지 말고 꿋꿋이 버티라고 격려해주었다.

힐러리는 신뢰를 저버린 남편이 아니라 무조건 탄핵을 밀어붙이려는 야당과 정적들이 나라에 더 해를 끼친다는 판단이 굳어 갔다. 힐러리의 표정과 거동에 이것이 묻어났다. 사람들 앞에서 클린턴을 지지했다. 힐러리와 클린턴은 백악관에 단둘이 있으면 어색하고 서먹했다. 남편의 추악한 인격이 폭로되고 자신의 흉한 얼굴이 드러나서가 아니었다. 추악하지도 흉하지도 않았다. 언제부터선가 어렴풋이 짐작이 가던 인격이었고, 어디선가 설핏 본 듯한 얼굴이었다. 그러나 적응하기가 쉽지 않았다.

끝까지 서로 낯설기만 하다면 같이 살 수 없다. 사랑은, 이 세상에 오직 두 사람만이 공유하는 이 낯섦을 인정하고 응시하는 힘일 것이다. 그 힘이 약해지지만 않는다면 결혼은 유지될 것 같았다. 이것이 결혼의 미스터리일 것이라고 힐러리는 생각했다. 사람들 사이에 클린턴이 그토록 무분별한 행동을 한 데는 힐러리의 책임도 있다느니, 자신의 정치적 영향력을 지키려 실패한 결혼을 억지로 꾸려가고 있다느니 하는 비판이 많았다. 그러나 힐러리에 대한 칭찬과 동정과 새로운 인식이 더 강했다.

힐러리는 의연하고, 품위 있게 전투적이었다. 클린턴이란 외설적으로 부러진 나무 곁에서 곧고 웅숭깊은 교목 한 그루가 홀연히 나타난 셈이었다. 클린턴이라는 주인공이 사라져 휑한 세상에서 사람들 눈에 힐러리라는 나무는 몹시 크고 굵게 보이기 시작했다.

중간선거 캠페인 현장에서 여론은 빠르게 퍼져나갔다. 많은 민주당 후보들이 힐러리에게 선거 유세 지원을 요청했다. 힐러리는 가을 내내 전국을 종횡무진으로 누비며 마라톤 선거운동을 벌였다.

힐러리는 20개 주에 걸쳐 지원유세에 나섰다. 강행군을 하다 보니 다리에 혈전이 생겨 혈액 희석제를 투여해야 했지만 멈추지 않았다. 공화당의 깅리치 의장은 20석 이상이 늘어날 것이라고 장담했다. 11월 3일 치러진 선거 결과 민주당은 하원에서 5석이 늘어 공화당과의 의석 차이를 223 대 211로 좁혔다. 상원은 55 대 45로 역시 공화당이 다수를 지켰다. 뉴욕에서 찰스 슈머 하원의원이 화이트워터 청문회를 주도했던 알폰스 다마토 상원의원을 누르고 당선됐다. 힐러리는 슈머 후보의 선거 유세에 큰 힘을 보탰다.

며칠 후 탄핵 주장에 누구보다 앞장서온 공화당의 깅리치 의장이 스무 살 연하 부하 직원과의 불륜관계가 들통 나 의원직과 의장직에서 물러났다. 클린턴은 항소한 폴라 존스 측과 85만 달러에 합의했다. 1년 전이었으면 이보다 적은 금액에 합의할 수 있었다. 폴라 소송이 없었어도 르윈스키 스캔들이 터졌을까. 합의금은 클린턴의 개인보험금과 휴 로댐의 신탁자금에서 반씩 충당했다.

하원의 탄핵 논의가 시작될 무렵 힐러리는 백악관 남쪽 현관에서 기자들에게 남편이 대통령으로서 이룬 업적을 자랑스럽게 생각하며 국민들이 포용의 정신을 발휘해주기를 바란다고 말했다. 12월 11일 법사위원회는 탄핵 조항 가운데 4개 항을 하원 본회의에 보내기로 결정했다. 이날 본회의에서 각 탄핵사유에 대한 투표가 실시됐고, 하원은 두 개 항목을 통과시켰다. 르윈스키와의 성관계에 대해 거짓말을 한 대배심 위증혐의가 228명, 민사소송의 증인인 르윈스키에게 거짓말을 하고 선물을 숨기도록 부추긴 사법방해 혐의가 221명의 찬성표를 얻었다.

해가 바뀌어 새로 구성된 상원에서 대통령 탄핵재판이 대법원장 주재 하에 1월 7일부터 5주간 진행됐다. 67표 이상을 얻어야 탄핵이 가결되는 상원 전체 평결은 예상대로였다. 클린턴은 무죄 결정을 받았다. 위증 항목은 찬성 55대 반대 45로 양당 모두 이탈표가 없었다. 사법방해 조항은 50대 50이었다.

1999년 2월 12일 오후 12시 39분, 대법원장은 폐회를 선언했다. 클린턴은 살아남았다. 애초부터 죽을죄가 아니었는지도 모른다. 그러나 클린턴은 죽은 듯 뒤로 물러나 있어야 했다.

이제 다른 클린턴이 앞으로 나올 차례였다.

날아오르다

Hillary

Rodham

Clinton

홀로서기

어둠과 추위가 제 세상을 만나 날뛰던 1998년 늦가을 어느 날, 한 줄기 밝은 봄기운이 힐러리 클린턴을 찾아 길을 떠났다.

하원의 탄핵 논의가 임박하던 11월 6일, 뉴욕주의 대니얼 모이니헌 상원의원이 2년 후 선거를 앞두고 5선에 출마하지 않겠다고 선언했다. 뉴욕 할렘의 아프리카계 터줏대감 정치인으로 클린턴 부부와 친한 찰스 랭절 하원의원이 즉각 힐러리에게 전화를 걸어 모이니헌 자리에 출마를 고려해 보라고 말했다.

이 무렵 타임지가 실시한 여론조사에서 힐러리의 지지율은 70%를 기록했다. 백악관 6년 기간 중 최고치로 의료개혁 실패 때와 비교해 배나 높았다. 광풍 같은 르윈스키 바람과 클린턴의 자유낙하가 없었다면 생각하기 어려운 비상(飛翔)이었다.

1999년 1월에 106대 의회가 구성된 후 민주당 상원 원내대표인 톰 대슐 의원도 전화로 출마를 권했다. 모이니헌 자리를 두고 민주당에서는 마리오 쿠오모 전 뉴욕 주지사의 아들로 클린턴 정부 연방 주택도시개발부 장관인 앤드루 쿠오모, 뉴욕 여성 하원의원 니타 로위 등이 유력하게 거론되고 있었다.

루돌프 줄리아니 뉴욕 시장이 공화당 후보로 지명될 가능성이 높았다. 줄리아니 시장은 전국적 명성의 거물급 정치인이었다. 수십 년 동안 차지해온 의석을 잃을지 모른다고 염려한 민주당 지도부는 선거자금이 엄청나게 들어갈 것으로 보고 이를 모금해낼 수 있는 후보를 찾고 있었다. 힐러리는 자신이 민주당에서 절박하게 필요로 하는 선택이란 사실을 알았다.

민주당 상원 선거대책위원장인 로버트 토리첼리 의원이 한 마디 상의도 없이 퍼스트레이디의 출마를 예상하고 있다고 방송에 나가 말했다. 쿠오모 장관은 2년 더 늦은 주지사 경쟁에 전념하기로 결정했다. 힐러리가 선거전에 뛰어들 것이란 추측이 한층 무성해졌다.

탄핵재판은 진행 중이고 남편과의 관계도 완전히 회복하지 못한 형편인데 상원의원 출마에 대한 결단을 내리라는 대중의 압력이 거세졌다. 부친이 루스벨트 정부 내무장관을 지낸 뉴욕 정치가문 출신인 해럴드 이키스 전 비서실 차장과 만나 이야기를 나눈 뒤 출마여부를 진지하게 따져보기로 했다.

이키스와는 2월 12일에 만났다. 날짜가 돌고 돌아 우연찮게 상원이 탄핵안을 표결에 부치기로 되어 있는 운명의 날이었다. 힐러리는 최소한 민주당 의원은 모두 탄핵에 반대할 것이라고 확신했다. 이제 탄핵이 문제가 아니었다. 힐러리는 평결 결과를 기다리면서 뉴욕주의 정치풍토를 평가하고 상원 선거의 변천사를 설명하는 이키스의 말에 열심히 귀를 기울였다. 이키스는 커다란 뉴욕 지도를 펼쳐놓고 힐러리가 직면하게 될 장애물을 일사천리로 늘어놓았다.

뉴욕주는 면적이 13만 7천 제곱킬로미터로 아칸소와 거의 같았으나 인구는 2천만 명에 가까워 여덟 배가 넘었다. 북부 농촌과 남부 대도시 권역은 주민성향, 문화 및 경제가 극적으로 차이가 난다. 또 큰 권역이라도 지역사회마다 정치판이 특색 있게 움직이고 있어 미묘한 차이를 알고 적절히 대응할 수 있어야 한다는 것이었다.

거기에 세계 제일의 도시, 뉴욕시가 있었다. 대통령 퇴임 후의 이야기가 나왔을 때 클린턴은 대통령 기념관을 세울 아칸소로 가고 싶어 했다. 힐러리 자신은 뉴욕에 가서 살고 싶다고 무심코 말했다. 그런데 은퇴 후에 돌아갈 처녀지로 남겨둔 땅에서 문득 힐러리 인생의 신세계가 열릴지 모르게 된 것이다. 힐러리는 엄청난 비밀을 품고 있을 것 같은 뉴욕의 지도를 들여다보았다. 뉴욕으로 달려들고 있는 바다의 푸른색과 대서양에 맞서고 있는 육지의 흰색에 힐러리의 심장은 번갈아 동조되어 콩콩 뛰었다.

이윽고 이키스는 힐러리의 상원 출마와 관련한 부정적 요소들을 열거하기 시작했다. 힐러리는 뉴욕 태생이 아니고, 공직에 출마해 본 경험도 없으며, 심히 위협적인 줄리아니와 맞붙게 될 공산이 크다는 것이었다. 뉴욕주 전체에서 선거로 뽑힌 여성 정치인은 아직까지 없었다. 뉴욕 대문벌에다 선구적인 퍼스트레이디였던 엘리노어 루스벨트도 뉴욕 출마까지는 나가지 않았다.

공화당은 이전보다 몇 배나 힐러리의 인간성과 정치성향을 마녀나 위험분자로 만들기 위해 총력을 기울일 것이다. 선거운동은 추악할 것이고 인간적인 감정은 다 빨려나가고 말 것이다. 그리고 퍼스트레이디로 있으면서 어떻게 뉴욕에서 선거운동을 할 것인가?

"아무래도 강력한 후보가 될 것 같지는 않군요." 하고 이키스가 말했다. 힐러리도 고개를 끄덕였다.

그러나 이키스가 간 뒤에도 힐러리는 백악관에서 제일 좋아하는 관저 서편 응접실에 오래도록 남아 뉴욕을 생각했다. 탄핵 표결 숫자는 이미 과거지사였다.

나흘 뒤 퍼스트레이디 사무실은 출마를 신중하게 고려하여 몇 달 뒤에 결정을 내릴 것이라는 성명을 발표했다. 이키스는 힐러리가 접촉해야 될 뉴욕 인사 100인의 명부를 작성해주었다. 2월 말부터 힐러리는 그들에게 일일이 전화를 걸고 만나기 시작했다. 맨 처음 만난 사람은 모이니헌 상원의원과 그의 아내 리즈였다. 앞서 모이니헌 의원은 방송에 출연하여 힐러리의 "당당하고 젊고 똑똑하고 유능한 일리노이-아칸소 열정이 뉴욕과 뉴요커에게도 어울릴 것"이라고 환영하며 힐러리가 승리할 것이라고 말했다.

일흔한 살의 모이니헌 의원이 젊다는 형용사를 쓰자 쉰하나의 힐러리는 놀랐다. 모이니헌은 누구나 인정하는 의회 최고의 지성인이었다. 케네디 정부의 젊은 노동차관이었다가 닉슨 정권 때 유엔 대사와 인도 대사를 지냈지만 언제나 민주당 의식과 시각을 견지했다. 학구적인 면에서 힐러리와 통하는 데가 있지만, 수십 권의 책을 쓰는 등 지적인 파워는 힐러리에 비할 바 아니었다. 상원 재무위를 휘어잡아 막강한 영향력을 행사하고, 힐러리가 추진한 의료개혁을 논리적으로 비판했으나 맺힌 데가 없었다.

방송에서는 퍼스트레이디를 칭찬했지만 진정으로 힐러리의 뉴욕 도전에 호의적인지 확신할 수 없었다. 힐러리는 지도교수의 신임을 얻으려는 대학원생의 심정으로 모이니헌 의원에게 다가갔다.

출마를 단념시키려고 애쓴 사람도 많았다. 한 마디로 사서 고생이
란 것이었다. 힐러리도 선거운동 기간 동안의 삶은 안락하고 안전한
백악관 생활과는 아주 딴판이리라는 걸 잘 알았다. 날마다 꼭두새벽
에 일어나야 하고 자정 전에 잠자리에 드는 일은 드물 것이다. 비행
기 안에서 날탕 식사를 예사로 하고, 몇 달 연속 슈트케이스 트렁크
에 들어 있는 용품으로 생활을 꾸려가야 한다. 일정한 거처도 없이
친구들 집에 신세를 져야 할 것이다.

백악관을 떠난 뒤 자신이 선택할 수 있는 생활을 곰곰이 생각해
보았다. 의회가 과연 자신의 능력을 제일 효율적으로 발휘할 수 있
는 무대일까? 정치 이외에도 할 일과 기회는 많았다. 힐러리는 재단
운영자, 텔레비전 진행자, 대학총장, 기업의 최고경영자가 되어 달
라는 제의를 받고 있었다. 모두 매력적인 자리였고 혹독한 선거전에
뛰어드는 것보다 훨씬 편한 생활을 보장해줄 터였다.

그래도 힐러리는 뉴욕주 정치판을 조금이라도 안다 싶은 사람이면
붙잡고 말을 시켰다. 봄날은 하릴없이 가고, 뉴욕이란 이름이 그리
운 마을처럼 애틋하게 다가오다가도, 막막한 이역 땅에다 내동이치
고 달아나버리는 바람처럼 무섭게 들리기도 했다.

클린턴과 힐러리는 비밀리에 전문가 부부상담을 받고 있었지만 중

요한 일은 서로 상의하게 되었다. 클린턴은 상원 출마 문제를 돕고 싶어 했고 힐러리는 그의 전문지식을 기꺼이 받아들였다. 이제는 형세가 역전되어 힐러리가 남편을 위해 맡았던 역할을 남편이 맡게 됐다. 남편은 조언하고 결정은 힐러리가 내렸다.

그런데 출마는 하기는 할 것인가? 정치 도전 문제를 스스로 알아서 하기로 했지만 출마 여부만은 하늘이 벼락이라도 쳐 알려줬으면 싶었다고 힐러리는 자서전에서 말하고 있다. 웰즐리대에 다닐 때 힐러리가 언젠가는 대통령이 될 것이라고 말한 동기들이 몇 있었다. 이십대 중반 캠페인 현장에서 만난 벳치 라이트는 힐러리에게 대통령을 위한 경력을 관리해주겠다고 말하기도 했다. 몇 년 후면 하원의원, 상원의원이 될 텐데 왜 빌 클린턴과 결혼하느냐고 실망감을 나타낸 페미니스트 그룹도 있었다. 힐러리는 그런 말에 우쭐해하면서도 선거판을 넘겨다보는 일은 결코 없었다.

선거는 클린턴의 것이었다. 그를 만나지 않았으면 모를까, 남편이 있는 마당에 구태여 스스로 나설 필요는 없었다. 남편의 선거를 돕고 남편이 쟁취한 권력의 한 가닥을 쥐어 잡고서 뭔가를 바꾸려 했다. 이제 그런 시절은 지났다. 스스로 힘으로 해내야 하는 때가 온 것이었다.

힐러리는 자신이 경쟁과 싸움을, 실패를 두려워하고 있다는 것을 알았다. 그동안 헤아릴 수 없이 많은 여성들에게 경쟁을 겁내지 말라고 자기 입으로 말해오지 않았던가. 그런 자신이 경쟁을 두려워하다니. 벼락은 자기 안에서 나오고 스스로 내려치는 것이었다.

힐러리는 출마 쪽으로 마음을 잡았다. 연방 상원은 뜨거운 찻잔을 식히는 받침 접시라는 말과는 달리 얼마나 힘센 기관인가. 자기가 관심을 갖고 있는 쟁점은 모두 상원에서 좌우되지 않았던가.

2

상원의원이 되다

어디서부터 시작해야 될지 몰라 막막하던 선거운동에 자신감이 생기기 시작했다.

주 전역에 걸친 선거운동에 필요한 2천 5백만 달러를 모금할 수 있으면 이길 수 있다고 생각했다. 클린턴의 재선에 큰 도움을 준 선거자금 조달의 귀재 테리 맥콜리프가 마침 뉴욕 출신이었다.

클린턴의 막역한 골프친구인 맥콜리프는 힐러리의 상원 출마를 계기로 한집안 식구가 되다시피 했다. 클린턴에 이어 힐러리를 적극 돕게 된 그는 2013년 버지니아 주지사에 당선된다. 힐러리는 공화당의 전통적 아성을 잠식하는 선거전략을 생각했다. 뉴욕주 북부의 일부는 아버지 고향인 펜실베이니아주 동북부와 이웃하고 있고, 뉴욕 북부의 농촌문제는 대부분 아칸소를 괴롭힌 문제와 비슷했다. 곤궁한 농부들, 사라지는 공장 일자리, 더 나은 기회를 찾아 떠나는 젊은 이들. 틈새가 보이는 것 같았다.

그 아래쪽 뉴욕시는 민주당의 아성이었다. 선거전이 형체를 갖추기 시작했다. 줄리아니 시장은 대통령 출마를 위한 대통령선거 준비위원회를 구성한 조지 W. 부시 주지사를 텍사스에 가서 만난 뒤 힐러리를 연고도 없는 뜨내기라는 딱지를 붙였다.

1999년 6월에 힐러리는 선거준비위원회를 구성하겠다고 발표하고 언론 컨설턴트인 맨디 그룬왈드와 여론조사 전문가 마크 펜을 영입했다. 모두 클린턴의 선거 때 일한 사람들이었다. 힐러리는 경험으로 치면 내로라하는 선거운동 요원이었고, 찬조연설도 숱하게 했으나 우선 일인칭으로 연설하는 법을 배워야 했다.

6월 30일에 5년 동안 클린턴 부부를 괴롭혀 왔던 케네스 스타가 특별검사 직을 물러났다. 축하에 축하를 거듭할 일이었으나 과거, 그리고 이미 무력해진 적에다 힘을 쏟기에는 미래와 새로운 적을 살피고 있는 힐러리의 눈은 너무 뜨거웠다.

여러 곳을 돌아다니며 주민과 현지 지도자들을 만나 공동사회 및 가정의 관심사와 희망을 청취하는 '듣는 여행'을 계획해 모니니헌 의원의 핀더스 코너스 농장에서 첫 발을 뗐다. 기자들이 200명 넘게 몰려왔다.

한 번도 살아본 적이 없는 주에서 출마하는 문제를 이쪽에서 먼저 치고 나가야 했다. "내가 하고자 하는 것이 내가 어디서 왔느냐보다 더 중요하지는 않더라도 같은 정도로 중요하다고 수긍할 수 있게 하려면 정말로 열심히 해야 된다는 것을 알고 있습니다." 이렇게 복잡하게 말할 수밖에 없었다. 상황이 꼬이면 복문의 미로 속으로 달아나려는 힐러리의 어법과 태도가 드러났으나 당장 시비 거는 기자는 없었다.

선거운동은 할 만 했다. 북부의 완만한 기복을 이룬 지대에 자리 잡고 있는 소도시와 농장들, 한때 미국 산업혁명의 중심지였다가 정보화 시대를 맞아 재정비에 나서고 있는 버팔로, 로체스터, 시러큐스, 빙엄턴, 올버니 같은 도시들을 훑어 나갔다. 애디론댁산맥과 캐츠킬산맥을 탐험했으며, 스캐니텔레스 호수와 플래시드 호수 기슭에서 휴가를 보냈다. 뉴욕의 중요한 공·사립 대학들을 방문하고, 최남단 롱아일랜드에서 캐나다 접경에 이르는 전역에서 사업을 하거나 농사를 짓는 이들을 만났다.

지역사회와 가계가 직면해 있는 문제를 이해하고 있으며, 그들을 위해 열심히 일할 결의에 차 있다는 것을 뉴욕주 유권자들로부터 인정받기 위해 발로 뛰었다.

한편 뉴욕시는 수많은 민족별 공동체 사회가 각자 타운을 이루고 구획을 나눠 가지고 있었다. 선거로 한 자리 차지하려면 이탈리아인, 아일랜드인, 유대인 및 가톨릭 교도여야 한다는 뉴욕시에서 그 아무 것도 아닌 힐러리는 다양한 민족 행사에 참여했다.

선거운동과 퍼스트레이디 책무를 병행하는 것은 쉬운 일이 아니었다. 고어 부통령이 6월 대통령 선거 출마를 선언한 후 백악관이나 정부 발표 행사에 힐러리와 고어 사이에 서로 선거 홍보효과가 좋은 이벤트의 주인공이 되려는 갈등이 생겼다.

6년여 동안 힐러리에게 알게 모르게 견제 당했다고 할 수 있는 고어 후보는 클린턴의 혼외정사에 이어 힐러리의 상원 출마로 악재만 안게 된 셈이었다. 이름 있는 칼럼니스트들과 정치 분석가들은 힐러리가 '뜨내기' 논란에 시달려 결국 중도하차할 것이라는 전망을 내놓았다. 힐러리는 중도하차할 생각이 전혀 없었다. 발붙이기 어려운 모래 같다는 뉴욕 정치판을 단단한 흙밭으로 만드는 것은 한 번 해볼 만한 도전이었다.

뉴욕주 62개 카운티를 모두 방문하는 목표를 세웠다. 힐러리는 보좌관이었던 켈리 크레이그헤드와 캠페인 참모 앨리슨 스타인과 함께 개조한 포드 밴을 타고 1년 넘게 뉴욕주를 돌아다녔다. 2천여 지역 사회를 누볐다. 힐러리 부부는 뉴욕 주민이 되기 위해 뉴욕시 북쪽 교외에 집을 샀다. 침실 네 개에 헛간이 딸린 농가 스타일이지만 맨해튼 중심에서 50킬로 떨어진 웨스트체스터 카운티의 채퍼콰에 있는 이 집은 175만 달러짜리였다.

부부는 자산이 100만 달러에 개인변호사 비용으로 부채가 500만 달러여서 우량주택대출을 받을 수 없었다. 연 7.5%의 일반주택대출을 받아 1983년 이후 처음으로 장만한 집인 이 식민지 시절의 네덜란드식 농가를 두고 정적들은 방이 열 개가 넘는다느니, 대지가 수천 평이라느니 했다. 화장실이 다섯 개인 이 집은 연건평이 150평이었다.

힐러리는 2000년 1월 초에 이 집으로 짐을 옮겨 선거운동 기지로 삼기는 했으나 바쁜 캠페인 노정으로 이 집에서 잠을 잔 것은 스무 번 정도에 그쳤다. 그 사이 힐러리는 일주일에 하루 이틀만 백악관에 머무르고 나머지는 선거운동에 할애하는 힘든 일정을 소화했다.

2월 6일 채퍼콰 집 가까운 주립대 피처스 캠퍼스에서 출마를 공식 선언했다. 14년 후에 뉴욕 시장이 되는 빌 드 블라지오가 힐러리 선거대책본부를 이끌었다. 패티 솔리스 도일, 하워드 울프슨, 니라 탠든 및 게이브리얼 피알코프 등이 주요 참모로 참여했으며, 여성이 많았다. 수천 명의 자원봉사자들이 몰려들었다. 첼시가 4학년 1학기 동안 백악관에서 아버지를 돕고, 뉴욕에서는 어머니를 도왔다.

줄리아니 시장이 수세에 몰렸다. 3월 뉴욕시 경찰의 총에 흑인 남성이 사망한 사건을 다루면서 줄리아니는 점수를 많이 잃었고 힐러리가 앞서기 시작했다. 전립선암 진단을 받은 줄리아니는 오랫동안 혼외정사를 가졌다는 신문 보도가 나온 뒤 5월 19일 상원의원 선거전에서 사퇴했다.

모이니헌 상원의원의 불출마 이유가 건강문제라는 것이 밝혀졌다. 모이니헌 의원은 2003년 타계한다. 뉴욕 남쪽 교외 롱아일랜드 출신 4선의 하원의원인 릭 라지오 후보를 상대로 다시 선거전을 펼쳐야 했다. 젊은 라지오는 전국적인 인사가 아니지만 공화당 핵심 세력과 클린턴 반대파로부터 막강한 자금지원을 받았다.

라지오 후보는 여름 내내 네거티브 선거전을 전개했다. 그러나 사람들은 이미 힐러리에 대해 좋든 나쁘든 모든 걸 알고 있다고 생각하게 됐다. 무슨 말로 공격을 하든 구문이었다. 힐러리가 7년 넘게 편파적이라며 불평해온 언론이 중요한 시점에 자신의 우군 역할을 한 셈이었다.

9월에 켄 스타의 후임인 로버트 레이 특별검사가 클린턴 부부의 화이트워터 의혹에는 범죄사실을 입증할 증거가 부족하다고 최종 보고서를 냈지만 이미 뉴스거리가 아니었다.

선거운동 기간 동안 힐러리는 인신공격에 대비해서 마음을 모질게 먹었고, 인간 라지오가 아니라 쟁점에 초점을 맞추기로 결의를 단단히 했다. 불의 세례를 견뎌 낸 직업 정치가는 정적이 어떤 중상모략을 해도 분통이 터져 정신을 잃거나 하지 않으며, 적당히 적을 분통 터지게 할 수 있어야 한다고 생각했다. 코끼리의 두꺼운 피부를 가지라는 말을 되새겼다.

힐러리는 선거운동을 하면 할수록 남편 클린턴의 정치인 자질을 높이 평가하지 않을 수 없었다. 의식하지 않고도 누구에게나 쉽게 다가가고 친해지는 남편의 천성이 부럽기 짝이 없었다. 그런 물 흐르듯하는 사귐성은 흉내 낸다고 생기는 것이 아니었다. 그래도 힐러리는 옆에 없는 남편 클린턴을 떠올리며 열심히 그를 모방하려고 애를 썼다.

이즈음 클린턴은 백악관에서 애완견과 고양이를 친구 삼은 채 두툼한 서류를 몇 번씩 읽으며 긴 밤을 나고 있었다. 힐러리와는 하루에 대여섯 번씩 통화했다. 힐러리는 클린턴과의 결혼생활을 유지하기로 마음먹은 지 오래였다. 남편을 사랑하고 함께 보낸 세월을 소중하게 여기고 있기 때문이라고 힐러리는 자서전에 쓰고 있다.

오래 전부터 자신에 관한 책은 물론 신문기사를 직접 보지 않는 힐러리지만 클린턴과 계속 사는 것을 두고 좋지 않은 말들이 오간다는 건 잘 알았다. 억울했으나 해명하는 것도 우습다고 생각했다.

힐러리는 해명하기를 거부하는 확신범의 침묵이 이해되었다. 여론 조사는 좋게 나오고 있었다. 그러나 힐러리의 무연고 출마가 선거이슈의 처음이자 끝이었다. 잠간 들른 인연밖엔 없는 뉴욕주에 유명한 이름과 가방 하나만 덜렁 들고 나타나 상원의원이 된 로버트 케네디의 뒤를 자신이 이을 수 있을까?

뉴욕은 과연 명성만큼 가슴이 넓을까? 과연 힐러리 클린턴은 이름만큼 뉴욕의 지방색과 땅을 흔들어놓을 만한 실체를 갖고 있을까?

2000년 11월 7일 저녁 개표결과 힐러리는 55% 대 43%로 승리했다. 그날 밤 같이 치른 대통령 선거결과는 아직 불확실했지만, 힐러리는 그랜드하이얏 호텔에서 많은 사람들이 참석한 가운데 승리 축하파티를 열었다. 갖가지 색종이와 풍선의 홍수 속을 힐러리는 남편과 딸, 어머니와 함께 걸어 나갔다. 그리고 연단에 섰다.

"62개 카운티, 16개월, 3번의 토론회, 2명의 적, 그리고 6벌의 검은 바지 정장을 거쳐, 여러분 덕택에, 우리는 지금 이 자리에 있습니다."라고 큰 소리로 말했다. 연단을 내려와 사진을 찍기 위해 두 손을 들어 올리면서 힐러리는 선임 상원의원인 척 슈머와 딸 첼시의 손을 각각 잡았다. 몇 분 전 힐러리 뒤에서 눈물을 훔치던 클린턴은 이제 첼시 옆에 엉거주춤하니 서 있었다.

돌연 자신의 자리를 의식하게 된 클린턴이었고, 북새통이지만 옆을 돌아볼 생각이라곤 없는 힐러리였다. 이미 떠들썩하게 예고된 클린턴 부부의 바통 체인지였으나 소문만큼 기획되고 준비되지는 않아 보였다.

2000년 뉴욕 상원선거는 양측에서 모두 7000만 달러를 쏟아 부었다. 2015년 초 현재 가치로 1억 달러에 달해 미국 역사상 가장 돈이 많이 들어간 의원 선거 기록을 세웠다. 대통령선거에서 고어 부통령은 54만 표를 더 얻고도 플로리다주와 투표용지와 연방대법원이 합세해 만든 역풍을 이기지 못하고 개표시작 36일 만에 패배를 인정했다. 클린턴에게 패했던 부시 대통령의 1946년생 동갑내기 아들이 백악관을 탈환한 것이다.

8년 전 힐러리는 전문직업을 가진 첫 퍼스트레이디로 백악관에 들어왔었다. 이제 전국 선거를 통해 공직을 차지한 첫 퍼스트레이디가 되어 떠난다. 웨스트윙에 오피스를 가진 첫 퍼스트레이디, 기소 대배심에 출두한 첫 퍼스트레이디였다.

공식적으로 따지면 힐러리는 42번째 대통령의 부인으로 44번째 퍼스트레이디에 불과했다. 하지만 힐러리는 자신이 여러 면에서 첫 번째 퍼스트레이디였다는 자부심을 가졌다. 힐러리는 백악관을 처음 들어올 때처럼 살펴보았다. 새 주인을 기다리는 백악관은 더 하얗고 모호한 모습으로 다가왔다. 옛 주인에게는 더 이상 질문을 던질 생각 따위는 없어 보였다. 힐러리도 이제 질문보다는 답에 더 관심이 많았다.

힐러리는 첫 번째란 말에 사로잡힌 채 팔짱을 끼고 떠나는 백악관을 오래 바라보았다.

3

상원의 명물로

의회는 백악관과 달리 열린 공간이고 관객이 필요한 무대였다.

힐러리는 곧 상원의 명물이 됐다. 퍼스트레이디 출신 의원은 처음이었다. 연방의사당인 캐피틀을 구경하러 온 국내외의 관광객들은 상원 회당에서 힐러리가 보이면 일제히 손으로 가리키기에 바빴다.

의사당에 앉아 있는 힐러리는 그런 사람들의 손가락을 보고 느낀 것이 많았다. 기존 틀에서 벗어나고 그래서 욕을 얻어먹었던 퍼스트레이디의 변신을 야단스럽게 인정하는 손가락질로 받아들였다. 정말 백악관에 들어가기 전부터 남과 다른 퍼스트레이디가 되기로 마음을 먹지 않았어도 상원의원이 되었을까? 분명 뉴욕 상원의원은 반기를 든 데 대한 훈장이지 순응에 대한 보상은 아니었다.

그러나 힐러리는 연방의회에 들어오면서 의외의 순응주의자가 됐다. 영부인으로서 기대되던 여성적인 품성을 모른 체하고 공동 대통령인 양 행세한다는 말을 듣던 백악관 입성 때와는 정반대로 겸손하고 낮은 자세를 취했다. 다른 사람의 승리에서 파생한 지위가 아니라 제 힘으로 쟁취한 것이라는 자신감에서 나온 여성적인 전략일까? 힐러리 상원의원은 아주 부드러웠다.

배우는 자세로 선배 의원의 말을 경청했고, 일부러 그들을 찾아 갔다. 의료개혁 때 원칙에 충실하겠다며 힐러리의 법안 통과를 어렵게 했던 같은 당의 원로 로버드 버드 의원한테는 선서하기 전에 찾아가 인사도 하고 의정에 대해 물었다. 수제자란 말을 들을 정도로 자주 들렀고 어머니와 함께 찾아가기도 했다.

의원 연수로는 제일 어리지만 가장 유명한 의원이라는 사실은 외국방문 등 외부행사 때 확실히 드러났다. 그때마다 힐러리는 앞으로 나서지 않고 동행한 의원들을 깍듯이 선배 대접했다. 지하층 협소한 곳에 사무실을 배정 받자 방문객이 많다는 이유로 보다 큰 사무실을 요구할 수도 있었지만 군말을 하지 않았다.

공화당 의원들한테도 자신을 낮추며 가까이 다가갔다. 자리를 같이 했을 때 커피를 타주고 빈 잔을 치우는 역을 자청했으며, 공화당 보수파 의원들이 주류인 수요 기도조찬 모임에도 빠짐없이 참석했다. 힐러리는 백악관에 있을 때 제임스 베이커 전 국무장관 등 공화당 옛 지도층의 부인들이 제안해온 주간 기도모임을 초창기 때부터 가졌고, 화이트워터 사건 와중에서도 계속 꾸려왔다. 상원 기도회는 남성과 현역 모임이었다. 이들 공화당 의원들은 클린턴의 탄핵에 앞장섰으며, 힐러리를 권력욕에 사로잡힌 좌파라고 선전해 대면서 클린턴 부부의 정책들을 거세게 반대한 사람들이었다.

힐러리답지 않은 이런 우호적인 접근을 얕은 수작으로 물리치는 의원들도 많았다. 그러나 몇 해 후에는 공화당 중진 중에 힐러리를 같이 여행하기에 가장 좋은 동료로 꼽는 의원도 있고, 힐러리와 너무 친하다는 점이 재선 선거운동의 쟁점이 된 의원까지 생겼다.

힐러리는 신참일 때 국가적 현안보다는 지역구 일에 집중했다. 본래부터 학구적이고 정책통인 데다 세밀한 데까지 파악하지 않으면 직성이 풀리지 않은 성향이 지역구 집중 원칙에 유감없이 발휘됐다. 뉴욕의 공화당 지지 선거구민들은 힐러리를 자주 보게 되었고, 새 상원의원 지지 쪽으로 돌아선 사람들이 많았다.

이때 힐러리는 공화당과 언론의 덕을 많이 보았다. 이들의 줄기찬 공작으로 공화당원들의 힐러리에 대한 기대치는 대단히 낮아 있었다. 그런데 현장에서 만난 전 퍼스트레이디는 인간적이었고 친근한 생활인이었던 것이다.

의회에 들어간 지 9개월 후 뉴욕시에 9.11 테러가 터졌고, 힐러리는 선임인 찰스 슈머 의원과 함께 복구를 위한 정부지원을 끌어오는 데 온 힘을 기울였다. 힐러리가 유지해 온 상원 세출위원장 버드 의원과의 좋은 관계는 특히 200억 달러의 복구예산을 편성하는 데 큰 도움이 됐다.

9.11 직후인 10월 7일 미국은 테러 배후 오사마 빈 라덴을 숨겨주고 있는 탈레반 정권을 축출하기 위해 아프가니스탄에서 군사행동에 나섰고 힐러리는 이에 찬성했다. 탈레반은 여성들의 권리를 극도로 억압하고 있었다.

이어 2002년 10월 10일 힐러리는 부시 대통령에게 이라크의 사담 후세인 정권에 무력을 사용할 권한을 주는 상원 결의안에 찬성했다. 우선 외교적 노력을 추진하고 그 후에 유엔의 결의안 집행에 필수적일 때 대통령의 이라크 공격을 허용한다는 조건부 허가였다. 힐러리뿐 아니라 민주당 의원 29명이 가세해 모두 77명이 승인했다.

그러나 부시가 반년도 안 지난 2003년 3월 20일 후세인이 대량살상무기를 감추고 있다며 전제조건을 무시하고 이라크를 침공하면서 힐러리는 커다란 곤경에 처하게 된다. 살상무기는 없었고 이라크전은 사막의 베트남전으로 변했다. 이라크전 찬성은 힐러리의 입장을 두고두고 어렵게 만들었다.

소신에 따른 것이었으나 과연 올바른 판단이었는지 따지는 사람이 많았다. 힐러리는 부시 대통령과 딕 체니 부통령의 신 보수주의 정권이 미국을 망치고 있다는 견해에 전적으로 동조했다. 온건한 중도파 이미지를 원했던 힐러리는 정치 전문가들의 의원 평가에서 차츰 왼쪽으로 옮아가 진보파로 분류되고 있었다.

1년 반만에 드디어 모이니헌 의원이 썼던 상원 러셀 빌딩(SR) 478호로 의원사무실을 옮길 수 있었다. 오피스 앞 복도는 힐러리 의원과 같이 사진 찍으려는 뉴욕 주민과 관광객들로 수선스러울 때가 많았고, 본회의장으로 투표하러 갈 때 지하 모노레일을 타는 것보다는 운동 삼아 빨리 걷는 것을 좋아하는 힐러리는 오다가다 사인 요청을 받을 때가 많았다.

3년 차인 2003년에 초선으로는 들어가기 힘들다는 슈퍼급 위원회인 군사분과위에 자리를 잡았다. 연공을 금과옥조로 여기는 상원 위원회에서 신참으로 질문 하나를 하려면 몇 시간을 기다려야 하지만 힐러리는 군사위 참석을 거의 신성시했다.

상원의원은 네다섯 개의 위원회에 중복 소속됐고 수십 년 동안 같은 위원회에 속한 의원들이 많았다. 힐러리는 보건 · 교육 · 노동 ·

연금 위원회를 선택했다. 그러면서 여성으로 군사 분과위에 눈독을 들였는데 그렇게 한 데는 남편의 영향이 컸다.

군대를 갔다 오지 않은 클린턴은 대통령이 되어 군 최고통수권자로 서는 데 어려움이 많았다. 부부는 군사위에서 눈을 뗄 수 없었다. 청문회장의 아무 장식 없는 탁자에 손을 모으고 공손히 답변하는 장군들을 두세 단 높은 데서 내려다보는 군사위 자리는 클린턴의 과거와 힐러리의 미래를 위해서 아주 긴요한 좌석이었다.

힐러리는 현재보다는 앞날을 생각하면서 의사당 문턱을 넘어서는 자신을 발견했다. 그 점이 백악관 때와 달랐다. 젠킨스 언덕 위에 88미터 높이로 정좌한 U.S.캐피틀은 반바지 차림의 관광객들에게는 건축미와 과거의 영웅과 현재의 연설들이 빈 공간을 넘나들고 있는 세속의 신전이었다.

그러나 정장한 의원들에게는 미래에 관한 대답을 독촉하는 오만하고 초연한 스핑크스 같은 존재였다. 법률과 민주주의에 대해서, 권력과 자신의 정치적 장래에 대해서 머리를 짜내지 않으면 안 되는 곳이었다.

4

최종 목적지

의원 당선 직후 힐러리와 클린턴은 백악관 이후의 정치적 장래를 위해서 워싱턴에 큰 집을 구하기로 했다.

대통령직 마지막 해 수입이 41만여 달러였지만 화이트워터 특검으로 시간당 수임료가 500달러에 가까운 개인 변호사들을 대느라 빚이 수백만 달러에 달한 처지에 무슨 수로 수도에 저택을 구한다 말인가? 그러나 빌 클린턴과 힐러리 클린턴은 사연 많은 대통령이었고, 궁금증을 자아내는 퍼스트레이디였다. 모범과 전형에서 벗어난 퍼스트 커플로서의 삶이 돈이 됐다.

고어 부통령의 패배가 선언되던 날인 12월 12일 출판사 사이먼 앤 슈스터는 퍼스트레이디가 백악관 회고록을 쓰기로 했으며 집필 선수금이 800만 달러라고 발표했다. 이는 교황 요한 바오로 2세 저술에 조금 못 미치는 논픽션 부문 사상 두 번째로 큰 액수였다. 계약과 동시에 선수금의 절반을 받기로 해 뉴욕타임스 등이 사설로 비판했으나 상원의원이 되기 전에 계약을 끝냈다. 돈이 생긴 힐러리 부부는 친하게 지내는 테리 맥콜리프 부부와 함께 집을 보러 다녔고, 의원 선서 나흘 전인 12월 30일 저택을 장만했다. 즉시 지불금 85만 달러를 포함해 시가 285만 달러인 집은 백악관 북쪽 매사추세츠 로의 대사관 거리 뒷길에 있었다. 숲 속에 영국대사 관저와 이탈리아 대사관 등이 나란히 자리했다.

워싱턴 서쪽에서 메릴랜드와 버지니아의 부유한 교외로 건너가는 포근한 어름이었다. 클린턴이 아주 젊은 대학생 시절에 활개를 폈던 조지타운과는 언덕 너머 이웃 동네로 가까워졌다. 풀장을 포함해 대지가 500평이고 침실 5개, 화장실 7개로 연건평 150평의 3층 구조였다. 서른 살 때 산 30평도 안 되는 리틀록 단독주택 이후 자기 집을 가져본 적이 없던 클린턴 부부가 뉴욕 부촌 교외와 워싱턴 일급지에 잇따라 저택을 소유하게 된 것이었다.

부부의 재산은 기하급수적으로 늘었다. 2001년 퇴임하면서 클린턴은 회고록 집필 선수금으로 무려 1200만 달러를 받았다. 국내외에서 연설 요청이 쏟아졌고 연설 한 회 당 20만 달러 넘게 받았다. 얼마 안 가 의회 기관지 〈롤콜〉은 힐러리 의원의 재산이 1000만 달러로 상원의원 가운데 25위라고 밝혔다. 거리명을 따 화이트헤이븐이라고 이름 붙인 워싱턴 저택은 대개 힐러리 혼자 머물렀다. 힐러리는 주말이면 클린턴이 있는 채퍼콰로 갔다.

연방의원들 대부분은 화이트헤이븐의 10분의 1에도 못 미치는 값의 아파트를 사거나 임대해 주중을 워싱턴에서 보내다 주말이 되기 직전에 선거구에 있는 자신의 집으로 날아간다. 두세 명이 합숙하는 의원, 의사당 내 임시숙소에 머무는 의원도 드물지 않았다.

힐러리가 집 사치를 하려고 화이트헤이븐을 구한 것은 아니었다. 입주 관리인은 따로 없고 아침마다 필리핀 가정부가 오는 것이 고작인 검소한 생활을 했다. 전 퍼스트레이디에 대한 경호 예우로 비밀 경호원의 밴이나 타운카가 어디를 가든 힐러리를 실어 나르고 집 앞을 지키고 있는 점이 다르긴 했다.

이윽고 체니 부통령 관저에서 돌을 던지면 떨어질 거리에 있는 힐러리의 뉴 조지풍 저택은 워싱턴에서, 그리고 미국 전역에서 민주당 정치자금 모금의 제일번지가 됐다. 미국에서 정치가로서 그릇의 크기는 문 밖에서 하는 즉석연설과 문 안에서 이루어지는 정치자금 모금 능력으로 드러난다는 말이 있다. 클린턴은 백악관에서 거의 혼자 살 때인 임기 마지막 해 150여 회의 모금 출장을 통해 1억 달러의 돈을 모아 민주당과 당 후보들에게 선사했다. 2000년 자신의 선거를 계기로 힐러리는 그 바통을 이을 자신감을 얻었다.

맥콜리프는 1994년 중간선거 대참패 직후에 나타나 대통령 부부 침실 바로 옆의 링컨 베드룸과 퀸스 베드룸을 모금 수단으로 활용하게 했다. 힐러리가 워싱턴 집을 구할 때 동행했던 사람도 맥콜리프였다. 맥콜리프는 화이트헤이븐에 가장 빈번하게 출입하는 인물이 됐다.

한다하는 전국의 민주당 지지자들은 30명이 앉을 수 있는 강렬한 파란색 벽지의 화이트헤이븐 만찬장이나 진달래가 가를 두른 잔디밭 위 흰 천막에 모여 힐러리 상원의원과 환담하면서 하시라도 수표책을 꺼낼 준비를 하고 있었다. 미국 정치인들은 보통의 유권자 한 표 한 표를 구할 때와 동일한 간절함과 합법적인 시선으로 두둑한 포켓의 지지자를 찾아낸다. 보통보다 돈이 많은 시민들은 정치적 표현의 기회를 더 많이 사기 위해 정치자금을 기부할 태세가 되어 있다.

두 흐름이 맞부딪히는 지점에서 힘 있는 정치인이 부상하는 것이다. 힐러리는 자신의 캠페인 펀드와 정치활동위원회를 위해서, 민주당 금고를 위해서, 그리고 민주당 동료의원 및 후보들을 위해서 화이트헤이븐을 수시로 개방하고 활용했다. 그에 비례해 힐러리의 영향력도 커져갔다. 전국에 흩어진 정치인들이 어느 의원과 인사들을 자신의 정치펀드 모금행사 때 부르는가를 보면 당의 실세가 누구인지 알 수 있다. 예컨대, 2004년 5월에 힐러리는 시카고로 가서 버락 오바마라는 일리노이주 상원의원 펀드 모금행사에 참석했다.

이 43세의 주 상원의원은 일곱 명이 나온 연방상원 예비선거에서 53%의 득표율을 기록한 돌풍의 주인공인 아프리카계 지방 정치인이었다. 오바마가 힐러리를 초청했다. 워싱턴에 돌아온 후 힐러리는 자신의 정치활동위원회인 힐팩에서 최대허용치에 이르는 기부금을 오바마 펀드에 내도록 했다. 몇 주 후에는 화이트헤이븐에서 오바마 지원 펀드모금 행사를 열었고 다시 시카고로 가 모금을 도왔다.

오바마가 11월 선거에서 연방 상원의원에 당선될 경우 워싱턴에 오는 대로 가장 먼저 챙겨야 할 일이 있을 것이었다. 힐러리의 영향력이 커지면서 클린턴 전 대통령의 힘 또한 탄력을 유지했다. 부부는 2천만 달러 이상을 몰아다준 책 쓰기 외에도 할 일이 무척 많았다. 백악관을 나온 뒤 클린턴 부부의 정치적 힘은 커져만 갔다. 이들의 파워는 즉흥적이고 산발적으로 표출되는 수준이 아니라 어느 새 시스템과 네트워크를 갖추고 있었다. 왕조라는 단어는 케네디가, 부시가에 국한되어 왔지만 클린턴가란 말이 슬슬 통용되기 시작했다.

힐러리 상원의원의 참석을 바라는 초청장이 연 1만 건, 2만 건 넘게 사무실에 당도했다. 내셔널몰에서 두 블록 올라와 있는 상원 러셀 빌딩은 백악관과 거의 동렬에 있으나 열다섯 블록 이상 떨어져 서로 보이지 않는다. 비밀경호원이 모는 출퇴근 타운카는 백악관 옆을 지나지 않고 사선으로 매사추세츠 로를 따라 화이트헤이븐과 캐피틀로 직행했다.

힐러리는 오피스 맨 안쪽 분홍색 벽지의 의원실에 홀로 서서 백악관을 나올 때처럼 팔짱을 끼고 창문 밖을 내다보는 일이 잦아졌다. 힐러리가 바라보는 것은 캐피틀의 스핑크스 돔도 아니고, 펜실베이니아 로 쪽도 아니었다.

캐피틀 언덕바지에는 수십 미터 키의 교목 수백 그루가 서 있다. 자연의 초현실주의 건축이라 할 이 나무들은 의사당이나 백악관 같은 인간의 건물에 대한 잡념을 사라지게 만드는 힘을 갖고 있다.

그러나 힐러리는 미국 정치의 궁극적 건축물을 생각하지 않을 수 없었다. 힐러리와 클린턴의 힘은 어느덧 동양의 신화적 전차에 비유되고 있었다. 신상(神像)을 실은 이 전차는 도저히 멈출 수 없는 힘으로 새것을 창조하기 위해 모든 옛것을 쓸어버린다.

이 신의 전차 위에 만약 미국 정치인이 탔다면 그가 향할 곳은 명백하다.

첫 번째 도전

Hillary

Rodham

Clinton

▷| 1 ◁

선두 주자가 되다

힐러리는 2002년 말에 대통령 선거 출마를 암시했다. 임박한 2004년도 선거가 아니라 2008년도 선거를 지목한 것이어서 파장이 크지는 않았다. 성급한 언론은 2년 뒤 대선에 대한 관심을 에둘러 표현한 것이라고 주장했다. 힐러리는 여론을 들어볼 필요가 있었다. 북 투어가 좋은 기회였다.

저자가 자기가 쓴 책으로부터 독자보다 더 많은 영향을 받는 책이 가끔 있다. 힐러리의 회고록 《살아 있는 역사》 *Living History*는 2003년 6월 출간되었고, 출판사는 선인세로 지불한 800만 달러를 크게 웃도는 판매고를 올렸다. 전 세계적으로 150만 부 넘게 팔렸다. 언론은 상원의원 힐러리를 가수 마돈나나 브리트니 스피어스와 비교하기도 했다.

회고록은 힐러리의 솔직한 말을 기대하고 읽으면 실망스러웠다. 집필 보조 작가의 존재를 알리지 않아 논란이 됐던 《아이 하나를 키우는 데는》과는 달리 회고록은 말미에 10년 동안 연설문 작성을 담당해 왔던 리사 머스커타인 등의 도움을 받아서 썼음을 밝혔다.

회고록은 퍼스트레이디 출신 상원의원이란 명품 드레스를 더 가까이서 볼 수 있도록 했지만 책을 다 읽어도 일상복의 힐러리를 그리 더 잘 알 수 있지는 않았다. 그러나 책 속에 쓰인 과거 이야기보다 저자의 장래에 더 관심이 많은 독자들이 정치인의 회고록을 단번에 베스트셀러로 만들어준다.

힐러리는 자신에게 거는 사람들의 기대와 마주했다. 책 홍보 순회여행 중 가는 곳마다 사람들로부터 대통령 직에 출마하라는 말을 들었다. 조지 W.부시 대통령을 누를 가능성이 있는 유일한 민주당 정치인이라는 것이었다.

2004년 11월의 대통령 선거를 진지하게 생각하지 않을 수 없었다. 힐러리는 만 56살이었고 4년차로 접어들고 있는 상원의원 경력에 비해 높은 명망과 인기를 누리고 있었다. 대통령 선거 해가 다가오건만 민주당 지지자들은 출마선언을 한 후보 가운데 눈에 차는 인물이 없어 한숨을 쉬고 있었다. 존 케리 매사추세츠주 상원의원, 미주리주의 딕 게파트 하원 원내대표, 존 에드워즈 노스캐롤라이나주 상원의원 및 고어 후보의 부통령 러닝메이트였던 조 리버만 코네티컷주 상원의원이 나설 것으로 예상됐다.

모두 나름대로 출중한 경륜을 갖췄으나 시선을 확 사로잡는 인물들이 아니었다. 미국인들은 민주당원이든 공화당원이든 대통령 선거 때가 되면 이미 알려진 인물은 성에 차지 않고 숨어 있던 인물이 별안간 부상하는 걸 보고 싶어 한다.

하워드 딘 전 버몬트 주지사 한 명만 그런대로 호기심과 기대를 불러일으키고 있었다. 그러나 그는 맥거번 대참패 이래 민주당 지도부가 기피하는 정통 좌파였다.

힐러리는 모든 여론조사에서 자신이 현직 대통령을 근소한 차이로 추격 중이라는 것을 알고 있었다. 민주당의 출마 유력 후보 모두 30% 포인트나 뒤진 채 자신의 뒤를 따르고 있었다.

2004년도 선거를 입에 올리지 않고서도 얻은 지지였다. 출간된 회고록 인기가 지지도에 많이 반영되어 있었다. 힐러리는 이런 수치에 앞뒤 분간 못하고 흥분할 정치인은 아니었다. 여론은 언제든지 바뀌고 무너질 수 있었다. 무엇보다 상원에 출마할 때 6년 임기를 꼬박 채우며 성실하게 봉사하겠노라고 한 약속이 있었다. 후보 지명전 출마는 상원의원을 3년만 하고 대통령 선거판에 뛰어들겠다는 선언이었다.

무연고인 자신을 고향의 적자처럼 뽑아준 선거구민을 옷자락 먼지 털듯 털어버리는 형상이 아닌가. 자기 이익만 생각하는 기회주의자라는 비판을 받을 게 뻔했다. 경선에서 패배할 경우 그 후속 파장은 예상보다 훨씬 거셀 수도 있었다.

그러나 신보수주의, 신자유주의 기치를 높이 쳐들면서 하나도 아닌 두 개의 전쟁, 부자 감세에 클린턴 정부의 사회적 약자 프로그램을 부스러뜨리고 있는 공화당 부시 정권을 백악관에서 몰아낼 생각을 하면 투지와 야망이 불타올랐다.

당의 주요 예비선거에 나설 수 있는 후보자 등록 마감시한은 2003년 12월이었다. 힐러리는 측근 및 가족과 여러 차례 회의를 가졌다. 뉴욕 유권자와의 약속을 절대 저버릴 수 없다는 결론에 도달했다. 이라크전이 시작된 지 1년도 지나지 않은 때라 부시 대통령의 인기는 높았다.

대통령과 싸우는 전사 자리를 차지하기 위해 경선 출마를 선언한 민주당 동료들을 힐러리는 멀찍이 떨어져서 바라보았다. 2004년 클린턴은 회고록 《마이 라이프》 *My Life*를 출간해 아내에 이어 베스트셀러 작가가 됐다. 그러나 9월 심장혈관 바이패스수술을 받아야 했다. 나이 들어도 햄버거와 도넛을 즐겨 먹던 그는 채식주의자가 됐다. 퇴원한 후에는 민주당 후보로 지명된 존 케리 선거운동 지원에 열심히 나섰다. 힐러리도 마찬가지였다.

민주당은 또 패배했다. 그러나 케리 상원의원은 득표율 48.3%를 기록해 부시 대통령과 2.4% 포인트 차이밖에 나지 않았다. 선거운동을 시작할 당시엔 기대하기 어려웠던 좋은 성적이었다. 더구나 공화당의 영악하고 야비한 좌파 색깔 칠하기 공세를 떠올리면 케리 의원을 다시 보게 됐다.

케리 개인에 대한 지지도 지지지만 공화당의 행태와 부시 정권의 국정운영에 대한 반감에서 나온 수치로 볼 수 있었다. 케리 대신 자신이 나갔으면 어땠을까? 정치 경력이나 상원 연조는 케리 의원이 훨씬 위지만 자신이 더 파괴력이 크다고 힐러리는 혼자 생각했다. 만일 자신이 나갔더라면 클린턴이 아버지 부시를 단임으로 그치게 했듯이 아들 부시를 단임으로 만들어 주었을까? 그런 가상이 무슨 의미가 있겠는가. 힐러리는 4년 뒤에 올 다음 선거를 생각하기로 했다.

부시 대통령이 8년을 채우고 물러난 뒤에도 공화당에게 백악관을 내줘서는 결코 안 된다는 생각에 민주당은 지금보다 더 단합될 것이다. 힐러리는 그때 백악관 탈환에 나설 가능성이 있는 민주당 정치인들을 꼽아 보았다. 당 경선 시작을 1년 앞둔 2006년 말까지, 다시 말해 앞으로 2년 안에 대통령 선거에 나올 민주당 정치인은 다 드러난다. 구체적으로 누구누구가 될지는 알 수 없으나 분명 힐러리가 아는 사람들이리라.

아무리 대통령선거 지명전이 지방인사가 단번에 용이 될 수 있는 무대라지만 단 2년 안에 대통령 자리를 넘보는 이름 모를 혜성이 이 민주당 바닥에서 튀어나올 수 있을까?

그런 혜성도 클린턴가의 위력 앞에서는 맥을 추기가 쉽지 않을 것이었다. 그리고 힐러리는 지난 4년 동안 파괴력만 키운 게 아니라, 미국이 어떻게 나아가야 될지를 깊이 생각했다.

자신은 비전이 있는 정치가라고 외치고 싶었다.

외양도 정립됐다. 첫째로 백악관 8년 동안 심심하면 바뀌어 언론과 세인의 입방아에 오르던 헤어스타일이 방황을 끝냈다. 염색해서 더 금빛을 띠는 머리칼을 짧고 풍성하게 일궈 귀 뒤에서 부드럽게 감싸주는 스타일로 정착시켰다. 짙은 눈썹은 가늘게 바꿨다. 옷차림은 검정색 바지 정장과 오픈 칼라 셔츠로 굳어졌고 넓은 골반을 긴 재킷으로 가렸다. 등 근육을 다친 뒤 하이 힐 대신 기능적인 단화를 신었다.

예순이 가까워오는 힐러리의 여성은 이제 중성적 풍격(風格)의 성채 안으로 후퇴했다.

2

복병 버락 오바마

부시 대통령의 집권 2기에 들어서며 힐러리는 진보적인 성향을 강하게 드러낼 수밖에 없었다.

부시 정권의 신보수주의가 강화된 데 대한 반작용이었다. 힐러리는 중산층 이하 국민을 위해 더 적극적으로 나서는 큰 정부와 진보적 의제를 추구했지만 상원과 하원 모두 12년째 이에 반대하는 공화당 수중에 있었다.

상원 출마 당시 공화당은 힐러리가 오만하고 부패하고 권력욕에 불타고 냉혹하고 위선적인 진보주의자라는 딱지를 붙이기 위해 열심이었다. 이런 딱지를 떼는 것이 상원 입성 후 제일 먼저 할 일이었다. 충성스러운 힐러리랜드의 참모들은 깨끗하고 정직하고 인간적이고 실용적인 중도주의자라는 인상을 심기 위해 노력했다.

그러나 상원 재선을 위한 펀드 모금에 열성이던 2005년 중반에 힐러리의 이라크전 투표 논란이 일어났다. 힐러리는 이라크전을 재가하는 결의안에 대한 찬성 의사를 철회하라는 당 일부의 요구를 계속 거부해 왔다. 이에 당내의 우호세력들이 힐러리에게 실망을 표하고 비난하기 시작했다.

힐러리는 자신의 행위에 대해 사과한다 해도 도움이 되기는커녕 손해만 볼 것이라는 여론조사 전문 정치전략가인 마크 펜의 분석에 동의했다. 힐러리는 소신에 따른 정당한 투표였으며, 입장을 고수하는 것이 올바른 정치라고 믿었다.

여자가 과연 한 나라의 최고통수권자가 될 수 있을까 하는 의구심을 넘으려면 항상 용기와 결단력과 과단성을 보여줘야 한다고 힐러리는 생각했다. 힐러리의 뒤축을 물어대는 것은 이라크전만이 아니었다. 선거 시즌은 날카로운 이빨의 사냥개 같은 말(言)들의 습격과 함께 막이 오르곤 한다. 2006년부터 힐러리에 대한 악평들이 슬슬 퍼지고 있었다.

사냥개들은 힐러리의 약한 데를 잘 찾아내어 물어뜯었다. 힐러리는

정략적이고 냉정한 음모가이며 자신의 출세 외에는 그 어떤 신념도
갖고 있지 않다는 식의 험담이었다. 같은 민주당 내에서도 흘러다니
는 말이었다. 뭔가가 요동치고 있었다.

이 흔들림은 힐러리가 2004년 대선에 나가지 않기로 하면서부터
시작됐다. 케리 후보는 말과 닮은 외모처럼 시간이 지날수록 지치기
는커녕 가속을 거듭했다. 보기보다 대담하고 명석한 케리는 비상한
결정을 내렸다. 연방도 아닌 일리노이주 상원의원을 지목해 여름 민
주당 전당대회의 기조연설을 맡겼다.

그해 여름 보스턴 전당대회에서 명연사인 빌 클린턴은 개선장군처
럼 연설했다. 그러나 다음날 저녁 일리노이주 상원의원인 버락 오바
마의 기조연설이 터지자 클린턴 전 대통령의 연설은 나이든 전령 역
으로 강등됐다. 오바마는 이 연설 하나로 하늘 높이 날아올랐다. 두
달 전 힐러리가 농담 삼아 말한 시카고의 슈퍼스타가 보스턴에서 초
신성처럼 폭발했고 그 파장은 멀리 워싱턴까지 전해졌다.

오바마는 전당대회 연설에서 통합과 공동의 목표를 감동적으로 호
소했다. 미국을 공화당 빨간 주와 민주당 파란 주로 구분하는 것은 잘
못이며, 이를 극복하기 위해서 정치 냉소주의를 거부하고 '희망의 정
치'로 나가자고 웅변했다. 희망의 연사 오바마는 전 세계적인 유명인
사가 됐다.

누구나 전할 수 있는 메시지였으나 맑고 뚜렷한 음성에 키가 맵시나게 크고, 귀족적이고 차분한 분위기의 아프리카계 남성이란 뉴미디어에 실리자 메시지에 피가 돌고 살이 돋았다. 오바마는 11월 연방상원의원에 당선됐다. 아프리카계 세 번째 상원의원이 된 그는 선서 직후에 의원빌딩 SR-478호를 찾았다.

힐러리 의원 이후 유명한 신참일수록 고개를 숙이고 세세한 일에 신경을 쓰는 것이 상원의 유행이자 지침이 됐다. 그러나 의원 사무실에서 힐러리로부터 직접 들은 이런 충고를 무시하고 오바마는 언론을 두려워하지도 피하지도 않았다. 그는 수도 없이 인터뷰를 했다.

오바마 곁에는 이미 데이비드 액슬로드, 데이비드 플러프, 로버트 깁스 등 이름 있는 재사들이 진을 치고 있었다. 연고도 없는 바람의 도시 시카고에 와 시민조직 운동을 하다 이십대 후반에 하버드 로스쿨에서 영예로운 〈로 리뷰〉의 편집장이 된 이 흑백 혼혈의 뮬라토에게서 이들은 무엇을 보았을까? 연설이나 토론 능력, 문제의식, 그리고 기품과 남다른 침착함에만 끌린 것이 아니었다. 이들은 연방하원에 한 번 떨어진 주상원 3선의 헌법학 교수에게서 미국이 갈망하는 자질들과 미국인만이 알아볼 수 있는 장점을 보았다. 그것의 엄청난 정치적 폭발력을 보았다.

민주당 원내대표였으나 낙선한 톰 대슐이 자신의 비서실장 피트 라우스를 오바마에게 소개했다. 대슐은 힐러리와 별로 사이가 좋았다고 할 수 없었다. 클린턴 정권의 웨스트윙 사정을 잘 아는 램 이매뉴얼이 시카고 하원의원이 되어 오바마를 돕고 있었다.

러셀 빌딩 옆 하트 빌딩의 오바마 의원 오피스에는 한 주일에 300건의 연설 초청이 몰렸다. 신참인 오바마에게 자신의 정치자금 모금 행사 참여를 부탁하는 선배 의원들이 많았다. 아내와 두 딸 등 시카고의 가족과 떨어져 의회 임시숙소에 혼자 머물고 있는 오바마는 야간 사교모임에 가는 대신 책을 쓰고 있었다.

2005년 오바마는 뉴올리언스를 강타한 허리케인 카트리나의 대재난에 부시 정부가 미온적으로 대처하고 있는 것을 거듭 비판했다. 이때 힐러리는 다음해 상원 재선 캠페인을 위한 펀드로 5000만 달러를 모으고 있었다.

2006년 1월에 NBC의 〈미트 더 프레스〉에서 팀 러서트가 상원 2년차에 들어갈 오바마를 초대해 6년 임기를 끝까지 채우겠다고 했던 발언을 상기시켰다. 진행자인 러서트 워싱턴 지국장은 미국 정치권에서 날카롭고 신뢰할 만한 촉각을 가진 인물이었다.

베스트셀러가 된 회고록 《내 아버지로부터의 꿈》 *Dream From My Father*의 후속편을 쓰고 있던 오바마는 6년 임기를 지키겠다고 다시 한 번 약속했다. 그러나 오바마의 참모인 애니타 턴 등은 인터넷을 활용한 모금 방법을 구상하고 있었다.

반면 당 안팎에서 대통령 선거 경선 참여를 기정사실로 보고 있던 힐러리는 목전의 상원 재선에만 힘을 쏟을 뿐 후반기가 되도록 대선에 대해 일절 언급하지 않고 있었다. 힐러리의 위치는 계속해서 선두 중의 선두 주자였다. 그러나 여론조사를 보면 힐러리를 부정적으로 평가하는 반응이 전국에 걸쳐 상당히 높게 나왔다. 힐러리가 출마 의사를 밝힐 경우 당이 찬성파와 반대파로 분열될 위험이 컸다. 힐러리가 반대파를 딛고 지명전에 승리할 수 있다 하더라도 그때 힐러리를 반대하는 민주당 지지자들이 대선과 함께 치러지는 의회 총선에서 민주당에 등을 돌리거나 기권할 수도 있었다. 힐러리 개인 때문에 숱한 총선 후보를 거느린 민주당이 큰 피해를 볼 수 있다는 뜻이었다.

당을 위해서 힐러리를 주저앉히는 방안도 생각해 봐야 한다고 민주당 지도부는 생각했다.

대통령선거 출마를 고려하고 있는 다른 후보들은 어땠을까. 존 에드워즈는 혼외정사 소문까지 돌고 있고, 조 바이든, 크리스 도드, 에반 바이는 훌륭한 상원의원들이나 힐러리에게 질 게 뻔했다. 빌 리처드슨, 마크 워너, 톰 빌색 등의 주지사 출신들도 가망이 별로 없었다.

대적할 수 있는 사람은 앨 고어뿐이었다. 대통령 자리를 뺏어간 셈인 부시의 이라크 전쟁을 맹렬히 반대했고 기후변화 이슈를 지구적

차원으로 부각시키면서 재기에 성공했다. 그러나 대선 재도전에 관심이 없었다.

이때 오바마를 눈여겨보는 민주당 고참 의원들이 하나둘 생겨났다. 2006년 여름 무렵 민주당 상원의원 여러 명이 나서서 오바마에게 대선 출마를 은밀히 촉구했다. 첫 경선이 벌어지는 아이오와주의 톰 하킨 상원의원과 오바마의 일리노이주 선임인 리처드 더빈 상원의원 등 오바마보다 상원 경력이 일이십 년 많은 선배들이 상원 진출 1년 반밖에 안 되는 새까만 후배에게 대통령 선거에 나가보라고 부추기는 것이었다.

오바마는 특별히 눈에 띄는 좋은 이력이 하나 있었다. 2002년 연방의회에서 이라크전 결의안이 통과된 날 주상원의원으로 반대집회에 나가 연설했던 그는 반년 후 "내가 반대하는 것은 멍청한 전쟁입니다."며 이라크 공격을 강경하게 비난했다. 힐러리의 찬성 전력과 완벽하게 대비되는 반전 경력이었다.

그리고 미국 유권자들이 선거 때만 되면 의혹과 불신의 눈초리를 거두지 못하는 수도 워싱턴에 아직 물들지 않았다는 장점을 갖고 있었다. 이만하면 힐러리에게 충분히 대항할 수 있지 않을까? 민주당 상원 지도자인 해리 리드 원내대표도 오바마에게 출마를 종용하기에 이르렀다.

민주당원들, 그리고 미국인들이 흑인 대통령 후보자를 받아들일 준비가 되어 있느냐가 문제였다. 잘못하면 힐러리보다 더 깊은 분열의 골을 팔 수도 있었다. 여러 민주당 상원의원들은 힐러리에 대한 반란도 반란이지만 흑인 대통령이란 금기어를 태연히 입에 올리고 있는 자신들이 대견해 보이기까지 했다. 생각만 해도 흥분되는 상황이었다.

중진 정치가의 흥분을 자아내는 정치라면 충분히 시도할 만한 가치가 있는 것이었다.

3

승산

오바마는 8월에 두 번째 책 《담대한 희망》 *The Audacity of Hope*을 출간하고 전국으로 책 홍보투어에 나섰다. 10월에 팀 러서트의 〈미트 더 프레스〉에 다시 출연한 오바마는 출마를 고려하고 있다는 사실을 시인했다.

2006년 11월 중간선거에서 민주당이 의회를 장악했다. 12년 전 클린턴 1기 중간선거에서 크게 참패해 공화당에 빼앗겼던 상원과 하원을 모두 되찾은 것이다. 힐러리도 압승을 거두며 재선에 성공했다. 67%의 압승이었다. 62개 중 58개 카운티를 쓸어 담았다. 선거운동

자금으로 4500만 달러가 들었다. 막상 대승하고 대통령 선거와 대면하자 2006년 한 해를 허송해 버린 것 같았다. 뉴욕시 북쪽 용커의 이름 없는 시장 출신 인사한테 거둔 압승은 시시해 보였다.

그 사이 버락 오바마 상원의원은 괄목상대로 성장해 있었다. 그리고 여러 말들이 들려왔다. 많은 상원의원들이 오바마의 출마를 부추겼다는 말, 힐러리가 지명되면 당에 안 좋다는 말 등이었다. 어느 여성 상원의원은 빌 클린턴 전 대통령을 존경하긴 하나 자기 딸 옆에 오는 것은 막고 싶다는 말을 했다고 한다. 또 어떤 당 관계자는 클린턴 부부만큼 요란한 선거운동 몰이를 할 당 인사는 없지만 서커스단이 자기 마을에 들어오는 걸 좋아하는지 잘 모르겠다는 말을 했다는 것이었다.

힐러리는 배신감을 느꼈다. 클린턴과 자기는 민주당과 당 동료들에게 막대한 정치자금을 모아주었다. 그동안 많은 민주당 정치인들이 자기 부부에게 고맙다는 말을 했다. 그런데 힐러리 자신을 위험인물로 기피하고 있다는 말이었다. 당의 분열을 가져올 인물이라는 이유였다. 정치인마다 좋아하는 사람이 있으면 싫어하는 편도 있게 마련이지만, 자신에 대한 사람들의 호불호는 당의 울타리를 뛰어넘을 정도로 강하다는 것이다.

자신을 싫어하는 민주당 지지자들은 대부분 힐러리만 아니면 적도 괜찮다는 말까지 한다고 했다. 나를 싫어하는 사람들은 왜 그렇게까지 싫어할까?

우익의 거대한 음모 때문에? 언론의 편향되고 부정적인 보도 때문에? 힐러리는 그런 식으로 눈 딱 감고 내쓸어버리기엔 옛날보다 자신과 세상에 대해 아는 것이 많았다. 사람들이 자신을 음흉하고, 모든 것을 계산하고, 뒤에서 술수나 꾸미고, 욕심 많고, 거짓말 잘하고, 위선적이고, 자기 이익을 제일로 치는 나쁜 사람이라고 욕한다는 것이었다. 나는 결코 그런 사람이 아니라고 힐러리는 소리치고 싶었다. 혹 그렇게 비쳤다면 우익이나 언론 때문만이 아니라…여성으로 살아남기 위해 어쩔 수 없이 그랬을 수 있다.

힐러리는 자신의 삶을 여성이란 필터로 걸러보았다. 힐러리는 방어자세와 내면으로 향하는 팔짱을 풀고 가슴을 폈다. 여자로서 미국 대통령 선거에 도전하다니, 얼마나 대견한 삶인가.

대통령 선거가 거짓말처럼 다가와 있었다. 공화당 정권이 또 들어서서는 안 된다. 부시 정권은 부자와 못 가진 자를 편 가르기 했고, 법치주의와 시민의 자유를 억압했다. 세금을 보다 공정하게 매기고, 중·하류층에 대한 의료와 교육 보조정책을 강화해야 한다. 그리고 이라크 전쟁을 잘 마무리해야 한다.

민주당 정치인이라면 다들 그렇게 생각하고 있을 것이다. 그런데 지난 번 러닝메이트였던 존 에드워즈는 그렇다 치고, 오바마는 뭘 믿고 대뜸 대통령 선거에 나선다는 것인가?

'버락 후세인 오바마'. 자신의 이름인 '힐러리 다이앤 로댐'이나 남편의 이름인 '윌리엄 제퍼슨 클린턴'과는 얼마나 다른 느낌을 주는 이름인가. 근본도 없고, 법도도 모르는, 먼 변경의 무질서와 방종한 이방인의 분위기가 묻어났다. 그런데 오바마라는 이름은 입에 올리다 보면 미국 국가를 부를 때 가슴에 사무쳐 울려나오는 '아메리카'라는 낱말과 모음이 겹쳐지는 것 같았다. 그것은 먼 기억을 공유하는 기분을 자아냈다. 힐러리는 부러 억양 없이 '오바마'라고 뇌어 보았다.

오바마는 말은 잘 할지 모르지만 경험이 부족했다. 상원에서 외교와 의료, 환경 분과 등에 소속돼 열심히 하고 있는 듯 했으나 아직도 제일 신참인 것만은 틀림없었다. 경험과 연륜 따윈 중요하지 않다는 말일까?

힐러리 자신은 그런 면에서 내세울 것이 많다고 생각했다. 이왕 자랑하려면 원색적으로 해야 한다. 워싱턴 경력이 약점이 된다지만 힐러리는 오바마와 대비해 그것을 강점으로 내보이고 싶었다. 백악관 중앙 관저 및 화이트헤이븐의 14년과 딱딱한 매트리스의 의회 임시 숙소 2년이 어떻게 비교상대가 될까? 하지만 통렬한 반격을 초래할 것 같아 그런 비교는 얼른 접기로 했다.

오바마는 아프리카계이기도 했다. 어머니가 백인이고 노예 피라곤 한 방울도 없는 오바마는 순전한 흑인이라고 할 수 없다. 또 힐러리 자신은 흑인과 친한 남편 클린턴 덕분에 백인 누구보다 흑색 색맹에 가까웠다. 그러나 검은색은, 아무리 희미해도 미국에서는 강렬한 색 깔이다. 예를 들면, 14년을 살아 온 수도 워싱턴 노스웨스트 지구의 아름다움 같은 것을 그냥 바라보지 못하게 하는 강렬함을 지니고 있었다.

이 서북 구역은 워싱턴의 나머지 4분의 3 흑인 지역과는 동떨어지게 수려했는데 흑인들이 철저히 배제돼 있었다. 역으로, 그런 만큼 흑색이 강하게 어른거렸다. 오바마의 희미한 흑색도 어떤 강렬함을 품고 있지 않을까. 하지만 이런 생각에 시간을 뺏길 여유가 없었다.

대통령선거의 마라톤을 시작하는 종이 땡땡땡 울렸다. 무슨 적이든 앞지르고 무찔러야 한다.

4

첫 여성대통령 대 흑인대통령

2007년 1월 20일에 힐러리는 다름 아닌 자신의 웹사이트를 통해 출마를 선언했다.

"뛰어듭니다. 승리하기 위해 뛰어듭니다."

16년 전 남편 클린턴 때보다 8개월 이상 빠른 대선 출마 선언이었다. 1분 43초짜리 동영상은 암호문처럼 감질났다. 사람들은 출입금지된 부잣집 안방을 들여다보듯이 화이트헤이븐 일광욕실의 긴 베이지색 의자와 쿠션, 그리고 힐러리의 검정색 블라우스와 암적색 재킷을 보고 또 보았다.

3개월 동안 현지 활동가들을 격려하러 이곳저곳을 돌아다니던 오바마는 2월 10일에 출마를 공식 선언했다. 일리노이주 스프링필드의 올드스테이트 캐피틀 계단에서 선거캠프의 출범을 알린 것이다. 낮인데도 영하 12도의 혹한이었으나 에이브러햄 링컨 대통령이 출마를 선언하기도 했던 이곳 주변에는 1만 7천명이 운집했다.

"희망에 관한 얘기를 믿지 않는 사람들이 있습니다. 우리는 이미 너무도 많은 계획을 갖고 있습니다. 우리에게 희망이 너무 적다는 게 문제인 것입니다."

이렇게 말한 오바마는 연설 직후 전세기 보잉 757을 타고 첫 경선지인 아이오와로 날아갔다. 아이오와 코커스는 이듬해 1월 3일 예정되어 있었다.

출사표에서 힐러리는 승리를 말했고 오바마는 희망을 말했다. 그러나 힐러리와 오바마는 똑같이 희망과 변화를 슬로건으로 내걸고 맞부딪히게 됐다. 힐러리 선거캠프는 힐러리랜드의 외양만 바꾸고 새로운 직함을 부여했기 때문에 일사천리로 구성됐다. 클린턴 재선운동 때부터 공을 세운 마크 펜은 수석전략가, 밑에서부터 올라온 패티 솔리스 도일은 선거사무장이 됐다. 하워드 울프슨은 공보 담당, 맨디 그룬왈드는 캠페인 광고제작, 니나 탠던은 정책개발, 해럴드 이키스는 대의원 전략을 담당했다.

모두 힐러리의 상원 초선과 재선 캠페인에 참여한 인사들이었다. 도일, 이키스 및 그룬왈드는 클린턴의 첫 대선 때부터 힐러리랜드의 멤버였다. 이블린 리버만 전 백악관 비서실 차장이 운영 책임을 맡았고, 앤 루이스 전 백악관 통신국장과 아프리카계 변호사 셰릴 밀스도 들어왔다.

새 술을 붓기에는 너무 낡은 부대 같았다.

힐러리는 라이벌들을 확실하게 따돌리고 있는 선두주자였다. 여론 조사의 허실에 대해 알고 있었지만 힐러리는 선두주자의 자리를 사양하는 시늉도 하지 않고 당당하게 단상에 올라서서 유세와 자금모금에 임했다.

에드워즈와 오바마가 멀리서 2, 3위를 다투고 있었다. 힐러리는 자기 차례를 기다려야지 하며 열네 살 더 젊은 오바마를 타이르고 싶었다. 속이 많이 덜 찬 신선한 것보다 색이 다소 바랜 원숙한 과일이 값이 더 나간다는 사실을 깨닫게 될 것이리라.

그러나 클린턴 전 대통령은 오바마의 여러 재능과 장점, 지나치게 내세우는 감이 있긴 하지만 힐러리나 에드워즈와 대비되는 이라크전 반대라는 선명성이 심상찮다고 생각했다.

부시 정권 6년 후 백악관과 미국이 달라지기를 바라는 수많은 마음들이 서로 기를 통하며 작은 회오리로 뭉치려고 하고 있었다. 바람은,

특히 변화를 갈구하는 바람은 낮익은 것보다는 낯선 것을 중심핵으로 삼으려 하지 않을까?

힐러리와 클린턴은 다른 곳은 몰라도 자기 부부를 샅샅이 뒤져온 언론은 이 바람에 휩쓸리지 않을 것이라고 생각했다. 자신들을 뒤졌듯 오바마도 뒤지지라. 그러면 올바른 핵이 어느 것인지 확실해질 것이라고 믿고 싶었다.

힐러리가 보기에도 오바마가 자신보다 진보와 자유주의 색깔이 다소 짙었다. 그러나 일반 유권자들은 정강과 정책에서 자신과 오바마를 구별하기가 쉽지 않을 것이다. 선거에서는 어린이도 알 수 있는 확실한 구별이 중요하다. 클린턴은 갈수록 오바마가 아프리카계라는 사실이 큰 산처럼 앞에 떡 버티고 있는 것을 느꼈다.

흑인도 그렇고 백인도 그렇고 많은 미국인들이 클린턴 자신을 첫 흑인 대통령이라고 칭하지 않았던가. 그런데 진짜 흑인이 대통령이 되려고 나선 것이다.

총인구 12%의 흑인들은 존슨 대통령의 민권법, 투표권법 덕분에 완벽한 민주당 팬이 됐지만 같은 민주당 내에서도 클린턴 부부의 표밭이었다. 주마다 치르는 민주당 경선에서 흑인의 표심은 총인구 비율보다 훨씬 중요한 인자였다.

그런데 별안간 흑인의 적자가 나타나 그간 애써 가꿔온 양자에게 밭을 넘기라고 떼를 쓸 가능성이 충분했다. 흑인 유권자에 대한 여론 조사에서 힐러리는 1월에 60 대 20으로 오바마에 우세했다. 그것이 한 달 뒤에는 44 대 33이 됐다.

캠프마다 1분기 모금 총액을 공개했다. 힐러리는 3600만 달러로 이 중 1000만 달러는 상원 재선 캠페인에서 이월된 것이고, 600만 달러 는 본선에서 사용할 수 있는 돈이었다. 오바마는 2500만 달러였고, 이 중 2350만 달러를 예비선거에서 쓸 수 있었다.

오바마가 앞선 것이다. 아이오와 문제가 더 컸다. 에드워즈는 지난 대선 직후부터 살다시피 했고 오바마는 출마 선언 후 거기에 합류했 다. 힐러리는 아이오와와는 인연이 희박했다. 클린턴은 1992년 대선 때 늦게 나선 데다 하필 아이오와의 톰 하킨 상원의원이 출마하는 바 람에 아이오와에 갈 필요가 없었다. 덩달아 힐러리도 멀어졌다. 오바 마는 아이오와와 바로 이웃한 일리노이를 대표하는 의원이었다. 그러 나 따지고 보면 힐러리가 아이오와의 기운을 더 정통으로 받았다.

동부로 대학 가기 전 일리노이주의 시카고 교외에서 나고 자라 일 리노이 바로 밑 아이오와 사람들을 형제로 느낄 수 있는 같은 중서부 출신이었다. 오바마는 일리노이 상원의원 경력을 가진 연방 상원의원 이지만 대학 졸업하고 이십대 때 연고 없이 불쑥 시카고로 왔다.

인도네시아에서 소년 시절을 보내고 다시 출생지 하와이로 와 십대를 보낸 만큼 진정한 중서부인이라 하기에는 어려운 점이 있었다.

이번 대선부터 예비선거 일정이 대폭 앞당겨졌다. 힐러리 캠프는 2008년 1월 한 달 안에 열리는 아이오와, 뉴햄프셔, 네바다 및 사우스캐롤라이나의 첫 4연전이 지명전에 결정적인 힘을 발휘할 것으로 보았다.

여론조사는 많은 주에서 힐러리가 크게 우세하지만 아이오와에서는 접전이라고 지적하고 있었다. 총력을 기울여야 했다.

오바마가 필사적으로 달려드는 것이 느껴졌다.

5

오바마의 매력

모험가 오바마는 아이오와에 모든 걸 걸었다. 첫 판이 안 되면 아무 것도 안 되고, 맨 처음이 좋으면 끝이 좋을 것이라고 믿은 것이다. 그리고 중간 이름이 후세인인 이 아프리카계 미국인이 백인 일색인 아이오와의 코커스를 정복했다.

선거대책본부장 맥콜리프로부터 개표상황을 듣고 클린턴 부부는 비칠거렸다. 힐러리가 오바마에게는 한참 뒤지고, 에드워즈에게도 2위를 내줄 것으로 보인다는 말이었다. 최종 득표율은 오바마 37.6%, 에드워즈 29.7%, 힐러리 29.4%로 힐러리가 3위였다. 7만 표를 얻기 위해 2900만 달러를 쓴 것으로 집계됐다. 23만 9천여 명이 코커스에 참여했다. 4년 전과 비교해 거의 두 배에 달하는 수였다.

캠프의 예상과는 많이 빗나갔다. 선두는 안 되어도 격차가 크게 안 나는 2위는 할 줄 알았다. 지난 1년간 아니 한 4,5년간 옆에서 사람들이 킬킬거리며 비웃는 줄도 모르고 즐거운 꿈에 혼자 어깨춤을 춘 꼴이었다.

힐러리의 3위는 억울한 3위였다. 에드워즈와의 차이도 거의 없고, 대의원 분배규정에 따라 힐러리가 15명을 얻어 에드워즈보다 1명 많았다. 오바마는 16명이었다. 거기다 일반 대중투표와 상관없이 자기 뜻대로 지지 후보를 선택할 수 있는 슈퍼 대의원을 아이오와 코커스 전까지 힐러리는 150명, 오바마는 59명을 확보했다. 총합으로 힐러리가 여전히 선두였다.

그러나 사람들은 힐러리의 3위만 기억할 것이었다. 특히 언론은 미소를 감추지 못하고 있었다. 민주당 경선 캠페인 얼마 안 돼서부터 힐러리와 클린턴은 언론이 못마땅하고 밉기만 했다.

2008년 1월 3일 오바마의 아이오와 코커스 승리와 함께 지난해 내내 지속되던 전국 단위 여론조사의 힐러리 선두도 자취를 감췄다. 두 후보의 처지는 완전히 역전됐고, 오바마는 자신감이 넘쳤다.

다행히 뉴햄프셔는 일 년 내내 오바마보다 힐러리를 더 지지해 온 것으로 조사됐다. 아이오와에서의 패인은 무엇일까? 서른 살 이하 연령층은 무엇을 보고 오바마에게 경도됐을까? 더 지나 봐야 답이 나올 것이었다. 확실한 것은 아이오와 때보다 훨씬 더 날카롭게 오바마를 공격해야 한다는 점이었다.

마크 펜은 아이오와에서 네거티브 캠페인을 벌이지 않아 대가를 치렀다고 주장했다. 클린턴의 생각도 그랬다. 그러나 참모 대다수는 전부터 네거티브를 쓰면 승리할 수 없다는 말을 했다. 오바마 진영은 깨끗한 정치를 표방하면서 교묘하게 힐러리를 자기 몫을 먼저 챙기는 워싱턴 기성 정치권의 상징처럼 만들어 놓았다.

펜은 뉴햄프셔에서 오바마의 '의심스러운 아메리카 뿌리'를 은근히 부각시키자고 주장했다. 케냐 아버지, 인도네시아에서의 소년기, 심지어 본토와 멀리 떨어진 하와이에서의 십대 시절까지 들춰내보자는 것이다. 캠프는 오바마가 테러리스트들과 모종의 연계가 있는 무슬림이라는 내용의 이메일을 발송하다가 붙잡힌 아이오와 자원봉사자 사건을 상기시키며 거절했다. 힐러리와 클린턴도 고개를 저었다.

클린턴은 대신 오바마가 이라크 전쟁을 일관되게 반대하지 않았다는 사실을 자신이 나서 널리 알려야 한다고 말했다. 이라크전에 관해 힐러리와 오바마의 입장이 정반대라는 인식은 잘못돼도 한참 잘못됐다는 것이다.

이런 이분법 덕택에 오바마는 인터넷에서 전쟁에 반대하는 사람들의 영웅이 될 수 있었다. 잘못된 사실에 기초한 지지였다. 클린턴은 오바마가 전쟁을 반대했다고 한 주장을 맹렬히 비판했다. 그런데 언론은 그런 비판에 별다른 관심을 기울이지 않았다.

오바마의 검은색은 안 보이는 척한다고 해서 없어지는 것이 아니었다. 뉴햄프셔 역전승으로 게임이 원점으로 되돌아가는 순간 기다렸다는 듯 인종주의가 튀어나왔다. 흑인 인구가 1%인 뉴햄프셔에서 오바마가 패한 것을 두고 어느 정도는 인종차별적 요소가 가세했다는 추측을 텔레비전 해설자들이 즉각 내놓았다.

추측과 해설에 머물 단계가 아니었다.

클린턴이 오바마의 대통령 선거운동 전체를 동화 같은 것으로 본다고 아프리카계가 발끈하고 나섰다. 백악관에 들어갈 수도 있는 흑인 정치인을 클린턴이 실체가 없는 허수아비쯤으로 폄하하고 있다고 원성을 쏟아낸 것이다.

힐러리 본인도 여기에 연루됐다. 뉴햄프셔의 마지막 도버 유세에서 힐러리는 강한 보수 성향의 폭스뉴스와 인터뷰를 가졌다. 그 자리에서 힐러리는 질문에 답하다 "킹 박사의 꿈은 존슨 대통령이 민권법을 통과시키면서 실현되기 시작했습니다. 그런 일이 이뤄지는 데는 대통령이 있어야 했습니다."고 말했다. 마틴 루터 킹 박사는 위대한 지도

자지만 민권법이 현실로 된 것은 린든 존슨 대통령이 있어서 가능했다는 말이었다.

힐러리가 흑인 킹 박사와 미국 민권운동을 모욕했다는 비난이 들렸다. 뉴욕타임스는 뉴햄프셔 승리 바로 다음날 힐러리 부부가 경선에 "인종주의적 긴장감이 감돌 정도로 매우 사악한 분노의 캠페인"을 벌이고 있다고 사설로 비판했다.

힐러리는 흑인 유권자를 잃고 말았다. 클린턴의 브랜드에 큰 얼룩이 생겼다.

틈만 나면 힐러리를 준엄하게 꾸짖어 오던 진보적인 언론의 명검 뉴욕타임스가 1월 25일 놀랍게도 힐러리 지지를 선언했다. 부시 정권이 망쳐 놓은 국정을 신속하게 복구하는 데는 힐러리가 더 적임자라는 것이었다. 논설위원들이 결정하고 사설로 발표하는 이 신문의 후보 지지는 품격도 품격이지만 지지를 받은 후보의 성공률이 무척 높았다.

그러나 이틀 뒤인 27일 민주당 진보주의자들의 우상인 에드워드 케네디 상원의원이 오바마 지지를 선언했다. 에드워드 케네디는 전 국민 의료보장 입법을 필생의 사업으로 추구해 왔고 이 점에서 힐러리에 대한 기대가 누구보다 높았다. 클린턴가와 친분도 상당했다.

같은 날 케네디 전 대통령의 유일한 혈육인 캐롤라인 슐로스버그가 뉴욕타임스 기명 컬럼으로 오바마를 지지한다고 밝혔다. 독자적인 결정을 내렸던 두 케네디는 이틀 뒤 오바마와 함께 한 자리에서 오바마가 케네디 대통령의 적법한 계승자라고 선언했다.

오바마의 흑색에 흑인 표만 날아간 것이 아니었다. 백인들이 동요하는 전조까지 나타난 것이었다.

힐러리의 캠페인 후원금이 크게 줄었다. 부부는 슈퍼 화요일을 위해 쪼들리는 캠프에다 자기 돈 500만 달러를 투입했다. 후원금이 들어오면 회수하는 대여 형식으로 선거본부가 갚아야 할 빚이었다.

에드워즈가 1월 30일 경선을 포기했다. 지금까지 힐러리와 오바마의 4연전은 2 대 2였다. 힐러리가 허덕거리며 따라가는 꼴이었다. 자칫하면 슈퍼 경선에서 그대로 숨이 끊어질 수도 있었다.

2월 5일 슈퍼 화요일 밤에 나온 결과는 놀라운 것이었다. 경선이 치러진 22개 주 중 관심의 초점이 된 5개의 대형주 가운데 힐러리가 캘리포니아, 뉴저지, 뉴욕, 매사추세츠 등 4개 주를 석권했다. 코네티컷만 내줬다. 또 전체 일반투표의 과반수를 차지하는 기염을 토했다.

슈퍼 화요일에 좋은 성적을 거두자 10만 명이 1000만 달러를 기부해 와 힐러리 캠프는 숨통이 트였다. 22개 주의 일시 경선이 끝난 후 9일부터 19일까지 나흘에 걸쳐 11개 주 경선이 치러진다. 이 중 4개가 코커스이고 또 4개가 흑인 유권자가 다수인 프라이머리였다. 오바마 캠프는 이 2월의 나머지 경선에서 아홉 내지 열 개 주를 쓸어 담자고 서로를 격려했다.

오바마가 11개 주 모두에서 승리했다.

2월 19일 오바마는 고향 하와이에 이어 위스콘신 프라이머리에서 58% 대 41%로 승리했다. 일반 대의원 우위가 159명 차이로 벌어졌다. 당의 원로 격으로 주마다 이미 선정된 7백여 명의 슈퍼 대의원들은 힐러리 지지가 우세였다. 이들이 힐러리를 그대로 밀고가면 오바마는 코커스나 프라이머리를 제압하고도 2118명의 대의원을 확보하지 못할 수도 있었다.

힐러리는 이제 현상 수준을 벗어나 마니아 급 태풍을 불어제치고 있는 오바마를 실재의 인물로 볼 수 없었다. 사람들이 머릿속에서 그리는 상상의 주인공에 더 가깝다고 봤다. 오바마에 경도된 언론이 그렇게 만들었다. 언론은 오바마가 어떤 사람인가를 잘 알아서가 아니라 아프리카계 대통령 출현이란 이야기를 만든 뒤 거기에 스스로 도취되어 붙잡혀 있었다. 그들은 이야기가 된다 싶으면 그것을 사실로 만들려고 애쓰는 지식인들이었다.

힐러리는 첫 여성 대통령이란 역사에 도전하고 있었다. 그러나 힐러리의 이 역사적인 여성성은 오바마의 투명인간 같은 흑인성 앞에서 빛을 잃었다. 힐러리는 오바마의 검은 꺼풀을 벗겨내야만 했다. 하지만 검은 꺼풀을 벗겨내는 것은 고사하고 믿는 구석까지 무너지게 생겼다. 힐러리는 15년 이상을 민주당 정치자금 모금에 적극적이었던 만큼 주지사, 의원 등 전·현직 정치인들이 대부분인 슈퍼 대의원들 사이에 당연히 큰 지지세를 누리고 있었다. 그런데 이들이 동요하기 시작했다.

슈퍼 대의원은 자기 주 경선 이전에도 지지 후보를 선언할 수 있고 또 중간에 변경할 수도 있다. 오바마 선풍이 불자 우선 아프리카계들 사이에서부터 힐러리 지지를 차례차례 철회하는 바람이 불었다.

2월 말 신문들은 힐러리가 전의를 잃은 것은 아니나, 어딘지 현실을 인식하는 철학적인 분위기를 풍긴다고 말했다. 패배 가능성의 현실 인식을 거론한 말이었다.

6

오바마 당선

4월 22일 힐러리는 펜실베이니아를 거머쥐었다. 대형주를 연거푸 따낸 것이다. 9.4% 포인트 차였고 자유주의적 성향이 매우 강한 유권자만 제외하고 모든 이데올로기 그룹에서 오바마를 눌렀다.

힐러리는 승리 후 자신이 오바마보다 11월 4일의 본선에서 이길 가능성이 높다고 거듭 강조했다. 승리 직후부터 후원금이 답지했다. 힐러리 캠프는 24시간 새 1000만 달러가 들어왔다고 발표했으나 실제는 430만 달러가 모아졌다.

경선이 방향을 바꾸려는가 싶어 힐러리는 들떴다. 오바마가 약세인

인디애나에서 자신이 크게 이기고 노스캐롤라이나에서 근접하게 지면 추세 전환이 완연할 것 같았다. 오바마가 15% 포인트 차로 노스캐롤라이나에서 승리했다. 인디애나는 힐러리가 가지고 갔다. 그러나 기대에 못 미치는 근소한 표차였고 더구나 밤늦게 결정이 나 방송을 타지 못했다.

힐러리는 역전승을 거뒀다며 "백악관으로 계속 진군할 것"이라고 말했다. 실제는 힐러리의 희미한 인디애나 승리를 배경으로 오바마의 저력이 환하게 돋보이는 밤이었다. 자정쯤 ABC 방송 정치평론가가 된 조지 스테파노풀로스 클린턴 정부 백악관 공보국장은 민주당 경선이 "끝났다."고 말했다. NBC의 워싱턴 지국장 팀 러서트는 "민주당의 대통령 후보가 누가 될지 우리는 이제 알고 있습니다."고 말했다.

힐러리는 최후까지 경선을 하되 오바마 비판은 삼가기로 했다. 그 이름 자체를 거명하지 않았다. 오바마 타도에 집착하면 경선 이후에 당내에서 자신의 미래가 없을 것이라고 생각했다.

침몰하는 배에서 힐러리는 현재가 아니라 미래를 생각하려고 애썼다. 유세장에서 힐러리를 기다리는 지지자들이 그럴 수 있는 힘을 보태 주었다. 인파 통제선을 따라 여러 개의 줄을 지어 늘어선 지지자들을 보면, 현재와 오바마 너머가 보이는 듯했다.

6월 3일 마지막 두 개의 프라이머리를 나눠 가졌지만 이날 밤에 오바마는 민주당 지명전을 결말지었다. 오바마는 몬태나에서 승리했고 힐러리는 사우스다코타에서 이겼다. 남은 슈퍼 대의원들이 우루루 오바마에게 몰려갔다. 그는 과반수를 넘었다.

오바마는 미네소타 세인트폴에서 아내 미셸의 손을 꼭 잡고 무대에 올라 승리의 하이파이브를 날렸다. 그러나 같은 날 밤 뉴욕 연설에서 힐러리는 자신의 패배와 오바마의 승리를 인정하지 않았다.

마음 깊숙한 데서 패배를 인정할 수 없었다. 11연패 후 재기한 3월 4일부터 6월 3일의 마지막 경선까지 16개 주 대결 중 힐러리는 반이 넘는 9개 주에서 승리했고 일반투표에서 60만여 표 많았다. 대형주 3개를 모두 이겼다. 일반 대의원도 509 대 472로 우세했다.

결코 상대가 안 되는 시합을 질질 끈 것은 아니었다. 그러나 힐러리는 마음을 정리했다. 오바마를 전폭적으로 지지하는 것이 아이오와에서 시작된 5개월 레이스의 유종의 미였다. 승리의 꽃을 못 피웠다고 패배의 결실마저 맺지 못하면 모든 것을 망친다. 언론의 비판도 거세지고 있었다.

오바마 캠프 측과 만나 유세 및 전당대회 지원 등을 논의했다. 힐러리는 못 받은 이자까지 쳐서 캠페인에 자기 돈 1300만 달러를 집어넣었다. 여기에 연회 준비업자, 사무실 임대업자, 캠프 직원 의료보험 및 마크 펜의 여론조사 업체 등에 1100만 달러의 빚을 지고 있었다.

제 돈은 포기한다 해도 남은 빚을 오바마 캠프가 도와줬으면 싶었지만 거절당했다.

6월 7일 힐러리는 어머니까지 다 같이 나와 오바마의 승리를 축하하고 대통령 후보로 인정했다. 힐러리는 열광하는 워싱턴 지지 군중 앞에서 이렇게 연설했다.

"비록 이번에 가장 단단하고, 가장 드높은 유리천장을 부수지는 못했습니다만 여러분들 덕분에 이미 거기에는 1800만 개의 금이 나 있습니다. 결코 전과 같지는 않아도 태양은 여전히 빛나고 있습니다. 다음번에는 우리의 도전이 좀 더 쉬울 것임을 확신합니다."

오바마와 힐러리는 드문 접전을 벌였다. 코커스 득표수를 명확하게 계산하기 어려우나 두 사람은 각각 1700만 표 넘게 얻었다. 힐러리는 잘해야 15만 표 뒤졌을 뿐이었다.

힐러리는 18개월 동안 켜켜이 쌓인 감정을 한쪽으로 밀어 놓고 6월 27일부터 합동유세 여행을 시작했다. 클린턴은 힐러리를 부통령 러닝메이트로 열심히 추천하고 있었다. 힐러리는 그보다는 제 돈을 다 포기한 뒤에도 남아 있는 1천여 만 달러 선거 빚에 더 신경이 쓰였다.

마음의 빚이 더 무거웠다.

가슴을 태워 온 대통령 꿈이었다. 그 꿈은 식은 재가 되었고, 대통령 선거전은 불붙기 시작했다. 2008년 여름은 뜨겁고 길었다.

원망하지 않으려고 애쓰면서 선거전을 돌아보았다. 힐러리랜드가 일을 못했고 언론은 적대적이었다. 민주당은 너무 눈치 보기에 바빴고, 아이오와를 몰랐다. 이런 것들은 지독하게 나쁜 날씨처럼 그래도 참아볼 수 있었지만 오바마 현상과 오바마는 어떻게 해볼 수 없는 이상한 땅이었다.

오바마는 정치화할 수 있는 역사적인 피부를 가졌다. 그리고 트집 잡기가 민망할 정도의 짧은 경력을 가졌다. 둘 다 힐러리가 가질 수 없는 장점이고 무기였다. 힐러리는 오바마가 왜 상원 진출 2년 만에 대통령에 도전하기로 한 것인지를 완벽하게 이해했다. 힐러리의 워싱턴 최고 경력 15년이 피로감과 약점을 제공하고 있을 때 오바마의 2년은 검은 신비감을 무럭무럭 키웠다.

오바마는 멋진 정치가이고 훌륭한 인품을 지녔다. 옛 적에게 증오감보다는 존경심을 더 많이 느끼는 자신을 발견하는 것은 기분 좋은 일이었다. 그러나 오바마를 다 인정한 것은 아니었다. 오바마로 인해 드러난 새로운 자신을 아직 다 인정하지 못하고 있었기 때문이었다.

캘리포니아 프라이머리 직전에 로스앤젤레스타임스는 주 민주당원들에게 힐러리보다는 오바마를 찍으라는 지지 선언 사설을 실었다. 신문은 힐러리가 에세이라면 오바마는 시(詩)라고 하면서, 지금 미국은 시의 정치가가 더 절박하다고 말했다.

한여름 오바마는 공화당과 맹렬하게 싸우고 있었다. 그런 오바마를 힐러리는 시의 허위를 알고 있으면서도 시에 대한 부러움을 거두지 못하는 에세이의 정치가로서 지켜보았다. 사설처럼 오바마 같은 시의 정치가가 더 나은지는 알 수 없으나, 민주당이 기필코 이겨야 하는 것은 분명했다.

힐러리는 공화당 후보인 매케인 상원의원과 절친한 사이였다. 그러나 공화당이 계속 백악관을 차지하고 지금처럼 국정을 마음대로 하도록 놔둘 수는 없었다. 매케인과 러닝메이트 새러 페일린 알래스카 주지사의 공화당 팀을 물리칠 수 있게 오바마를 열심히 도와야 했다.

8월 25일 콜로라도주 덴버에서 민주당 전당대회가 개막됐다. 힐러리를 러닝메이트로 하는 '드림팀' 구성이 언론에서 무척 많이 오르내렸으나 대회 이틀 전 오바마는 상원 7선을 앞둔 외교관계위원장인 조 바이든 의원을 부통령 후보로 발표했다.

대회 이틀째 날 연설에 나선 힐러리는 "저를 찍었든 버락 오바마를 찍었든 이제 한 당으로 뭉쳐야 합니다. 우리는 같은 팀입니다. 존 매케인이 되면 역사적일 정도로 인기 없는 부시 행정부와 똑같을 것입니다."라고 강조했다.

후보 지명을 위한 대의원 출석 확인이 이뤄지는 다음날 회의장 곳곳에 이름도 선명한 힐러리 손 푯말이 나타나 오바마 측과 민주당 지도부를 긴장시켰다. 힐러리 지지자들은 여론조사에서 반 정도만 오바마를 찍겠다고 응답했다.

힐러리는 행사장에 나와 일치단결할 것을 호소했다. 이어 투표가 아니라 만장일치의 갈채로 오바마 후보 지명안을 통과시키자고 동의해 성사시켰다. 저녁에는 남편 클린턴이 연단에 섰다. 클린턴은 "벼락 오바마는 대통령직 적임자"라고 한 뒤 "당연히 미국 대통령이 되어야 한다."고 말해 큰 박수를 받았다. 뉴욕으로 날아가면서 클린턴 부부는 오바마가 승리하기를 진심으로 바랬다.

11월 4일 오바마는 당선됐다. 득표율이 53%에 달해 린든 존슨 이후 민주당 후보로는 최대의 지지를 자랑했다. 눈부신 승리였다. 젊은 층을 66% 대 32%로 사로잡았다. 백인 투표자의 43%가 흑색의 오바마를 찍었다. 앨 고어나 존 케리 때보다도 강한 지지였다.

최초의 아프리카계 미국 대통령이 된 오바마는 진정 역사의 주인공이 됐다. 힐러리 자신은 이 역사의 조그만 각주(脚註)로 남을 것이었다. 그러나 끝까지 자신을 주인공으로 볼 힘이 있는 자라면 각주의 답답한 감금을 부수고 역사의 한 장(章)으로 날아오를 것이다.

예순하나인 힐러리는 손으로 두 뺨을 감싸 그 팽팽함을 느끼길 좋아한다.

힐러리는 두 손으로 얼굴을 감쌌다. 물기가 느껴졌다.

백악관을 향해

1

국무장관이 되다

앞서 6월 지명전 패배 때는 눈물을 흘리지 않았다.

눈을 들면 보이는 푸른 하늘이 마음을 가라앉혀 주었던 기억이 났다. 힐러리는 6월 24일 다시 보통 상원의원으로 돌아갔었다. 아무 일 없다는 듯 돌아갈 데가 있어서 좋았다.

대통령선거 캠페인 와중에도 아주 특별한 경우 외에는 법안 투표에 참가해 상원 귀환은 낯설지 않았다. 저신용 주택할부대출 문제로 금융위기가 터졌고 7000억 달러의 국가 구제금융 법안을 놓고 토의가 치열했다. 힐러리는 예전으로 돌아가고 싶지 않았다.

대선과 함께 치른 2008년 총선에서 민주당은 2년 전에 탈환했던 상·하원 다수당 지위를 더 좋은 성적으로 지켰다. 오바마 대통령 당선자는 날개를 단 셈이었다. 힐러리는 지도부에 참여하고 싶다며 상원 민주당 지도자인 해리 리드 원내대표에게 정책위원회 같은 것을 맡게 해달라고 요청했다.

그러나 상원 민주당 동료들이 자신을 그렇게 높이 쳐주지 않는다는 것을 알았다. 리드 의원은 지금 자리에 있는 의원들을 내보낼 수는 없다고 말했다. 힐러리는 상원 보건위원회에 구성될 의료보장 개혁 특위를 맡고 싶다고 위원장인 에드워드 케네디 의원에게 청을 넣었으나 뇌종양을 진단 받은 케네디는 보건위 민주당 서열 8위인 힐러리에게 아무 연락을 하지 않았다.

다수당인 민주당이 16개 상임위원장직을 독차지하지만 연공서열이 철저한 상원에서 9년차에 들어가는 힐러리의 경력은 눈에 띄지 않았다. 리드 원내대표는 23년차, 케네디 위원장은 48년차를 앞두고 있었다.

57명의 민주당 상원의원 중 30명가량에게 돌아갈 소위원회의 장 소리를 들으며 주니어 상원의원에 만족해야 했다. 만족하지 않으면 어쩔 것인가. 어느 날 클린턴과 산책 중이던 힐러리에게 오바마 당선자가 뜻밖에 전화를 걸어 국무장관이 되어 같이 일하자고 말했다.

힐러리는 마른하늘의 벼락이라고 훗날 말했다. 당황스럽고 진심인지 긴가민가해 거절했다. 가장 값진 장관 자리를 제의한 오바마의 진심이 읽혀지자 진짜 고민이 시작됐다. 장관이 되면 공무원 신분으로 정치자금 모금을 할 수 없어 빚 갚는 데 큰 지장이 생기고 남편 클린턴의 재단법인은 이해충돌을 피하기 위해 외국인 등 기부자 명단을 완전 공개해야 한다.

상원이 지금은 우호적인 환경이 아니지만 힘을 키워 원내대표에 도전할 수도 있다. 국무장관은 미국 외교관 수장이라 하나 결국 정치가인 대통령의 뜻을 받들어 펴는 최고위 관리다. 상원의원의 자유와 독립성이 새삼스러웠다. 힐러리는 거절하기로 했는데 오바마가 영 전화를 받지 않았다.

첫 전화를 받은 지 열흘쯤 지난 11월 20일 힐러리는 제안을 받아들였다. 12월 1일 오바마는 지명 사실을 발표했다. 2009년 1월 13일 상원 외교관계위원회 청문회가 시작됐고 이틀 뒤 찬성 16 대 반대 1로 통과됐으며, 대통령 취임식 다음날인 21일 전체 회의에서 94 대 2로 인준을 받았다.

힐러리는 당일 상원의원 사임계를 제출하고 클린턴이 들고 있는 성경에 손을 얹고 친구인 연방판사 앞에서 67대 미국 국무장관 취임선서를 했다. 토머스 제퍼슨이 첫 국무장관이었고 에이브러험 링컨 직전의 대통령인 제임스 부케넌까지 6명이 국무장관을 지낸 후 대통령이 됐다.

오바마는 링컨 대통령처럼 라이벌로 이뤄진 팀을 짜고 싶었던 모양이었다. 150년 전 링컨은 지명전에서 자신에게 패한 윌리엄 서워드를 국무장관에 앉혔다. 서워드는 뉴욕 상원의원이었고 링컨 대통령과 자못 감동적인 팀워크를 펼쳐 자신의 숙원이기도 한 노예해방을 성사시켰다.

오바마 당선자가 감동적인 어떤 것을 재현하려고 힐러리를 부르지는 않았을 터이다. 오바마는 외교통인 바이든 부통령과 힐러리와의 경쟁적 조화를 그렸던 것 같았다. 대통령 당선자는 금융위기의 경제 현안에 집중하기 위해 신뢰할 수 있는 사람에게 외교를 맡기고 싶다고 힐러리에게 말했다.

지명전 경선 때 힐러리가 외교경력을 내세우자, 그건 외국 지도자하고 식사나 하는 수준이라고 경멸조로 받아쳤던 경쟁자가 지금 자신을 가장 신뢰하는 사람으로 여긴다는 것이었다. 그러고 보니 자신도 만약 당선이 됐다면 믿을 사람이 못된다고 목소리를 높였던 오바마를 제일 중요한 자리에 기용하려고 하지 않았을까 싶었다.

미국 국무장관은 잘하면 세계적인 정치가로 부상할 수 있는 자리였다. 힐러리에게는 국무장관 직이 가깝고도 멀었던 미국인에게 보다

가까이 갈 수 있는 기회가 됐다. 오바마 덕분에 달의 어두운 반구처럼 일반에게 드러나기 어려웠던 힐러리의 인간적인 장점들이 큰 스케일로 부각되었던 것이다.

힐러리는 퍼스트레이디 출신으로 첫 각료가 됐다. 힐러리가 이끌 국무부는 연방 정부 제일의 부서로 외교관 1만 2천 명, 일반 행정관 8천 명 및 해외 현지 직원 4만 5천 명을 거느린 거대 기관이었다. 해외에 270여 개의 외교 공관들이 퍼져 있었다. 미국 국제개발처 등 부속기관을 포함한 총 예산이 6백억 달러에 가까웠다. 순 외교 예산은 그반 정도였다. 국무부로 힐러리랜드 보좌진들이 상당수 건너왔다. 셰릴 밀스가 비서실장을, 미모의 시리아계 수행비서였던 휴머 애버딘이 비서실 차장을 맡았고, 크로아티아 난민 출신의 캐트리샤 마셜이 미국 의전장이 됐다. 연설문을 담당했던 리사 머스커타인과 필립 레인스 등도 옮겨왔다.

오바마의 일부 측근들은 힐러리가 대통령이나 백악관과 따로 놀면서 자신의 정치적 이익을 도모하는 자리로 국무장관직을 이용할지 모른다고 우려했다. 이것은 기우였고 힐러리를 모르고 한 의심이었다. 상원 초기처럼 의식적으로 자신을 낮춘 계산적인 면이 없는 것은 아니었으나, 얼마 후 힐러리가 보여준 본심에서 우러나는 선공후사의 복무자세를 누구나 인정하게 됐다.

남편 클린턴과 힐러리는 또래의 많은 미국 엘리트들과는 달리 공공에의 봉사인 공직을 추구하기로 했었다. 선거라는 비상한 동력으로 돌아가는 길이 있었기 때문이었다. 즉 정치가였는데 이제 정치가 배제된 공직에 들어왔다.

'정책 벌레' 답게 사안마다 세부까지 빠삭했으며, 일의 우선순위는 명확히 하면서도 지구촌의 여러 일 가운데서 하찮다고 훌훌 넘겨버리는 일이 없었다. 힐러리랜드 사람 외에는 잘 몰랐던, 일에 관한 드높은 도덕성, 근면 성실함이 드러났다. 힐러리의 유머감각과 인간미에 놀라는 아랫사람들이 늘었다.

외교와 안보의 중요 정책은 국무부와 국방부, 백악관, 국가안보실 등의 토론에 붙여져 결정된다. 힐러리는 철저한 준비와 명확한 논리와 뚜렷한 주관으로 의견을 개진했다. 그러면서 대통령이 결정권자라는 것을 잊지 않았다. 혹 대통령과 같은 자리에 나오더라도 모든 무대가 대통령을 주인공으로 하고 있다는 것을 명심했다. 정상 순방에 동행할 때는 슈퍼 스탭이 됐다. 남편 클린턴에게 수십 년 동안 정책 및 정치에 관한 오른팔 역을 한 이력이 되살아났다.

그러나 대통령의 최측근은 아니었다. 될 수도 없었고 그렇게 되고 싶지 않았다. 1주일에 한 번씩 웨스트윙의 각료회의, 그리고 국방장관 및 국가안보보좌관과 함께하는 안보회의 자리에서 오바마를 보았다. 오바마의 신뢰를 받았지만 매일 얼굴을 보는 관계는 아니었다. 정책 등을 두고 백악관과의 갈등은 어쩔 수 없었으나 권력 갈등은 없었다. 라이벌들 사이에 알력 대신 상당한 조화가 형성됐다. 백악관은 힐러리의 충성심에 의문을 두지 않았다.

모범적인 걸스카우트였고 부모로부터 봉사의 윤리의식을 배웠던 힐러리는 충성심과 의리를 중시했다. 지명전 패배 후 겉치레가 아닌 충심으로 오바마를 지원했다. 오바마가 측근들의 제지를 물리치고 힐러리를 발탁한 중요한 인자 중의 하나였다. 힐러리가 대선 지명전 캠프를 구성하면서 능력보다는 충성심을 기준으로 사람을 써 캠프가 무너졌다고 보는 사람들도 있었다. 아랫사람들의 충성심을 높이 사 온 힐러리는 자신도 윗사람에게 충성과 의리를 다해야 마땅하다고 봤다.

힐러리는 미국 국무장관직에 대해서도 개념 있게 판단하려고 애썼다. 미국은 준 국가 급의 당당한 주들이 결성한 합중국이고, 외교권을 전유하는 국무장관은 합중국을 하나의 국가로 결속시키는 데 연방정부가 동원할 수 있는 몇 안 되는 장치 중 하나였다. 여섯 명이 대통령 자리에 올랐던 건국 초기 국무장관의 위용은 나라의 틀이 잡히면서 사라졌다. 미국이 세계 제일의 국가로 일어선 2차 세계대전 이후 다시 각광을 받았다.

전후 미증유의 혼돈과 가능성, 그리고 공산주의와 맞대결하면서 민주당 트루먼 정부의 딘 애치슨 장관이나 공화당 닉슨 정부의 헨리 키신저 장관 같은 걸출한 국무장관이 출현했다. 미국 국무장관들은 역사적인 평화협상, 독트린 혹은 연합군 결성의 주인공이 되고자 했다.

정치가 출신이라면 한층 이런 유혹에 빠지기 쉬울 법도 했지만 1980년 카터 정부의 에드먼드 머스키 상원의원 이래 첫 정치인 국무장관이 된 힐러리는 과욕을 버렸다. 매일 아침마다 장관 미결 서류함에 가득 쌓인 전문들을 하나씩 검토했다. 결코 언론이 좋아할 건들을 찾아 뒤적이지는 않았다.

2009년 미국 국무장관으로서 가장 먼저 해야 할 일은 세계가 미국을 좀 더 사랑하도록 하는 것이었다. 부시 정권은 내 편이 아니면 모두 적의 편이라는 미국 일방주의로 밀어붙여 우방마저 고개를 흔들게 만들었다. 힐러리는 미국의 외교정책 방향이 달라질 것이라고 외국 지도자들에게 일일이 전화를 걸었다.

그러는 한편으로 미국경제에 도움을 주는 일이라면 어떤 것도 마다하지 말라고 미 외교관들에게 강조했다. 그러나 힐러리가 심혈을 기울여 강조한 것은 따로 있었다. 세계 여성과 소녀들의 권리를 신장시켜주고, 지구촌 기아 근절과 식량 안정을 기하는 것이 다름 아닌 미국의 안보와 이익에 직접적으로 연결된다는 사실이었다. 세련된 외교관들은 모르는 외국어라도 듣는 듯 이맛살을 찌푸렸다.

힐러리는 국제적인 현안과 위기에 달려들지 않을 수 없었다. 미국이 전 세계의 문제를 모두 해결할 수는 없지만, 미국 없이 세계적인 일이 진행될 수는 없었다. 힐러리는 이데올로기에 얽매이지 않고 사안별로 대처하는 실용주의 면에서 오바마 대통령과 궤도를 같이 했다. 그러나 외교의 한계상황에 부딪혀 군사력 사용을 고려하게 되면 힐러리는 보다 빨리 붉은 군신(軍神)의 별 쪽으로 기울어졌다.

2009년 중반에 아프가니스탄 주둔 미군 총사령관이 대규모 증파를 요청하자 백악관은 머뭇거렸으나 힐러리는 적극 지지했다. 3만 명 증파가 이뤄졌다. 증원군을 일찍 철수시켜야 한다는 견해에도 굳게 맞서 2012년 9월 이후 철수가 시작되도록 했다.

힐러리는 이라크 전에서 빨리 발을 빼려고만 하는 백악관의 태도를 비판적으로 보고 있었다. 국방부와 함께 수천 명의 잔류군 안을 주장했지만 법적 지위 문제가 안 풀려 2011년 12월 이라크 미군은 모두 철수했다. 이라크 치안은 다시 불안해졌다.

2010년 12월 시작된 아랍의 봄 민주화 봉기가 이어져 리비아에서도 반군 민병대들이 수도로 진격했고 가다피 독재 정권은 민간인 학살을 시도했다. 미 국방부는 개입을 주저하고 국내 여론도 소극적이었으나 힐러리는 11번을 방문하며 유엔, 아랍리그 및 나토를 끌어들여 공습을 실현시켰다.

11월 가다피가 반정부군에 의해 살해됐다. 초기 판단에 실수를 했던 이웃 이집트와는 다르게 공을 들인 보람이 있었다. 그러나 위험한 무정부 상태를 벗어나지 못한 리비아는 인연 깊은 힐러리의 발목을 꽉 잡게 된다.

중동 한복판 시리아도 11년 3월 내전으로 치달았고 바샤르 아사드 대통령의 정부군은 국민들을 무자비하게 공격했다. 12년 힐러리는 CIA와 함께 반군 중 온건파 세력에 대한 훈련 및 무장을 대통령에게 건의했다. 재선 선거전 중인 오바마는 분쟁 개입을 꺼려 거부했다.

시리아 정권은 러시아의 지지, 그리고 적극적 관여를 달가워하지 않은 미국 여론 덕분에 20만 명에 가까운 국민이 희생됐지만 잘만 살아남았다. 시리아 반군 내 극단주의 세력이 시리아 북동부 장악에 이어 이라크로 전격 침투해 북서부를 포획한 2014년 여름 힐러리는 시리아를 예로 들면서 오바마 대통령의 소극성을 꼬집게 된다.

9·11 테러의 배후인 오사마 빈 라덴의 파키스탄 은신처를 알아낸 미국은 파키스탄 정부와 정보를 공유할 수 없는 상황이었다. 국방부와 부통령 등은 해군 비밀특공대 파견에 반대했으나 힐러리는 강행을 주장했다. 빈 라덴은 11년 5월 2일 사살됐고, 오바마의 자랑스런 업적이 됐다. 주권을 침해당한 파키스탄과는 사이가 틀어졌다. 그래도 힐러리는 국방부의 파키스탄 탈레반에 대한 무인 원격 드론 공격을

지지했다. 파키스탄은 이것도 주권침해라고 반발했다.

핵 개발 의혹을 받고 있는 이란에 대해 군사 행동을 처음부터 제외시킨 억제 정책을 비판하면서 엄중한 경제 제재를 가해 협상 테이블에 나오도록 몰았다.

오바마 시대 개막과 동시에 러시아와 제반 관계를 다시 시작하는 '리셋'을 시도해 나름대로 성과를 거두었다. 그러나 블라디미르 푸틴이 12년 3월 총리에서 대통령으로 다시 올라오면서 없는 일이 되고 말았다. 힐러리는 힘만을 중시하는 푸틴을 러시아 문제의 근원으로 지목했고, 이런 인식을 대내외에 숨기지 않았다.

눈치를 보며 협력관계를 유지하는 데 급급하던 중국에 대해서도 대치 국면을 피하지 않았다. 10년 말부터 남중국해 영토 분쟁에서 동남아 국가 입장에 대한 관심을 표시했다.

힐러리는 미국의 전략 중심을 유럽에서 아시아 태평양으로 전환하는 데 앞장섰다. 어떤 사람들은 힐러리가 국방장관 같다는 인상을 받았다. 군사력 사용은 물론 해외 분쟁에 얽히는 것을 되도록 피하려는 민주당인데 소속 국무장관으로서 드물게 매파 성향을 드러냈다.

미국을 세계의 갈등과 분쟁 속으로 밀어 넣는 것을 별로 주저하지 않는 듯한 힐러리의 움직임을 끈 떨어진 최강 매파인 공화당의 네오콘들은 흥미롭게 지켜보았다. 그러나 저개발국과 개발도상국 여성들이 밥할 때 쓰는 전래의 화덕을 개량형으로 바꾸려는 열정에서 자신의 세계 참여 본질이 더 잘 드러난다고 힐러리는 강조하고 싶었다.

환기가 잘 안 되는 화덕 연기로 연 200만 명의 여성이 숨을 거두었다. 힐러리는 2009년 말부터 유엔과 함께 화덕 개량 일을 쉬지 않고 추진했다. 12년 5월 중국 맹인 인권 변호사의 미국 대사관 망명 건을 베이징에서 해결한 직후 힐러리가 한 일은 중국 고위 관리들과 함께 건강과 환경에 좋은 신형 화덕 전시장을 찾은 것이었다.

아프리카 농촌에 개량형 화덕을 보급하거나 시리아 반군에게 비치명적인 무기들을 전달해서 세계를 조금이라도 사람 살기에 더 나은 곳으로 바꾸고 싶었다. 그러나 미국 국무장관으로서 중요한 것은 열정과 이상주의가 아니라 현실 감각과 냉정한 전략이었다. 미국 국무부는 포토맥강 쪽으로 기울어가는 워싱턴 서쪽 끄트머리에 있었고, 청사인 해리 트루먼 빌딩은 아무 특징 없이 단조로웠다. 치밀한 계산과 터무니없이 공상적인 책략을 다 같이 숨기기에 알맞은 마스크였다. 바다를 바로 앞에 둔 강의 기운이 안개로 피어나곤 하는 이 '포기 바텀' 일대는 현실과 이상을, 열정과 계산을 혼동하기 쉬운 곳이었다.

힐러리는 전임 국무장관들과 마찬가지로 시간이 흐르자 틈만 나면 포기 바텀과 워싱턴과 미국을 떠났다. 완전함과는 거리가 먼 세계는 궁극의 사고와 행동을 요구하고 있지만 미국과 힐러리의 현실, 그리고 능력은 어중간한 것이었다. 차라리 개별 현장을 향해, 초점이다 싶은 것을 향해 쉬지 않고 움직이는 것이 속이 편했다.

힐러리는 샤워 시설 없이 널찍한 침대 겸용 소파가 구비된 전용기의 금욕적인 공간과 시속 9백 킬로미터의 부단한 이동에 중독이 되다시피 했다. 세계 사람들은 부시 정부의 콘돌리사 라이스 장관에 이어 미국 새 여성 국무장관의 지치지 않은 출장 행보에 익숙해졌다.

힐러리는 많은 힘없는 나라의 진객이 되었고, 열강 외교의 열성스러운 리더가 됐다. 원시적인 몸짓으로 소통하기도 했고, 최고급 요리와 최고급 영어가 어우러지는 궁전 만찬을 즐기기도 했다.

힐러리는 바쁘게 지냈다. 2010년 7월 말 한국, 베트남, 파키스탄, 아프가니스탄 등을 순방하면서 서른 살의 딸 첼시 결혼식을 준비했다. 결혼식에 드는 꽃값만 미국 4인 가족 평균 연 수입의 다섯 배인 25만 달러로 총 비용이 200만 달러에 달했다. 딸이 가지고 있을 인생에 대한 꿈과 클린턴가를 일군 자기 부부의 땀을 생각하면 아깝지도 죄스럽지도 않은 금액이었다.

자유로운 인터넷 접근을 저지하는 정책을 새로운 철의 장막이라고 비판했던 힐러리는 2010년 11월 위키리크스에 의해 국무부 전문 25만 건을 폭로 당했다. 폭로된 전문들의 솔직한 내용 때문에 힐러리는 한 석 달 동안 진땀을 뺐다.

이듬해 10월 어머니 도로시가 92세로 세상을 떴다. 어머니는 힐러리에게 '네 삶의 주연이 되라'고 말했었다. 어머니는 '네 승리의 월계수 잎 위에 오래 앉아 있지 말라'고 말했다.

2012년은 대통령 선거의 해였다. 오바마 대통령은 당선 당시의 총선 대승에 힘입어 취임 1년 반 후 드디어 전 국민 의료보장을 향한 건강보험 개혁법을 통과시켰다. 그러나 전 정부의 금융위기로 실업자가 늘어나기만 한 가운데 그해 2010년 11월 중간선거에서 민주당은 하원 63석을 잃은 참혹한 패배를 당했다.

티 파티 운동이라고 하는 극단적 최소 정부론의 강경 보수 이념이 공화당에 시대착오적인 활력을 불어넣은 여파이기도 했다. 기존 체제를 무너뜨리고자 하는 이 반동적 포퓰리즘은 오바마를 이상적인 타깃, 타도해야 할 적의 총집합체로 규정지었다. 티 파티는 오바마의 출생증명서, 이름, 종교, 정치 성향 등등을 볼 때 그의 '미국성'이 의심스럽다고 선언했다. 대놓고 말하면 대통령의 피부색이 마음에 안 든다는 말이었다.

4년 전 경선 때 매혹적인 오바마 내러티브의 흑색 뿌리를 의심했던 힐러리는 조마조마한 심정으로 오바마가 고전하는 것을 지켜보았다. 공화당 강경파는 벌금을 부과해서라도 모든 국민들을 의료보장 체제에 넣으려는 오바마케어의 폐기를 맹세했다. 티 파티는 오바마의 입

김이 든 법안과 국정 방침이면 모조리 가로막고 방해하기로 맹세하고 또 맹세했다.

힐러리는 결국 피부색 때문에 고전하는 오바마가 안쓰러웠다. 하원 과반을 25석이나 웃도는 공화당의 상습적인 태클은 정당한 이의 제기가 아니었다. 힐러리는 정치의 장에서 너무 오래 떨어져 있다고 생각했다. 이미 2011년 3월에 오바마 대통령이 재선되더라도 국무장관을 계속할 뜻이 없다고 말했다.

정치가는 크고 작은 투표와 이것들의 엄연한 기록과 정기적인 선거에 매여 있다. 반면 보이지 않는 막후가 더 긴요한 외교는 마음이 편할 수 있었다. 협상이 중요하고 힘이 절대적으로 중요한 점은 정치판도 마찬가지였다.

그러나 외교에는, 이를 테면 선거 같은 제삼자의 심판이나 제삼의 결과가 원천적으로 봉쇄되어 있었다. 힐러리는 외국에서 록 스타 같은 대접을 받고 환호를 끌어내곤 했다. 그러나 외교는 아주 거대하지 않으면 아주 일상적인 것이었다. 또 타고 보니 비행기는 속도가 너무 너무 느렸다.

만약 이것이 다섯 배, 열 배로 빨랐다면 역사에 남을 국무장관을 시도해볼 수도 있었을 것이다. 힐러리는 외교 업무 마무리에 들어갔다.

국무부 청사 7층에 장관실이 있고 8층까지 합해 매우 우아하게 꾸민 접견실이 마흔 개가 넘게 있었다. 2012년 들어 장관 말년이 되자 해외출장이 더 잦아졌지만 떠나기 전에, 백악관에서 똑바로 예닐곱 블록 떨어져 있는 이 포기 바텀의 접견실을 자주 사용하려고 했다.

세계는 취임했을 때보다 딱히 나아졌다고 할 수 없는데 힐러리 자신에 대한 여론의 지지도는 육십 퍼센트 대의 높은 수치를 계속 유지하고 있었다.

선거 빚은 천행으로 단 10만 달러만 남고 다 갚았다. 힐러리 이름이 걸린 정치 펀드 모금을 지성으로 관리한 남편 클린턴 덕이었다. 그 후원금에는 정치활동을 중단한 힐러리 자신에 대한 기대가 들어 있었다. 그리고 남편 클린턴은 완전히 부활했다. 다 오바마 덕분이었다.

오바마 대통령은 하원과 보수파 방송에서는 천하에 인기 없는 사람이었지만 공화당 대통령 후보로 지명된 미트 롬니 전 매사추세츠 주지사를 리드하고 있었다. 그러나 여름이 들면서 판세가 변화했다. 9월 5일 노스캐롤라이나 샬롯 민주당 전당대회의 50분 연설을 통해 클린턴은 오바마와 자신을 일거에 일으켜 세웠다.

백 명 가까운 연사가 나선 전당대회에서 연설 순서도 그렇지만 대단한 명연설이었다. 오바마의 치적과 정책을 설명하는 지루한 자리였으나 클린턴은 3만여 명을 교육적으로, 정치적으로 흥분시키는 재주를 펼쳤다. 뒤늦게 나타나 연설을 마친 클린턴을 포옹하는 오바마에게서 진정으로 고마워하는 마음이 묻어났다.

힐러리는 아시아의 오지 동티모르에서 남편의 연설을 들었다. 연설을 통해 우뚝 선 클린턴이 자랑스럽기 그지없었다. 남편과 마찬가지로 오벌오피스에서 어느 새 머리가 희끗 센 쉰한 살의 오바마를 보면서 시간은 흐르고, 주인공은 바뀐다는 생각이 찰나지간에 들었다.

4년 전엔 상상할 수 없었던 갈채와 포옹의 텔레비전 장면이었고, 또 순간을 스치는 상념이었다. 그로부터 엿새 뒤인 9월 11일 벵가지 사태가 터졌다.

9·11 뉴욕 테러 11주년인 이날 리비아 동부 도시 벵가지에서 밤 9시 반 1백여 명의 무장 시위대가 수류탄 기관총 박격포로 미국 영사관을 부수고 들어와 건물에 불을 질렀다. 마침 업무차 수도 트리폴리 대사관으로부터 와 있던 크리스토퍼 스티븐스 대사는 숨어 있던 곳에서 질식해 의식을 잃고 있다가 새벽에 사망했으며 같이 있던 대사관 직원도 사망했다.

폭력 민병대는 다시 새벽 4시 2킬로미터 떨어진 CIA 별관을 공격해 미국 요원 두 명을 폭사시켰다. 힐러리는 당일 워싱턴에 있었고 관계 기관과 긴밀히 상의했다. 9월 16일 수전 라이스 주 유엔 대사가 오바마 정부의 선봉장으로 6개 주요 방송 프로그램에 나가 폭도의 공격은 사전 계획된 것이 아니라 당시 세계 무슬림들을 격분시켰던 비디오

영상에 대한 반발심이 돌연 격화된 우발적인 행동이었다고 말했다.

CIA가 작성한 메모를 바탕으로 한 것이었으나 20일 오바마 대통령은 공격이 사전에 계획된 테러였으며 이들의 비디오 성토는 연막에 불과했다고 바꿔 말했다.

공화당은 현지 공관의 보안 강화 요청을 묵살했다고 힐러리를 맹박하면서, 오바마 정부가 처음부터 사전계획 테러인 것을 알면서도 우발적 행동이라고 말해 국민을 속였다고 비난했다. 11월 대통령 선거가 얼마 남지 않은 상황이라 알 카에다 조직이 약화되었다는 대통령의 주장을 살리기 위해 거짓말을 했다는 것이다.

벵가지 의회 청문회를 닷새 앞둔 10월 15일 힐러리는 유럽 출장 중 장 바이러스 감염으로 심한 탈수 속에 기절했고 넘어지면서 뇌진탕을 입었다. 병원에서 오른쪽 뇌 부근의 혈전이 발견돼 수술을 받았다. 며칠 뒤 흰 머리가 속절없이 드러난 노쇠하고 병약한 모습으로 클린턴과 첼시의 부축을 받으며 퇴원하는 힐러리의 모습이 방송을 탔다.

11월 6일 오바마는 51.1% 대 47.2%로 롬니 후보를 물리치고 재선에 성공했다. 1944년 프랭클린 루스벨트 이후 민주당 후보로서는 처음으로 연거푸 일반투표 과반수로 대통령에 당선되는 지지세를 과시했다. 그러나 하원 공화당 의석을 8석 줄이는 데 그쳐 인신공격의 훼방은 여전하게 생겼다.

힐러리의 입원으로 연기됐던 국무장관에 대한 벵가지 상원 조사청 문회가 2013년 1월 23일 열렸다. 공화당 의원들은 감정적 시위 아닌 테러 공격인 것을 인지하고도 이를 은폐한 사실을 인정하라고 다그쳐 댔다. 힐러리는 네 사람의 죽음을 정치문제로 비화시키려고 혈안이 된 공화당 의원들의 행태에 열이 바짝 올랐고 분통이 터졌다. 물러설 수 없었다. 힐러리는 종주먹을 쥐어흔들며 가볍게 책상을 치기까지 하면서 주검 위에서 정치적 난타전을 벌이는 무참한 짓을 그만두라고 외쳤다.

외국인도 아닌 미국인이 상원 청문회 증인석에서 그렇게 겁 없이 상원의원과 맞서는 것은 보기 드문 장면이었다. 힐러리는 그때의 공격자들이 시위대였는지 그냥 산보 왔다가 흥분해 이성을 잃은 사람이 있는지를 지금 아는 게 무어 그리 중요하냐고 쏘아붙였다. 그들을 붙잡아 상황을 정확히 파악하고 재발을 방지하도록 하는 것이 급선무지 잡지도 못한 폭도들의 머릿속에 들어가 짐작해 보는 것은 별 의미가 없다는 말이었다. 대다수 언론은 앞뒤 말 다 빼고 이나저나 아무런 차이가 없다고 힐러리가 공언했다며 호들갑을 떨었다.

힐러리가 남다른 열성으로 리비아 가다피 정권의 붕괴에 앞장서지 않았으면 이런 일은 일어나지 않았을 것이다. 2016년 대통령 선거의 가장 유력한 후보로 지목되지 않으면 이런 일을 당하지 않을 것이다.

2월 1일 힐러리는 국무장관직을 존 케리 상원 외교관계위원장에게 인계하고 퇴임했다. 힐러리는 112개국을 방문해 가장 광범위하게 해외 출장을 간 국무장관 기록을 세웠다. 중복 방문까지 세면 214개 나라를 드나들었다. 4년 동안 비행한 거리가 95만 6733마일에 달했고 비행기 안에서만 보낸 시간이 모두 2084시간, 87일 간이라고 국무부는 발표했다.

이런 숫자들보다 하늘을 나는 소파 침대에서 스케줄에 맞춰 금세 잠에 빠져들고 금방 일어나 매무새와 자료를 챙기는 힐러리의 전설적인 능력이 국무부 기자실에 오래 회자될 터이다.

힐러리는 비행기에서 드디어 내렸다. 공중 여행은 어쩌다 한 번 하는 것으로 족하다. 발밑이 우쭉우쭉 흔들리는 듯하나 땅의 단단하고 믿음직한 기운이 벌써 발에 착 감기지 않는가.

힐러리는 지상의 정치가로 돌아왔다.

2

정치인 힐러리로

정치의 땅이 평탄하고 아기자기한 지형으로 이루어져 있을 리는 결코 없다.

긴 비행에 시차 병을 어쩔 수 없는 힐러리는 실수를 통해 정치감각을 회복해 갔다. 힐러리의 실수는 사람들이 주목하지 않을 수 없는 규모로 이뤄졌다.

대중의 관심을 단번에 일깨우고 정치판에 복귀하는 영리한 수법이라고 의심하기에는 너무나 순간적으로 저질러진 실수였다. 말 몇 마디로 힐러리의 인간됨과 정치력이 의심 받았다.

2014년 6월에 힐러리는 국무장관 회고록인 《어려운 선택》 *Hard Choices*을 출간하고 북 투어에 나섰다. 회고록은 역시 사이먼 앤 슈스터와 계약했으며 국무부에 같이 일했던 여러 사람과 북 팀을 꾸려 596 페이지나 되는 두꺼운 책을 만들어 내났다.

힐러리는 6월 10일 ABC 다이앤 소여와의 50분간 인터뷰 방송 마지막 부분에서 "남편이 퇴임해 백악관에서 나올 무렵 우리는 쫄딱 망한 상태였을 뿐 아니라 빚까지 지고 있었다."고 말했다. 프로 진행자인 유명한 앵커 소여는 힐러리의 웰즐리대 2년 선배였고 방송은 닷새 전에 녹화됐다.

방송이 나가자마자 힐러리는 말 그대로 뭇매를 두들겨 맞았다. 변호사 수임료로 수백만 달러의 빚을 짊어진 채 백악관을 나온 건 사실이었다. 그러나 이미 뉴욕의 북쪽 교외 채퍼쿼에 175만 달러짜리 집을 소유하고 있었으며, 285만 달러의 워싱턴 화이트헤이븐 저택을 막 사들인 무렵이었다.

힐러리는 회고록 계약금 800만 달러 중 반을 덜 받은 상태였고 클린턴은 1000만 달러가 넘는 회고록 계약을 바로 앞두고 있었다. 결코 쫄딱 망한 빈털터리 신세는 아니었던 것이다.

빈털터리이기는커녕 상원의원에 당선된 힐러리는 18만 달러에 가까운 의원 연봉을 받을 것이며 클린턴도 퇴직 대통령으로서 유료강연

초청이 예상되고 있었다. 때가 되면 연 20만 달러의 대통령 퇴직연금도 나온다.

백성들이 어떻게 살고 있는지 전혀 모르는 사치스러운 왕비처럼 힐러리는 별세계에서 살고 있다는 비난이 빗발쳤다.

힐러리는 열흘 뒤 빈털터리 실수를 만회해 보려다 또 헛방을 짚었다. 런던 북 투어 중 가디언지와 가진 인터뷰에서 재정상태와 부의 불평등에 관한 질문을 받고 "우리는 많은 진짜 부자들과는 달리 제대로 된 소득세를 냈고 제 손으로 열심히 일해 일궜다."고 자랑했다. 자신들의 부는 불평등 문제와는 하등 관련이 없다는 것이었다. 클린턴가의 재산 내용이 언론에 자세히 보도되기에 이르렀다.

클린턴과 힐러리는 2001년 백악관 퇴장 후 그때까지 1억 7000만 달러(1800억 원) 정도의 돈을 벌었다고 월스트리트저널 등은 보도했다. 서너 권의 책 계약금도 굉장했지만 클린턴의 강연료가 최대 수입원이었다. 클린턴은 2001년 1월부터 2013년 1월까지 총 596회의 국내외 강연으로 1억 500만 달러를 벌었다.

힐러리도 2013년 2월 국무장관 퇴임과 동시에 회당 20만 달러 안팎의 순회강연에 나서 1년 반이 안 되는 기간에 1300만 달러 넘게 벌었다고 언론은 말했다. 한두 시간 연설한 뒤 질문 몇 개 받고 사진 몇 장 찍고서 4인 가족 4가구가 일 년에 벌 돈을 챙긴다는 것이다.

힐러리는 순자산에서 1%도 아니고 0.1%의 소수정예 부자에 속한 것으로 드러났다. 부자면 민주당원이 될 수 없다거나 대통령이 돼선 안 된다는 법은 없다. 그러나 같은 민주당의 좌파 진영은 이런 숫자가 퍼지기 전부터 힐러리 불가론을 퍼트려왔다.

힐러리는 클린턴의 대통령 초선 캠페인 때 공화당의 좌파 색칠하기를 당한 적이 있었고, 또 상원의원 시절 리버럴 색채를 보이긴 했지만 좌파나 리버럴 딱지가 붙는 것을 되도록 피해 왔다. 리버럴 진영도 그런 힐러리를 달가워하지 않았다.

민주당 좌파는 클린턴이 재임 중 삼각화의 중도주의자로서 재정건전성에만 초점을 맞춰 복지 개혁으로 가난한 사람들의 혜택을 줄였으며 글라스-스티걸 법 폐지의 금융규제 완화로 파생상품을 번창시켜 십년 후 금융위기를 초래했다고 비판했다. 힐러리는 대선 지명전 캠페인 때 클린턴이 공화당의 도움을 받아 북미자유무역협정, 나프타를 통과시킬 당시 찬성했다는 비난을 받았다.

나프타는 공장 해외이전과 아웃소싱으로 인한 정리해고를 가져온 주범으로 인식돼 민주당의 주축 중 하나인 노조의 반대를 받았다. 힐러리가 상원에서 몇몇 자유무역협정에 찬성한 것도 찍혔다. 클린턴이 재임 시 통신법을 개정해 초거대 기업이 온갖 미디어를 소유할 수 있게 한 것과 마찬가지로 힐러리가 상원에서 고소득자에게 유리한 파산

법에 찬성한 것도 리버럴, 진보파는 문제 삼았다.

민주당 진보 진영, 그리고 진보 성향의 미국인들이 힐러리를 의심하는 가장 큰 이유는 월스트리트 및 대기업과 너무 친하다는 것이다. 클린턴은 퇴임 후 골드먼 삭스나 JP 모건 등 월스트리트 금융기업 초청 강연회를 100회 넘게 하면서 2500만 달러 가까운 수입을 올렸다. 세계 보건 및 화해 증진 등을 위해 만든 클린턴재단은 10억 달러를 기부 받았는데 월스트리트가 큰 도움을 주었다. 힐러리 역시 정치헌금 내역을 보면 월스트리트와 친한 것이 금방 드러난다.

진보 성향의 민주당원들은 힐러리가 부유층과 대기업 편이라면서 대신 엘리자베스 워렌 매사추세츠 상원의원의 대통령선거 출마를 적극 밀어 왔다. 금융개혁에 나선 오바마 대통령이 금융감독원 신설을 주창할 때 그 책임자로 선정했던 워렌 하버드대 교수는 결국 공화당의 반대로 원 신설이 무산되자 상원 선거에 나가 당당히 당선됐다. 의원이 된 뒤에도 금융 대기업 해체의 초강수 주장을 계속하면서 진보파의 연인이 됐다.

덕분에 힐러리는 같은 여성인 워렌 의원과 대비되어 때 묻고, 부자들과 친하고, 정략적이고, 위선적인 정치가로 진보 성향 당원에게 구박 받고 있었다. 미국에서 민주당 정치가로 성공하려면 너무 진보적이어서는 안 된다는 것을 클린턴과 힐러리는 안다.

클린턴은 퇴임 후 공화당 정부의 부자 감세에 반대해서 자신과 같이 돈 잘 벌고 돈 많은 계층은 세금을 더 내야 마땅하다는 칼럼을 쓰기도 했다. 그러나 여기서 조금 더 나가면 사회주의자로 의심 받아 투표장에서 결정권자들인 중도 온건파를 놓치게 된다.

그런 힐러리가 정치활동을 재개할 즈음인 2014년 봄부터 진보주의자들 쪽으로 다가가는 말들을 했다. 부와 소득의 불평등이 미국 제일의 문제이며 만약 자신이 나라를 다스린다면 우선 이 문제와 갈수록 줄어드는 중산층을 복구시키는 데에 전력 질주할 것이라고 말했다.

2013년부터 세계인의 화두가 된 99%와 1%의 문제를 거론한 것이다. 미국은 상위 1%가 맨 아래부터 90%까지의 재산을 몽땅 합한 것보다 많은 부를 차지하고 있으며, 한 해 소득 증가분의 95%를 독식하고 있다. 최고 부자 400명이 가진 재산이 전 인구의 반인 하위 1억 6천만 명들의 총 재산보다 많다.

힐러리는 민주당 좌파로부터 기업주의자란 딱지가 붙은 지 오래였다. 그 힐러리가 그간 묵인한 듯싶던 공화당의 낙수 이론을 비난하고 주먹과 주머니만 움켜쥐고 있다고 부자들을 힐난했다. 진보파에서 귀를 쫑긋하던 참이었는데, 자기들은 땡전 한 푼 없는 빈털터리였느니 하는 말을 내뱉고 만 것이다.

민주당 진보파, 공화당 할 것 없이 모두 힐러리를 때리기 시작했다.

보통 사람들의 생활과 생각을 알지도, 짐작도 못하는 삶과 현실의 '음치'인 것이 명백하게 드러났으며 대통령 감인지 의심스럽다고 목청을 높였다.

힐러리는 유감스러운 발언이었다고 사과했다. 그러나 세련되지 않아서 그렇지 틀린 말은 아니라고 토를 달았다. 실제로 변호사 빚을 다 갚는 데 4년이 꼬박 걸렸으며, 두 주택 모기지에, 세금에, 첼시 학비에 클린턴은 아주 열심히 일해야만 했다. 그 와중에 자선도 많이 하지 않았던가. 또 강연료는 전액 클린턴재단으로 들어간다는 걸 알아줬으면 좋겠다고 호소했다.

힐러리는 자기감정에 너무 충실해서 정치가로서 당연히 수행해야 할 자기검열을 등한시했다고 자책했다. 회고록을 쓴다고, 유료강연 순회에 나선다고 1년여 동안 너무 해이해졌다.

힐러리는 사전에 준비를 많이 한다. 다이앤 소여와의 인터뷰를 준비하면서 힐러리는 자기 부부가 돈을 너무 많이, 너무 쉽게 벌었다는 항간의 공론을 의식했다. 그것을 의식하고 대비하려던 차라 "그때 우리는 돈 한 푼이 없었어요."라는 말이 막판에 저절로 흘러나왔던 것이다. 돈에 관한 한 힐러리의 준비성과 솔직함은 거기까지였다.

힐러리는 소득 불평등 심화와 사회계층 이동 가능성 약화의 현실을 뜯어 고치고 싶었다. 힐러리 자신은 중산층 출신이라고 할 수 있겠지만 남편 클린턴은 하류층에서 출발했다. 개천에서 용이 난 것이다. 이런 역동적인 가능성이 줄어드는 것은 안타깝고 잘못된 일이었다.

ABC의 소여와, 가디언지와, 또 독일 슈피겔지와 인터뷰할 때 이 이야기를 했어야 했었다. 그런데 재산을 변명하려다 보니 하지 않은 편이 나은 말만 하고 말았다.

2014년 8월 초 힐러리는 〈디 어틀랜틱〉이란 시사잡지와 가진 인터뷰에서 오바마 대통령의 외교정책을 비판했다. 시리아 반군 중 극단적인 이슬람주의 세력이 이웃 이라크를 침공해 중동상황을 더 위험하게 만들었다. 힐러리는 오바마 정부가 자신이 국무장관 재임 때 제안한 온건파 반군의 무장을 실현하지 않아 그렇게 됐다고 주장했다.

여기에 그치고 않고 힐러리는 해외 군사개입을 두고 "그런 멍청이 짓은 하지 말라."고 한 오바마의 비공식 발언을 가리키며 정부에 당연히 있어야 될 조직의 원리가 아니라고 책망했다. 매파가 비둘기파를 비판하는 수준을 넘어 오바마 외교는 원칙다운 원칙이 없는 날림 장사라고 세게 친 것이다.

힐러리는 언론이 들쑤셔대자 대통령에게 전화를 걸어 부러 공격하려고 그런 말을 한 것은 아니라고 해명해 다 이해가 됐다는 공개성명을 냈다. 오바마는 지지도와 인기가 별로인 대통령으로 내려앉았다. 그런 대통령과 엮이지 않기 위해 차별화 전략으로 힐러리가 시기에 맞춰 오바마를 공격했다고 정치 전문가들은 말했다.

백악관 6년째가 되는 오바마는 대통령 당선으로 정치력을 다 소진한 정치가, 정치를 좋아하지 않는 이상한 정치인, 한 세대 일찍 나와 일반이 알아볼 턱이 없는 불우한 정객이란 말이 나돌았다. 티 파티와 공화당의 가열찬 훼방과 무시 때문만은 아니었다.

힐러리는 자신을 제치고 주인공이 됐던 내러티브의 좋지 않은 엔딩을 보는가 싶었다. 그러나 선거 내러티브에서 빠져나온 실제의 오바마를 결코 대통령 깜냥이 못되는 인물로 내쳐버릴 수는 없었다.

백악관의 오바마는 정치가에 대해, 인간에 대해 다시 생각하도록 하는 미국 정치계의 청수하게 거무스름한 신인종(新人種)이었다. 오바마는 누구이고 어떤 사람인지는 전기작가에게 그리고 역사에 맡길 일이다. 힐러리는 새 오바마로 해서 자신의 내러티브를 정치적으로 다시 평가하게 됐다. 흑인 내러티브보다 여성 내러티브가 더 본질적이라는 말은 아니다.

경선 때 자신은 처음부터 여성을 제일로 앞세우지 않았다. 구체적인 개인 힐러리를 먼저 보라고 사람들에게 호소했다. 개인으로 승부하고자 했다. '첫 여성 대통령'은 헌사로서 왕관의 가장 큰 보석이지 왕관 자체는 아니라고 생각했다.

힐러리가 한 최고의 정치 언사로서 인용되곤 하는 "유리 천장에 난

1800만 개의 금" 구절을 힐러리는 당초의 패배 인정 연설문에서 빼려고 했었다. 그는 첫 여성 대통령이 아니라 미국 대통령이 되고자 했던 것이다.

여성이란 사실이 정치가 힐러리에게 부담이 되곤 했다. 미리 짜놓은 각본대로 움직인다느니 계산적이라느니 차갑다느니 하는 말을 듣도록 한 근본적인 원인일 수 있었다.

그러면 개인으로서는 서운함 없이 똑바르게 평가 받고 있는가. 힐러리는 자신이 남의 덕에, 뜻하지 않게 좋은 운에, 실제보다 한참 과대하게 평가 받고 큰 명성을 누리고 있다는 말들을 잘 듣고 있다. 빌 클린턴이라는 남자가 없었으면, 그런 남편 덕이 없으면 다소 이름 있는 여류 인사에 지나지 않았을 거란 말이었다.

클린턴 탄핵 당시의 칼럼들로 퓰리처상을 수상한 후 힐러리 부부를 마냥 때려대는 칼럼을 뉴욕타임스에 150여 차례나 써 온 모린 다우드는 힐러리는 미국 대통령(프레지던트)이 아니라 웰즐리대와 겨누는 뉴욕주의 바사대 총장(프레지던트)이 제격이라는 독설을 날렸다.

운이 좋다는 것은 큰일을 맡을 사람에게 바람직한 덕목이지만 남의 덕으로 실제보다 부풀려진 인물이라는 말은 꼭 따져봐야 할 악담이다. 남편 클린턴이 아니었으면 지금 이 자리에 올 수 없었을까?

1971년 봄 두 사람의 첫 만남 후 40여 년이 흘렀다. 힐러리의 인생이 클린턴이란 흙에서 꽃처럼 피어난 것은 사실이다. 좋은 흙이 없으면 아무리 훌륭한 씨앗이라도 끝내 평범하게 생을 마감하거나 바람 속에서 시들고 만다.

힐러리는 클린턴 덕을 많이 봤다. 워싱턴 DC 변호사 시험에 떨어진 뒤 하원의 닉슨 탄핵조사위원회 변호사가 된 것도, 유수한 법무법인 로즈의 첫 여성 파트너가 된 것도 클린턴 덕이라는 말이 있다.

이후 남편 덕분에 주지사 부인, 미국 대통령 영부인이 됐다. 그러나 자신은 거기에 그치지 않고 상원의원이 됐다. 대통령 후보를 노렸고 다시 가장 유력한 대통령 후보로 거론되고 있다. 운명이라는 말로서만 수긍이 되는 전개이고 변화이다. 힐러리는 클린턴이란 운명을 만난 것이지 덕을 본 것이 아니라고 당당히 말할 수 있다.

나아가 출발은 그렇다 해도 자신의 생명력과 운명의 힘 덕분에 클린턴이란 흙이 경이롭게 성장했다고 힐러리는 믿는다. 클린턴은 힐러리를 움직인 숨은 다이너모가 아니었다. 힐러리는 자신의 고유한 다이너모를 움직여 경이로운 꽃을 피웠다. 더 나아가, 힐러리가 없었으면 클린턴은 탄핵 유죄를 피하지 못했을 것이며, 애초에 대통령도 되지 못했을 것이란 말도 들린다. 이들 부부와 가까운 사람일수록 이런 톤의 에피소드를 많이 가지고 있다.

이제 빌 클린턴은 힐러리란 꽃이 피어난 운 좋은 흙이나 지방쯤으로 받들어지고 있다. 힐러리는 가문을 실질적으로 일으킨 동물계의 최고 우두머리 어미에서 볼 수 있는, 흉중을 헤아리기 어려운 둔중한 무표정으로 클린턴가를 바라본다. 남편은 부드러운 동반자였다. 지금은 클린턴보다는 힐러리의 힘과 개성이 가문의 그것으로 연결되는 시대다.

2014년 9월 말 예순일곱이 되기 꼭 한 달 전에 힐러리는 손녀를 보았다. 첼시가 샬롯 클린턴 메즈빈스키를 낳았다. 도로시, 힐러리, 첼시, 샬롯으로 이어지는 여성 4대가 되었다.

힐러리는 기존의 여성 내러티브를 벗어던졌다.

3

앞으로 앞으로

2014년 11월 4일 중간선거가 공화당 압승으로 끝났다. 공화당은 8년 만에 상원을 탈환했으며 4년 전부터 장악해온 하원을 과반에서 30석 가깝게 절대 우세로 틀어쥐었다. 완벽한 레임덕이 된 오바마 대통령은 오히려 마음이 가뿐해져서 결단의 칼을 휘두를 자세를 취했다.

25개 주를 방문하며 70여 차례 지원유세에 나선 힐러리는 이름값의 효과를 별로 내지 못했다. 그러나 그로 인해 큰 해를 입게 되었다기보다는 결단의 시기를 앞당기게 됐다. 복귀를 암시하면서 힐러리는 대통령선거 출마에 관한 발언을 아주 미세하게 바꿔갔다. 최종 결정은 아직 하지 않았다는 내용이지만 발언의 톤은 조금씩 달랐다. 그보다 걱정거리가 하나 생겼다.

2013년 1월 초에 구성된 제 113대 연방의회는 2년 회기 동안 상원과 하원의 각기 다른 위원회 5곳에서 벵가지 청문회를 열었다. 의회를 완전 장악한 공화당이 114대에서 이를 그만둘 리 없어 2016년 말 대선 때까지 힐러리는 벵가지에 붙잡혀 있을 것이다.

11월 중간선거는 72년 만의 가장 낮은 투표율 36%를 기록했다. 공화당 압승의 한 요인이다. 민주당원으로 등록한 유권자들 다수가 오바마 대통령이 의회에서 온갖 곤욕을 당하는데도 투표장에 나가려고 하지 않았다. 공화당 지지자들은 민주당보다 적극적이다.

흔히 '빨간 코끼리'로 그려지는 미국 공화당은 지금 무엇을 표방하고 추구하는가? 공화당은 반이민, 반동성애, 반여성 및 반낙태, 기독교 및 총기 애호에 깊게 파묻혔다. 낙수이론, 규제완화, 아웃소싱, 노조 약화 및 소극적 긴축재정은 기본이다. 나아가 의료보험 전국민화, 최저임금 인상, 누진세 강화, 부자증세, 금융규제 및 용이한 노조결성에 반대한다. 인프라, 연구, 교육에 정부가 투자하는 것은 국민의 세금을 낭비하는 것이며 기후변화나 환경 문제에 관여할 바 아니라고 말한다. 모두가 기업, 부자, 그리고 기득권자 위주의 정책이다.

수십 명의 무고한 인명이 희생되는 총기사고가 이어졌지만 총기규제는 헌법권리를 제한한다고 반대한다. 1100만 명의 불법 체류자를 미국인으로 인정하고자 하는 이민개혁법을 반대하고 있다.

힐러리가 1968년 봄 당원으로 등록한 '파란 당나귀' 민주당은 어떤 당인가? 공화당이 저렇게 하려고 하는 것들을 반대로 하려고 하는 당이다.

기득권층에 이르지 못하는 사람들을 위한 미국식 포퓰리즘과 중산층 이하에게 이득이 되는 정책, 모든 인간 세상에 있기 마련인 사회 제반 측면의 소수파를 위한 당이다. 열세의 약자들이 단합하면 다수의 우세를 이룰 수 있다고 믿는 당이다. 많은 전문직과 고학력자들이 지지한다.

투표 후 출구조사로 보면 미국은 민주당원이 공화당원보다 많다. 2016년 대통령선거는 언제나처럼 민주당 기존 등록자 및 민주당 성향 유권자들을 투표장으로 끌고 올 수 있으면 승리한다. 공화당원을 개종시킬 필요도 없고 그 가능성도 아주 낮다. 젊은이, 비 백인, 교외와 고학력과 북부의 백인들 그리고 여성에게 호소해야 한다.

유권자들을 민주당의 파란 깃발 아래로 뭉치게 하는 데는 힐러리가 제일이라는 평가들이 쏟아지고 있다. 그러나 민주당을 넘어 미국의 무겁디 무거운 깃대를 짊어지기에는 힐러리에게 약점이 있다는 말이 돌았다.

2016년 11월 8일 대통령선거에 당선되면 힐러리는 69살로 백악관에 들어간다. 역대 최고령 당선자인 레이건과 같은 나이다. 그리고 나서 4년이면 일흔셋, 8년이면 일흔일곱이 된다. 여든을 앞둔 노인을 상상하라고 공화당과 정적들은 선동하고 있다.

2015년 4월 12일 힐러리는 화이트헤이븐에서 가장 크고 비싼 거울 앞에 서 있다. 전신상의 체경을 본다. 눈가와 입가의 주름 그리고 목 가운데의 쪼글쪼글해진 살을 숨길 수 없는, 나이든 여인이 힐러리를 마주본다.

둑이 무너지고 있는 육십 줄의 얼굴이다. 사라진 젊은 얼굴을 떠올릴 수나 있을까?

힐러리는 늙어서도 사진이 찍히는 것을 피할 수 없는 소수의 인간, 소수의 여성들 반열에 들어 있다. 얼마 안 되는 이들 여성들은 대개 젊었던 시절이 그리워질 때 사진 앨범을 꺼내는 대신 거울의 늙은 현실에 더 다가가 젊음을 기억하고 유추할 수 있는 힘을 가지고 있다.

힐러리는 자기 나이가 어쩐다느니 하는 말을 들을수록 대통령 선거에 출마하고자 하는 오기가 생겨났다. 그 나이에는 여성이 최정상 바로 아래까지 오르기 위해 걸어야 했던 구불구불한 길들이 고스란히 들어 있는 것이다.

힐러리는 자신의 정치가로서 종속적, 파생적, 우발적 출발과 기나

긴 우회로와 늙은 나이에 경의를 표했다. 마치 인류의 역사시대 진입과 함께 자연의 명령처럼 가해진 차별의 고난을 겪어야 했던 수백억 여성에게 경의를 표하듯이.

승리만큼 값지고 위대한 것은 없다. 몇몇 싸움은 승리를 향한 용감한 도전도 값진 전리품이 될 수 있다. 출마한다면 두 번째 도전이다. 무엇이 됐든 인생에서 첫 번째와 두 번째는 해와 달 만큼 다르다.

힐러리는 승리할 자신감에 앞서 두 번째 도전이 달이 아닌 해가 될 것임을 확신한다. 자신이 가진 스태미너와 쓰러지면 다시 튀어오르는 탄력을 사람들에게 많이도 자랑해오지 않았던가.

승리가 보장되지 않는다고 포기하거나 물러서지 않겠다. 어스름하게 신비한 옛날의 도전자로 숨지 않겠다. 야수처럼 돌진하리라. 두 번째 도전이 첫 번째 도전보다 쉽거나 승률이 더 높다고 말할 수 없다. 국무장관 퇴임 때까지 유지됐던 60% 대의 긍정적 평가가 조금씩 줄어들고 있다. 부시가와 당당하게 전면전을 벌일 각오가 되어 있다.

첫 번째 패배로부터 7년이 가까워지고 있다. 경력은 더 늘었고, 그와 함께 구설에 오른 목록도 더 길어졌다. 공화당의 네오콘과 더 친근할 매파, 월스트리트와 친한 기업주의자 등등, 라이벌들이 사냥개처럼 물고 늘어질 허점이 더 쌓였다. 스스로 가슴에 손을 얹고 질문하고 답할 항목들이 많아진 것이다.

대통령선거 캠페인은 승리 못지않게 끝장을 장담하기 어려운 길고도 힘든 전쟁이다. 현명함보다는 우매함, 공정심보다는 편견과 이기심, 본질과 핵심보다는 지엽말단이 더 위력적이며, 거짓의 자극적인 맛이 진실의 담담한 맛보다 더 효과적인 싸움이다.

힐러리는 승리에 대한 자신감과 함께 다른 믿음이 있다. 그것은 대선 캠페인이 아무리 사람들의 어리석음과 악의가 난무하는 인간희극의 대공연장이 된다 해도 비극적으로 끝나지 않을 것이란 믿음이었다. 결국 상식, 인간성, 인간을 인간답게 하는 모든 것들, 미국의 체제 그리고 미국인이 승리할 것이다. 힐러리는 미국이 승리하리라고 확신한다.

힐러리는 거울에서 돌아섰다. 힐러리는 일흔이 가까워도 거울을 뒤로 하면 과거보다는 현재가, 현재보다는 미래가 힘차게 등을 미는 극소수의 여성, 극소수의 인간 반열에 들어 있다.

그때 힐러리는 순간적으로 '나는 왜 이처럼 권력과 선에 대한 욕구가 샘솟듯 하는가?' 하는 엉뚱한 생각에 사로잡혔다.

이따가 차분히 따져볼 일이었다.

지금은 연단과 마이크로 가서 사람들에게 말을 해야 한다.

미래는 시처럼 아름다울 것 같지 않느냐.

힐러리 로댐 클린턴은 뚜벅뚜벅 앞으로 걸어갔다.

참고 자료

- Hillary Rodham Clinton, *Living History*, Simon & Schuster, 2003
- Hillary Rodham Clinton, *Hard Choices*, Simon & Schuster, 2014
- Hillary Rodham Clinton, *It Takes A Village: 10th Anniversary Edition*, Simon & Schuster, 2006
- Carl Bernstein, *A Woman In Charge*, Vintage, 2008
- Sally Bedell Smith, *For Love Of Politics*, Random House, 2007
- John Heilmann · Mark Halperin, *Game Change*, Harper, 2010
- Jonathan Allen · Amie Parnes, *HRC*, Crown, 2014
- William Chafe, *Bill and Hillary*, Farrar, Straus & Giroux, 2012
- Dick Carlson · Bill Cowan, *Snatching Hillary*, Tulip Hill, 2014
- Kim Ghattas, *The Secretary*, Times Books, 2013
- Shawn Parry-Giles(ed.), *Hillary Cinton In The News*, University of Illinois Press, 2014
- Lisa Rogak, *Hillary Clinton In Her Own Word*, Seal Press, 2014
- Theodore Sheckels(ed.), *Cracked But Not Shattered*, Rexington Books, 2009
- Bob woodward, *The Agenda*, Simon & Schuster, 1999
- Webb Hubbel, *Friends In High Offices*, William Morow, 1997
- George Stephanopoulos, *All Too Human*, Little Brown, 2000
- Dick Morris, *Behind The Oval Office*, Renaissance, 1999
- David Maraniss, *First In His Class*, Simon & Schuster, 1995
- Daniel Halper, *Cinton, Inc.*, Broadside Books, 2014
- Edward Klein, *Blood Feud*, Regnery, 2014
- Barbara Olson, *Hell To Pay*, Regnery, 1999
- Bill Clinton, *My Life*, knopf, 2004
- Bill Clinton, *Back to Work: Why We Need Smart Government for a Strong Economy*, Deckle Edge, 2011

- 《힐러리 로댐 클린턴: 살아 있는 역사》, 힐러리 로댐 클린턴, 웅진지식하우스, 2007
- 《힘든 선택들 : 힐러리 클린턴 자서전》, 힐러리 로댐 클린턴, 김영사, 2015